PHILOSOPHIE DE KANT.

PREMIÈRE PARTIE.

NOTIONS PRÉLIMINAIRES.

Cet ouvrage se trouve :

A Leipzig, chez Hinrichs.
A Paris, chez { Levrault frères, *Quai Malaquai.*
Pougens, *Quai Voltaire.*
A Amsterdam, chez Dufour.
A Londres, chez Deboffe, *Gerard Street.*
A Vienne, chez Degen.
A Kœnigsberg, chez Nicolovius.
A Breslau, chez Korn le jeune.
A Berlin, chez Mettra.
A Hambourg, chez Fréderic Perthes.
A Francfort, chez Fréderic Esslinger ;
Et chez les principaux Libraires de l'Europe.

Je poursuivrai le contrefacteur du présent ouvrage, qui est mis sous la sauve-garde des lois.

COLLIGNON.

PHILOSOPHIE
DE KANT.
OU
PRINCIPES FONDAMENTAUX
DE
LA PHILOSOPHIE
TRANSCENDENTALE.

Par *Charles Villers*, de la Société royale des sciences de Gottingue.

Παντων χρηματων μετρον ανθρωπος.
Protag. ap. Platon.

PREMIÈRE PARTIE.

A METZ,
Chez COLLIGNON, Imprimeur-Libraire.
1801. (An IX.)

A

L'INSTITUT NATIONAL

DE FRANCE.

Tribunal investi d'une magistrature suprême dans l'empire des sciences. Juge naturel et en premier ressort de toute doctrine nouvelle offerte a la nation.

CHARLES VILLERS.

PRÉFACE.

Notice biographique et littéraire concernant Emmanuel Kant. — Adversaires de sa philosophie. — Un mot de la culture intellectuelle des allemans. — Dessein du présent ouvrage.

CE n'est pas sans quelqu'appréhension, mais aussi ce n'est pas sans un certain sentiment de confiance et de calme, que je livre cet écrit au public français. Pénétré intimement de la dignité de l'objet, comme de la valeur des résultats qu'offre la doctrine que j'y expose, j'attends avec résignation l'accueil, tel qu'il soit, qui lui est destiné. Ma crainte n'est relative qu'à ma propre faiblesse ; d'ailleurs je crois faire à la partie éclairée et pensante de mes compatriotes un présent, dont ceux qui la composent me sauront peut-être un jour quelque gré.

Il est des époques où l'entendement humain, après avoir long-tems et avec opiniâtreté marché sur la même route, soit dans le système total de ses connaissances, soit dans quelque science particulière, semble éprouver un besoin de changer sa direction, et de s'ouvrir une route nouvelle. Ou il reconnaît enfin que sa direction présente le conduira à l'erreur, ou il sent que le fonds sur lequel il pose n'a pas assez de solidité. L'histoire nous a conservé le souvenir du but et des motifs de quelques réformations de ce genre chez le plus étonnant de tous les peuples de l'antiquité, celui de la Grèce, et chez les peuples de l'Europe occidentale, depuis la renaissance des lettres. Ces révolutions intellectuelles ne s'opèrent pas subitement et sans préparations. Celle même que je viens de désigner, n'a été que le résultat de tout ce qui s'était dit et pensé durant les trois ou quatre siècles qui la précédèrent. D'abord se manifestent quelques traits d'une lumière faible ; ce sont des aperçus, des soupçons, des objections, quelquefois des découvertes importantes qui se perdent et retombent dans l'obscurité avec leurs auteurs. Après bien des indications éparses, viennent quelques hommes, ou un seul homme, qui les rassemblent en un corps, leur donnent un nouveau développement, les fortifient de nouvelles preuves, leur marquent un but, leur assignent une forme ; et ces hommes sont comptés, avec raison, pour des génies créateurs. Ainsi *Copernic* réforma l'astronomie, et *Descartes* la spéculation. Ils rasèrent l'ancien édifice, et employèrent quelques-uns de ses débris à en élever un nouveau. D'autres après eux l'achevèrent, ou le laissèrent imparfait, mais du moins y travaillèrent encore ; en sorte que l'inventeur se trouve d'ordinaire placé entre ceux qui l'ont précédé, et qu'on appelle ses maîtres, et ceux qui le suivent, et qu'on appelle ses disciples ; il se distingue d'eux comme ces anneaux principaux d'une chaîne qui dépassent tous les autres. Dans nos jours, nous avons été témoins de deux événemens, qui seront à jamais comptés parmi les premiers et les plus importans de l'ordre intellectuel : l'apparition de la nouvelle *chimie*, qui a donné une autre face et une autre direction aux sciences naturelles, à la physique, à l'astronomie même et à la géogonie : et celle de la *philosophie transcendentale*, qui les intéresse toutes, qui, sans en ébranler aucune [1], glisse dessous elles une base qui manquait à la plupart des théories. La nouvelle *chimie*, la nouvelle *philosophie*, sont les deux tendances majeures de notre âge, les deux degrés scientifiques les plus remarquables qu'a monté notre génération, et qu'elle ne redescendra plus. La France qui avait déjà produit *Descartes*, se glorifie encore de *Lavoisier* : l'Allemagne se glorifie de *Kant*.

EMMANUEL KANT est né, le 22 avril 1724,

[1] Aucune, s'entend, de celles qui en méritent le titre ; car elle renverse beaucoup de fausses sciences.

à Kœnigsberg, capitale du petit pays froid et sablonneux, bordé au nord par la Baltique, et qui porte le titre de royaume de Prusse. Notre philosophe ne s'est jamais éloigné de sa ville natale. C'est de là que sa renommée a rempli le monde. Son histoire ne peut être que celle de ses pensées et de ses ouvrages; sa vie offre peu d'événemens, hormis peut-être un démêlé qu'il eut avec le défunt Roi de Prusse, à qui l'on avait présenté quelques opinions de *Kant* sous un faux jour, et qui voulait en conséquence lui interdire d'écrire, ou même en exiger une sorte de rétractation ; le monarque cependant reconnut son erreur, et céda à la modeste fermeté du philosophe. Du reste les grands de la terre se sont peu mis en peine de notre sage. Ils vivent dans un monde où sa lumière ne pénètre pas, et où l'on croit pouvoir s'en passer [1]. *Kant* ne les a pas recherché ;

[1] *Alexandre* vénérait *Aristote* en Macédoine, *Calanus* dans l'Inde; il visitait le cynique dans son tonneau. Je ne sache pas que le jeune Roi

quelques amis, la méditation et l'étude ont suffi à sa grande ame. Il a vieilli en paix dans son obscure retraite ; mais c'est en vain que les années s'accumulent sur sa tête presque octogénaire, l'éternité a commencé pour lui ; la postérité, devant qui les passions contemporaines se taisent, que n'étourdit plus le babil de la sottise, ni les sifflemens de l'envie, l'équitable postérité le placera près de *Platon*, de *Descartes* et de *Leibnitz*, avec la supériorité que l'état des lumières dans le siècle où il a vécu, lui assigne sur eux.

On se tromperait, si l'on pensait que *Kant* n'est que métaphysicien. Pendant le cours de sa longue et laborieuse vie, il a rassemblé une masse de connaissances universelles et profondes, qu'on aurait peine à croire réunies dans la même tête. Son immense mémoire lui a été d'un grand secours : elle lui rend tout présent et clair.

de Prusse, lors de son voyage à Kœnigsberg, ait témoigné aucun désir de voir l'homme le plus célèbre de son royaume.

Il est mathématicien , astronome , chimiste ; l'histoire naturelle , la physique , la physiologie , l'histoire , les langues , les lettres et les arts , l'état le plus exact du globe , de ses habitans et de ses productions , tout lui est familier. Aussi ses ouvrages offrent-ils fréquemment des preuves de cette universalité de connaissances ; et , philosophie à part , il est un savant du premier ordre dans un pays où le titre de savant n'est point aisé à obtenir. A vingt-deux ans , il débuta par des *Pensées sur la véritable évaluation des forces vitales* (imprimé en 1746). En 1755 , il donna son *Histoire naturelle du monde, et Théorie du ciel d'après les principes de Newton* , ouvrage rempli de conceptions neuves et grandes , et où , entre autres choses singulières , se trouve une conjecture sur *des corps célestes qui doivent exister au-delà de Saturne ;* conjecture que *Herschel* a vérifiée vingt-six ans après, en découvrant *Uranus,* à l'aide de ses nouveaux télescopes.

Voici, en peu de mots, sur ce point la marche des idées de *Kant*. Il observa que les orbites de toutes les planètes principales étant excentriques, cette excentricité devenait toujours plus considérable, à raison du plus grand éloignement du soleil ; tellement que l'orbite de *Mercure* étant la moins excentrique, celle de *Vénus* l'est davantage, puis progressivement celle de la *Terre*, de *Mars*, de *Jupiter*, de *Saturne*. Considérant ensuite, et avec raison, les comètes ainsi que de véritables planètes, mais très-excentriques, il vit que leur excentricité se réglait aussi d'après leur distance, et il regarda dès-lors tous ces corps tournans autour du soleil, depuis *Mercure* jusqu'à la comète la plus éloignée, comme ne faisant qu'un seul système de corps célestes. Comparant donc l'orbite de la comète la moins excentrique, c'est-à-dire, la plus voisine de *Saturne*, avec l'orbite de cette planète la plus éloignée que l'on connût alors, il trouva une variation et une distance trop grande, un saut trop disproportionné entre ces deux astres, et ne voulut pas croire à une lacune pareille dans la nature. Il posa en fait qu'entre *Saturne* et la plus proche des comètes, il y avait un, deux, trois, ou plus d'autres corps célestes, dont l'excentricité croissant toujours graduellement, il devait enfin s'en trouver un dont la marche tiendrait également de celle des planètes et de celle des comètes [1]. Il avait donc non-seulement prédit *Uranus*, mais son idée est encore plus vaste ; et l'on peut juger qui de *Herschel*, de *Kant* ou du roi *Georges*, méritait le mieux de donner son nom au nouvel astre. Personne, après la découverte, n'a été plus frappé de la prédiction que *Herschel* même. Il a rendu hommage au génie dont la vue avait été plus perçante que ses télescopes, et il en a publié son admiration dans plusieurs de ses écrits.

Sœmering, habile physiologiste, écrit

[1] Voyez les pages 17 et suiv. de l'original, édition de 1797.

un essai sur *l'organe immédiat de l'ame pensante*, et il envoie son livre à *Kant*. La réponse de *Kant* est une dissertation, où il expose une hypothèse très-ingénieuse sur une opération chimico-vitale, qui doit avoir lieu continuellement dans la sérosité que renferment les cavités qui se trouvent dans les ventricules du cerveau. *Sœmering* a fait imprimer cette lettre à la tête de la seconde édition de son livre, et elle n'en est pas la partie la moins curieuse.

Il a répondu de même par une dissertation physiologique au docteur *Hufeland*, premier médecin du roi de Prusse, qui lui avait envoyé son *Art de prolonger la vie humaine*, en exprimant le vœu, que ce livre pût aider à prolonger la vie du grand homme.

Il a écrit un traité des *volcans de la lune* ; un autre de l'*influence de cet astre* sur la *température de notre atmosphère* ; *sur la théorie des vents* ; une *histoire naturelle du tremblement de terre de 1755* ; des *différentes races d'hommes* ; sur l'ori-

gine

gine la plus probable de l'histoire, etc.... et tout ce qu'il a écrit est marqué au sceau du savoir, de l'originalité, d'une tranquille et profonde réflexion. Ce qui le distingue sur-tout, c'est qu'il n'a jamais rien écrit que de grave, rien qui ne tende uniquement à l'avantage de la science, ou d'une moralité sévère. Jamais l'auteur ne se laisse entrevoir, jamais rien d'individuel ne perce dans ses écrits. L'intérêt pur de la science pour la science elle-même, de l'humanité pour l'humanité, est l'esprit vivant de ses ouvrages. Ce caractère est, en général, assez commun aux bons écrivains de l'Allemagne. *Kant* l'a reçu d'abord, et l'a renforcé ensuite dans les autres par son puissant exemple. Delà une bonhommie dans la pensée, et une naïveté dans l'expression, qui rend les meilleurs écrits allemans si ressemblans à ceux des anciens Grecs.

En 1771, l'Académie de Berlin, dans laquelle règne toujours un peu de ce vieil esprit français des mignons du grand

Fréderic, proposa, pour sujet du prix, de déterminer les caractères de *l'évidence dans les sciences métaphysiques*. Le mémoire couronné se trouva être du fameux *Moyse Mendelssohn*. *Kant* avait concouru aussi. Son mémoire a été imprimé. Le public philosophe lui a dès long-tems décerné le prix. L'Académie ne l'avait pas entendu, et même aujourd'hui il est peu de membres de ce corps en état de le comprendre [1].

Parmi les écrits philosophiques de *Kant*, il faut distinguer soigneusement ce qu'il a écrit avant une certaine époque, où il n'en était pas encore venu à sa nouvelle théorie, et ceux qu'il a publiés depuis lors. On en trouve les premiers indices

[1] Ainsi que le témoigne le programme vraiment scandaleux, qu'a publié cette Académie en 1799, pour servir de commentaire à la question proposée pour le prix, par la classe de *philosophie spéculative*. Il en serait autrement si elle avait un plus grand nombre de membres tels que M. *Engel*.

dans sa dissertation inaugurale, comme professeur à l'université de Kœnigsberg, en 1770 [1]. Mais c'est en 1781 que parut le livre à jamais mémorable, CRITIQUE DE LA RAISON PURE. *Kant* y enseignait une doctrine nouvelle, et ruinait toutes les métaphysiques qui l'avaient précédé, non pas en les attaquant directement,

---

[1] Cette dissertation latine est intitulée : *De mundi sensibilis atque intelligibilis formâ et principiis*. Il a donné long-tems auparavant, en 1764, des *Considérations sur le sentiment du beau et du sublime*, qu'on a traduit, je ne sais pourquoi, en français. *Kant* n'était pas alors ce qu'il est devenu par la suite. On a fait d'ailleurs parmi ses œuvres, un choix singulier de quelques morceaux pour les traduire dans notre langue. Comment peuvent-ils donner à un Français la plus légère idée du réformateur de la philosophie ? C'est comme si à un étranger, curieux de connaître notre *Montesquieu*, on allait expliquer dans sa langue un chant du *Temple de Gnide*, l'*Essai sur le goût*, et deux ou trois *Lettres persanes*. Il est évident que c'est l'*Esprit des lois* qu'il faudrait interpréter à cet étranger.

mais en analysant à fond, et dévoilant la nature de l'entendement et de la raison où se forment tous les systèmes. Ce livre renfermait la plus désolante et la plus irréfragable définition du mot *savoir*, chose que tant de savans ignorent. On eût pu lui appliquer ces deux vers du vieux poëte *Hébert*, dans son roman des *Sept sages* :

« Et vérité est la massue
» Qui tot le monde occit et tue. »

Ce livre, qui devait faire un si grand éclat, ne fut d'abord ni compris, ni même lu. Il fut cinq ou six ans dans le monde, sans que personne y fît grande attention ; et un fait certain, c'est que le libraire de Riga qui en avait fait l'édition, allait l'employer comme maculature, quand l'explosion qui survint, l'obligea bientôt d'en faire une seconde, troisième et quatrième édition. Les interprètes et les commentateurs se multiplièrent alors, et présentèrent sous différentes formes la nouvelle doctrine. Parmi ceux qui écrivirent dans ces premiers tems, il faut distinguer sur-tout *Reinhold*, philosophe rempli de pénétration et d'onction, gendre du célèbre *Wieland* ; et le mathématicien *Schulze*, à qui l'on doit une théorie très-hardie et très-savante des parallèles.

Cette première réception du public affecta vivement le philosophe. Le regret de n'être pas entendu quand on est fait pour instruire, de voir ses lumières perdues pour l'humanité, est un mouvement si noble, que la sagesse n'en peut pas mettre à l'abri. Cette disposition générale était cependant facile à prévoir et à expliquer. La nation allemande, il est vrai, est essentiellement méditative et réfléchie ; *Leibnitz* et *Wolf* avaient alimenté cette disposition de leurs compatriotes. Mais depuis plusieurs années, l'école *Leibnitzio-wolfienne* était presqu'éteinte ; rien ne l'avait remplacée ; le goût du bel-esprit, qui commençait à prendre dans la littérature allemande, une certaine influence étrangère, sur-tout depuis le règne de *Frédéric*, et l'établissement d'une académie toute française au centre de l'Allemagne, étouffaient peu-à-peu l'intérêt pour la spéculation. Le peu de vrais philosophes et de *wolfiens* qui restaient encore, se taisaient faute d'auditoire. Dans les chaires de philosophie, on ne professait plus qu'une doctrine ecclectique et superficielle, venue d'Angleterre et de France. Une métaphysique frivole et phrasière avait dégoûté tout le monde d'une étude plus sérieuse, et l'insouciance était devenu (ainsi qu'elle a déjà commencé à l'être en France, trente ans avant la révolution) la seule philosophie qui eût cours [1]. Voilà ce qui fit accueillir avec

[1] J'ai parlé plus au long de l'état de la métaphysique en Allemage, avant *Kant*, et de quelques autres objets, dans une *Notice* imprimée, il y a près de quatre ans, dans un journal qui se publie en Basse-Saxe. Le citoyen *François de Neufchâteau* a trouvé bon de faire entrer cette notice dans un recueil de morceaux *inédits*, qu'il a intitulé *Conservateur*.

tant de froideur un livre, qui d'ailleurs était écrit d'un style très-concis, très-énergique, et par-là très-inintelligible pour la plupart des lecteurs ainsi disposés. Telle est peut-être aussi la réception qui attend son interprète en France.

Mais enfin cet état de choses changea; l'esprit spéculatif se réveilla puissamment, et l'on sait depuis quelle fermentation singulière a excité en Allemagne le *Kantianisme*; fermentation qui laissera de longues traces, et qui caractérise une des époques les plus importantes de l'esprit humain, où la spéculation a été poussée à son plus haut point, par les disciples de *Kant*, et par ceux de leurs adversaires qui étaient de force à se mesurer avec eux.

A la *Critique de la raison pure*, se rapportent principalement ces deux autres ouvrages de *Kant* : PROLÉGOMÈNES, ou *Traité préliminaire à toute métaphysique qui désormais tenterait de paraître comme science*. Imprimé en 1783. (C'est la *Cri-*

tique reprise sous œuvre et exposée analytiquement.)— Et PRINCIPES *métaphysiques de la science de la nature*, imp. en 1786, sans compter quelques dissertations.

En 1788, *Kant* donna sa CRITIQUE DE LA RAISON PRATIQUE, à laquelle se rapportent sa BASE *d'une métaphysique des mœurs.* — Ses PRINCIPES *métaphysiques de la vertu.* — Et PRINCIPES *métaphysiques du droit.* — Sa RELIGION, *d'accord avec la raison.* — Son petit ESSAI *sur un projet de paix perpétuelle* (qui a été traduit en français). — Son IDÉE *d'une histoire universelle, dans une vue cosmopolitique*[1], et quelques autres.

En 1790 parut la CRITIQUE DU JUGEMENT, complément nécessaire des deux premières *critiques*, et à quoi se rapporte

[1] Morceau que l'auteur du présent ouvrage a traduit en 1798, qui a été imprimé deux fois en français, et que le citoyen *François de Neufchâteau* a de même trouvé bon de recueillir parmi les pièces inédites du *Conservateur*, où il s'est trouvé réimprimé pour la troisième fois.

le livre intitulé : *Base d'une critique du goût*, publié en 1787.

Tels sont les ouvrages principaux de *Kant*. Il en a écrit un grand nombre d'autres [1]. On vient de rédiger et de publier sa *logique* ; il a donné, l'une des années dernières, une *Anthropologie*. Mais l'essentiel de sa doctrine est renfermé sur-tout dans les trois *Critiques*.

Kant a éprouvé, il éprouve encore de nombreuses contradictions. La satyre et l'outrage même ne l'ont point épargné, et s'il eut été accessible à leurs traits, le repos de ses jours eût pu en être troublé [2].

[1] Son âge très-avancé n'a presque rien diminué de son énergie et de son activité. Il va paraître de lui une *Géographie physique*, rédigée et mise au jour par son ami, M. le professeur *Rink*, compagnon de ses travaux. Il met encore la dernière main à un ouvrage intitulé : *Transition de la métaphysique à la physique*.

[2] Sa doctrine a été défendue par le gouver-

Les déplorables annales de l'humanité ne nous offrent que de semblables traits, et de plus révoltans encore. Dieu s'étant fait un sage trouva une croix sur la terre, et *Socrate* y but la ciguë. *Fontenelle* dit avec bien de la justesse, dans son éloge de *Mallebranche* : « On ferait une longue
» histoire des vérités qui ont été mal re-
» çues chez les hommes, et des mauvais
» traitemens essuyés par les introducteurs
» de ces malheureuses étrangères ». Il faut en convenir, l'arbre de la philosophie n'a presque porté jusqu'ici que des pommes de discorde. « C'est chose étrange, » dit *Charron*, « l'homme désire naturellement
» savoir la vérité, et pour y parvenir remue

nement de plusieurs pays ; elle a été mal vue de presque tous ; un des plus célèbres philosophes de son école a été accusé d'*athéisme*, a perdu la chaire de philosophie qu'il occupait, etc. ; et tout cela à la fin du dix-huitième siècle ! L'abbé *Barruel* enfin (*si parva licet componere magnis*) a fait de *Kant* un chef d'*illuminés*. M. l'abbé n'est sûrement pas un de ces illuminés-là.

» toute chose ; néanmoins il ne la peut
» souffrir, quand elle se présente, son
» esclair l'étonne, son éclat l'atterre, ce
» n'est point de sa faute, car elle est très-
» belle, très-amiable..... Mais c'est la
» foiblesse de l'homme qui ne peut rece-
» voir et porter une telle splendeur, voire
» elle l'offence. Et celui qui la lui présente
» est souvent tenu pour ennemi, *veritas*
» *odium parit*. C'est acte d'hostilité que
» de lui montrer ce qu'il aime et cherche
» tant [1]. »

Il faut au reste se bien garder de confondre en une seule classe tous les adversaires de la philosophie de *Kant*. On tomberait dans une grossière méprise, et l'on rangerait sur une même ligne des hommes du premier ordre avec les hommes les plus médiocres. J'ai dit que la nation, naturellement portée aux sciences méditatives, les avait cultivé avec ardeur sous *Leib-*

---

[1] DE LA SAGESSE, liv. I.er, chap. 4, intitulé : *Foiblesse*.

nitz et sous *Wolf*. Il restait encore des débris et des traces de cet ancien ordre de choses ; il y avait encore quelques *wolfiens* ; il était des écoles où l'on faisait encore des études sérieuses : *Jacobi* était debout, tel qu'une colonne de granit, taillée par le ciseau grec, au milieu des décombres et des mesquins bâtimens à la moderne. *Kant* eut donc affaire à quelques philosophes, qui luttèrent avec lui pour l'amour de la vérité et de la doctrine : par exemple, au sceptique, auteur d'*Énésidème*, et à quelques autres. Parmi ces sages, qui témoignèrent toujours la profonde estime que leur inspirait un tel adversaire, il faut encore distinguer deux sous-divisions : l'une composée de savans qui tenaient depuis long-tems à un système, à une école particulière, qui s'étaient logés et établis dans un édifice, où grand nombre d'eux avaient vieilli ; ceux-là n'en pouvaient plus guères sortir pour en aller habiter un autre ; ils ne saisissaient pas à fond ce que voulait dire *Kant*, et ils ne savaient expliquer ses idées que par celles qui leur étaient familières, sûr moyen de ne jamais s'entendre. *Platner*, le vieux astronome et mathématicien *Kœstner*, *Garve*, le meilleur interprète du livre des *Offices*, et que *Kant* lui-même nomme *le premier des philosophes pratiques*, appartiennent à cet ordre d'adversaires de la nouvelle philosophie. Les autres, et ceux-ci, sont moins des adversaires que des juges, après s'être élevés à la hauteur de *Kant*, avoir examiné toute sa doctrine et l'avoir éprouvée soit en elle-même, soit en la rapprochant de celles de ses prédécesseurs, crurent y remarquer, l'un quelque lacune dans le système total, l'autre la nécessité d'un fondement encore plus profond, ou bien la possibilité d'un scepticisme si subtil qu'il échappait même aux liens de la *critique*, ou une solution incomplète d'un problème important, et ainsi du reste. Sur ces points, ils se séparèrent de *Kant*; les uns, comme *Reinhold, Fichte, Bouterwek*, qui avaient d'abord été ses disciples, pour établir des doctrines particulières qui essaient de prêter une base plus solide encore à celle de leur maître, en conservant toujours la même tendance et le même point de vue; d'autres, comme *Bardili*, pour se rapprocher de *Platon*, et sur-tout de *Descartes*. *Jacobi*, l'un des plus profonds et des plus savans, conserva après, comme par le passé, toujours sa même direction.—Ce sont là les seuls adversaires dignes de *Kant*.

Les seconds, en bien plus grand nombre, bien plus bruyans, plus capables et plus tranchans, naquirent ou de ce bel-esprit qui depuis quelques années prenait le dessus parmi les sérieux Germains, ou de la demi-philosophie devenue à la mode, ou de l'ignorance qui accompagne trop souvent l'un et l'autre. Des poëtes, des érudits, des gens à sciences *utiles*, des gens qui visaient au *goût*, à la belle littérature, souvent très-estimables d'ailleurs, mais qui n'étaient que poëtes, ou qu'érudits, ou que beaux diseurs, et qui ne savaient pas être autre chose, jetèrent les hauts cris quand ils virent un système abstrait, qu'ils ne comprenaient point, réveiller subitement et avec une ardeur générale l'intérêt pour la métaphysique, qu'ils croyaient dûment enterrée, quand ils virent l'attention du public attirée vers le portique, et leurs musées déserts. On ne s'habitue pas à se voir ravir un encens et une primatie à quoi l'on s'était accoutumé. Tous les livres et les systèmes de métaphysique les eussent peu émus ; mais voir l'admiration publique se tourner vers *Kant*, entendre les cent bouches de la renommée employées sans cesse à répéter son nom, voilà ce qui ne se pardonne pas, et qui fit pousser de toutes parts des cris de rage [1] ; on aiguisa toutes ses armes,

[1] Il y eut même quelques voix qui s'élevèrent dans la capitale de la France, et qui crièrent de compagnie sans savoir pourquoi, tant l'exemple est contagieux ! — Au reste *Kant* ne s'est oublié qu'une seule fois, jusqu'à se retourner vers ces aboyeurs.

on se ligua contre l'ennemi commun ; rien ne fut aussi plaisant que de voir cette réunion de théologiens, de beaux-esprits, de mathématiciens, de compilateurs, de professeurs et de gens du monde, assemblage bizarre qu'une haine commune avait pu seule produire. On fit donc des livres, sérieux, badins, des vers, des romans, des réfutations, des prédictions, et depuis dix ans toute cette classe anti-critique se console en tâchant de croire et de faire croire au public, *que le règne de la philosophie, Dieu merci, est passé !* Plusieurs personnes ont la bonté d'y ajouter foi, et il y a bien quelque chose de vrai dans leur dire. Parmi le grand nombre de ceux qui ont voulu, pendant les dix ou douze premières années, appartenir à la nouvelle école, il se trouvait beaucoup de gens qu'échauffait un enthousiasme aveugle pour ce qui est grand et renommé, et qui au fond ne savaient pas trop ce qu'ils admiraient. Ce beau feu s'est ralenti là où il n'avait pas d'alimens;

on ne trouve plus tant d'honnêtes-gens sans vocation qui déraisonnent au nom de *Kant* et de *Fichte* ; l'abus a cessé, mais la philosophie n'en est pas moins cultivée avec ardeur par un grand nombre de penseurs qui y sont mieux appelés. Elle n'est pas tombée pour cela, et un système de métaphysique n'est point une pièce de théâtre, dont le succès s'évalue par le nombre des portiers étouffés à l'entrée.

Il faut donc dire ici, ce qu'on ne sait pas dans les pays voisins, d'où les choses se confondent à raison de l'éloignement, il faut dire que les soi-disant *adversaires* de la philosophie de *Kant* sont placés, les uns à droite et de pair avec ce philosophe, les autres à gauche et très au-dessous de lui. Ceux-ci ont voulu plus d'une fois tirer avantage des argumens des vrais philosophes qui n'étaient point d'accord avec *Kant*, ils ont voulu s'étayer de leur appui et fraterniser avec eux ; ils en ont été repoussés. Il n'y avait là nul point de contact possible ; et dès qu'il fut question de leur bavardage inphilosophique, tous les penseurs n'ont fait qu'un avec *Kant*, tous avaient contre ces intrus les mêmes raisons et le même éloignement. — Je désire que la philosophie critique trouve en France beaucoup d'adversaires de la première classe ; je crains qu'elle n'en trouve trop de la seconde; qu'il ne paraisse plus d'un *Sempronius Gundibert*, et pas un *Enésidème*, encore moins un livre comme celui de *Fichte*, une dissertation comme celle de *Jacobi* [1].

Que si quelqu'un, non encore informé de l'état de la question, me disait à l'apparition du présent ouvrage : « Vous convenez vous-même que la philosophie que vous annoncez a des adversaires célèbres, cités entre les philosophes ; comment donc peut-elle être si décidément bonne et salutaire pour nous ? » Je lui répondrais d'abord, que cette même phi-

---

[1] *Sur l'idéalisme et le réalisme.*

losophie a aussi de très-célèbres et de très-savans sectateurs [1], puis j'ajouterais : pour vous, il n'y a encore d'autres *anti-kantiens* que ceux du bas étage ; attendu que vous n'en êtes pas encore au point de juger par vous-même ; si vous voulez vous ranger parmi ceux-là, vous en êtes le maître ; mais ceux d'en-haut n'existent

---

[1] Cette raison est tout aussi bonne, employée positivement que négativement. La philosophie *transcendentale*, en général, a un bien plus grand nombre de bonnes têtes pour elle que contre elle ; il n'y a nulle comparaison à faire. Elle compte au nombre de ses partisans de très-grands mathématiciens aussi, des physiciens, des chimistes, des médecins renommés, des théologiens, des moralistes, de vrais poëtes, des jurisconsultes et des hommes d'état. Je ne veux pas ici faire une vaine liste de noms, qui, grace à l'indifférence des parisiens, ne sont pas connus d'eux ; je me contenterai de citer *Gœthe*, *Schiller*, *Humboldt*, dont peut-être ils ont entendu parler, et qui font à la théorie des arts et de la poësie une application si heureuse de la philosophie *transcendentale*.

pas jusqu'ici pour vous ; point d'*anti-kantiens* pour vous sur cet étage supérieur. Tous ceux qui sont là sont également contre vous, ont les mêmes raisons, la même doctrine à opposer à votre inphilosophie. Ce n'est pas pour vous que pensent et discutent *Jacobi, Maimon, Fichte, Bouterwek, Reinhold, Bardili, Kœppen*. Les points sur lesquels ils sont divisés ne vous concernent nullement, et ne sont pas de votre compétence. Montez, et vous saurez de quoi il s'agit.—Dans les choses sur lesquelles ils sont d'accord, il y a assez de quoi vous instruire ; et leurs différends même ne seront pas perdus pour vous, si, selon l'expression d'*Horace*, vous *osez* aborder la sagesse.

Enfin *Kant* a d'estimables adversaires, il est vrai ; mais *Copernic* en a eu aussi, et il n'en est pas moins vrai que la terre tourne autour du soleil. Le chancelier *Bacon* a rejeté la théorie de *Copernic* ; il a cru pouvoir démontrer par les principes de la philosophie naturelle *bien posés* (ce sont ses propres paroles), que la terre était en repos au centre du monde[1]. Le P. *Riccioli*, *Lajonchère*, *Morin*, comptés parmi les premiers astronomes de leur tems, s'opposèrent à l'opinion du mouvement de la terre, comme à une *absurde hypothèse*. Le grand *Tycho* lui-même, à qui d'ailleurs l'astronomie a de si réelles obligations, s'est prononcé hautement contre *Copernic*[2] ; sans compter les théologiens,

[1] « Constat sententiam Copernici de rotatione » terræ (quæ nunc quoque invaluit) quia phæ- » nomenis non repugnat, ab astronomicis prin- » cipiis non posse revinci, à naturalis tamen » philosophiæ principiis *rectè positis* posse. » *De Augm. Scientiar.* L. IV. C. 1.

[2] *Tycho-Brahé* opposait sur-tout au mouvement de la terre, que celle-ci était une masse *inerte*, *vile* et *grossière*, peu propre au mouvement, et qui n'était convenable qu'*à-être le fondement de toute stabilité*.—Le P. *Riccioli*, dans son *Almageste*, ne proposa rien de moins que septante-sept argumens, tous invincibles, contre la rotation de notre globe. — *Copernic*, qui prévoyait combien toutes les opinions et les

comme le savant cardinal *Bellarmin*, le père *Garasse*, et tant d'autres. — *Galilée*, soutenant la même doctrine que *Copernic*,

habitudes allaient se soulever contre lui, dit dans la préface de son *Astronomia instaurata* : « Non dubito, quin eruditi quidam, vulgatâ jam
» de novitate hypotheseon hujus operis famâ,
» quòd terram mobilem, solem verò in medio
» universi immobilem constituit, vehementer
» sint offensi, putentque disciplinas liberales
» rectè jam olim constitutas, turbari non opor-
» tere. Verùm si rem exactè perpendere volent,
» invenient autorem hujus operis, nihil quod
» reprehendi mereatur commisisse. »

Le passage vaut bien d'être traduit en français : « Je ne doute pas, dit *Copernic*, que
» certains savans qui ont déjà entendu dire
» quelque chose de la nouveauté des hypothèses
» de cet ouvrage-ci, lequel fait la terre mobile,
» et place le soleil immobile au centre de l'uni-
» vers, ne soient violemment irrités, et ne
» pensent qu'il ne convient pas de troubler les
» sciences libérales si bien établies par ceux
» qui nous ont précédés. Mais s'ils veulent peser
» la chose avec exactitude, ils trouveront que
» l'auteur de cet ouvrage n'a rien fait qui mé-

et trouvant de plus des lois de l'accélération de la vîtesse dans la chûte des corps graves, vit toute l'université de Pise, qui possédait de très-habiles professeurs, déchaînée contre lui. Aujourd'hui, malgré tant de grands adversaires, le système de *Copernic* est le seul admis, et la théorie de *Galilée* est reconnue pour véritable. Cela doit nous rendre modestes et retenus dans nos décisions.

Harvey a-t-il découvert la circulation du sang, les plus renommés médecins et physiologistes de son tems se déclarent contre lui, l'accablent de réfutations hautaines qui devaient *pulvériser* sa découverte, la plus belle et la plus importante de la médecine moderne. Le sarcasme et le calembourg même ne l'épargnent pas, et la faculté en corps, qui eût dû prononcer son nom avec respect, lui donne

» rite d'être repris. » —Celui qui cite ici *Copernic*, a, sans doute, les mêmes préventions à redouter pour son propre ouvrage,

le sobriquet de *circulator*. Le fougueux *Riolan* et *Parisanus* se déchaînent contre lui, l'outragent, le persifflent. On pardonne cet emportemement à la bile extraordinaire du premier et à l'ignorance du second ; mais on voit avec regret à la tête de ses adversaires des noms aussi respectables que ceux de *Gassendi*, de *Primerose*, de *Gaspard Hoffmann*, de *H. Pisoni* ; car il est évident que tous les contemporains de *Harvey* ont eu tort, et ces illustres savans avec eux [1].

[1] Il est encore des physiologistes distingués d'ailleurs, mais qui soutiennent que le sang ne circule pas dans notre corps. Au reste, on aurait peine à se figurer toutes les persécutions et les avanies qu'éprouva *Harvey*. Alors qu'il fit sa découverte il était médecin très-accrédité à Londres, avait la pratique des maisons les plus distinguées, et faisait de bonnes affaires ; dès qu'il eut avancé que le sang circulait, toutes ses pratiques le quittèrent peu-à-peu, et il tomba dans l'indigence. « C'est un bon homme » que ce *Harvey*, disait-on, mais c'est dommage qu'il soit homme à systèmes ; il est

Enfin le système sexuel de *Linnée* a eu aussi de célèbres opposans, et parmi eux l'on compte *Haller*, *Smellie* et *Buffon*. Contre la chimie de *Lavoisier* s'inscrivent les noms très-imposans de *Gmélin*, *Priestley*, *Sage*, *Launaguet*, *Lamarck*, qui défendent encore l'ancienne théorie.

En voilà assez pour démontrer que la célébrité, la science ou le génie de quelques adversaires ne prouvent rien contre la validité d'une doctrine ; et comme cet argument, le premier qu'on oppose d'ordinaire à la nouvelle philosophie, n'est qu'une raison de fait, ce n'est aussi que par des preuves de fait qu'on peut la combattre ou la prévenir.

Passons à un autre genre d'adversaires. Il est des envieux qui, contraints d'ouvrir les yeux à une lumière qui les offusque, attaquent seulement le mérite personnel de l'inventeur, et lui disputent la priorité de

» devenu fou, et nous ne pouvons plus nous
» fier à lui. » — Et voilà comment les contemporains jugent.

l'invention. Un reproche que l'on entend faire assez souvent à *Kant*, c'est que sa doctrine n'est pas *neuve* [1]. La première réponse à faire, c'est que cela est fort indifférent à la question ; il s'agit, non de juger l'homme, mais la chose ; non la nouveauté, mais la vérité de la doctrine. Elle n'est pas *neuve !* certes, tant mieux ;

[1] Ainsi sur un passage de *Cicéron*, et quelques mots échappés à des cosmologistes anciens, on a voulu dérober à *Copernic* la gloire d'avoir placé le soleil au centre du monde. *Barra*, un antagoniste de *Harvey*, attribuait la découverte de la circulation du sang à *Hippocrate*, un autre à *Salomon*, un troisième à un théologien de Venise. On a fait honneur du système de *Linnée* à des naturalistes plus anciens que lui, tels que *Grew*, *Millington*, *Camérarius*. Quelques gens ont voulu de même que *Sextus-Empiricus*, *Raimond-Lulle*, *Glisson*, fussent les auteurs de la doctrine de *Kant*. On a tant de peine à convenir que l'homme qui est là est plus grand que nous ! on aime mieux l'avouer des morts ; il sont plus sans conséquence. Semer des doutes, et obscurcir l'éclat des noms vivans est le métier des *soiles* de tous les siècles.

car elle serait fort à suspecter, si elle s'éloignait en entier de tout ce que les plus profonds esprits ont pensé depuis *Pythagore*; si *Platon*, *Aristote*, *Zénon*, *Cicéron*, *Descartes*, *Leibnitz*, *Hume*, n'avaient jamais rien soupçonné, ni entrevu d'approchant. Quel est l'homme qui, jeté sur la terre sans rien apprendre de ceux qui l'y ont précédé, pourrait élever un édifice aussi colossal et aussi régulier que celui élevé par *Kant* ? « Ce n'est que » montés sur les épaules les uns des autres » que nous pouvons voir d'un peu loin, » dit *Fontenelle* avec sa grace accoutumée; et à cet égard personne ne s'est mieux élevé sur les épaules d'autrui que *Kant* lui-même. De tout ce qu'ont avancé ou conçu en philosophie les anciens et les modernes, les scholastiques et non-scholastiques, les italiens, français, anglais, allemans, il n'est rien qu'il ignore et dont il n'apprécie au juste la valeur. Lui, et ses disciples principaux savent mieux que la plupart de leurs adversaires, ce que la doctrine transcendentale doit aux doctrines rationnelles ou sceptiques qui l'ont précédée. Ils savent pourtant, et tous ceux qui sont vraiment initiés savent aussi qu'aucun philosophe, en mettant à profit les lumières acquises, n'a eu par lui-même autant d'original, de neuf et de grand, que *Kant*. Ceux qui tranchent d'un ton suffisant sur la *non-nouveauté* d'une opinion, non-seulement ne décident rien, mais encore seraient très en peine s'il fallait prouver leur assertion [1]. Or les allemans,

[1] Un autre reproche que certains censeurs font à *Kant*, c'est la sécheresse de son style, la longueur de ses périodes, le néologisme de quelques expressions, etc. Ce qu'il y a de certain, c'est que *Kant* a créé une nouvelle langue qui manquait à la philosophie, et qu'il a beaucoup enrichi et précisé la sienne. Au reste, il est à peu-près aussi essentiel pour un métaphysicien d'écrire avec élégance, que pour un général d'armée de savoir bien danser. Tout ce qu'on peut exiger de lui, c'est d'être clair; encore, est-ce à ceux qui veulent le comprendre à l'étudier.

qui ont plus que nous l'habitude de prouver ce qu'ils disent , n'ajouteraient pas foi légèrement à des arrêts de la sorte, et auraient l'incivilité d'exiger qu'on les appuyât de pièces justificatives. Je me suis arrêté un peu sur ce qui précède, parce que j'ai voulu parer d'avance à quelques objections que j'ai bien prévu qu'on ferait en France.

Ce ne sont pas des difficultés d'une pareille nature que je voudrais qui s'élevassent : mon unique vœu est de voir examiner et débattre , avec la sévérité et la gravité qui conviennent à de tels objets , la doctrine célèbre dont j'expose ici les élémens. Une partie éclairée de l'Europe est attentive à l'apparition de cet essai, à la manière dont on le recevra et dont on le jugera. On est aux aguets de ce qu'on appelle la frivolité française mise en contact avec l'assiduité germanique. Je suis loin d'en redouter l'événement pour l'honneur national, quand je songe que cette nation , si aimable et si grande tout à la fois, et que d'autres accusent d'être frivole, a donné naissance à *Charron*, à *Descartes*, à *Pascal*, à *Mallebranche*, à *Fénélon*, à *Bayle*, à *Buffon* ; qu'elle renferme encore en son sein des penseurs que n'ont pas entraîné les opinions vulgaires et à la mode, des esprits méditatifs, des lettrés sages et instruits.

Cependant, il faut le dire : une différence remarquable s'offre à l'observateur dans la culture intellectuelle de la France et de l'Allemagne. Notre culture et notre célébrité littéraire ont commencé par les belles-lettres, et les sciences ne sont venu qu'ensuite ; les poëtes, les romanciers, et puis les savans. Nous avions déjà des ouvrages d'agrément classiques et admirés de toute l'Europe, que le gros de la nation et des hommes de lettres ne s'inquiétait guères des sciences ou exactes, ou spéculatives. Les allemans, au contraire, ont été savans long-tems avant que d'être littérateurs. Ils avaient des mathématiciens, des physiciens du premier rang, tandis qu'en littérature, ils n'avaient encore que des commentateurs et des érudits. L'influence de la philosophie, celle de l'esprit exact et méthodique était toute-puissante sur le public instruit, avant qu'il y ait un seul poëte national dont les ouvrages aient été dignes de passer à la postérité. Notre première société littéraire a été une assemblée de beaux-esprits, l'*Académie française*, qui fut, dès sa naissance, décorée d'un éclat très-brillant, et d'une vraie majesté littéraire. Chez les allemans, les premières sociétés de ce genre ont été composées de naturalistes, d'astronomes, d'historiens, de géographes, de métaphysiciens, d'érudits; et pendant long-tems ils n'ont pu concevoir l'idée d'une société purement *belle-lettriste*, pour me servir d'une de leurs expressions. Leurs poëtes, dans les époques successives d'*Opitz*, de *Gellert*, de *Haller* et de *Klopstock*, ont été eux-mêmes de vrais savans, et jusqu'à présent ils n'ont pas cru pouvoir se dispenser d'une très-solide et très-profonde instruction. L'Allemagne savante qui, à raison de sa langue, comprend une grande partie du nord de l'Europe, a eu ses *Copernic* [polonais], *Ticho-Brahé, Keppler, Athanase Kircher, Hévélius, Tschirnhausen, Puffendorf, Leibnitz, Thomasius, Wolf, Sthal, Bernouilli* [suédois], et tant d'autres mathématiciens ou philosophes (sans compter tous les philologues qui ont débrouillé le chaos de l'antiquité classique, non plus que *Luther, Mélanchton, Sleidan*, et tous les théologiens réformateurs) avant que de s'aviser de bel-esprit. — Sans doute pourtant, que le temps et la contrée où tant d'hommes célèbres ont fleuri, n'étaient point un tems, ni une contrée barbare. Le reste de la nation brillait peu aux yeux des étrangers, parce qu'il y a toujours plus d'yeux ouverts sur un roman ou sur une comédie que sur une équation ou une recherche abstraite. Mais ces réputations éminentes, qui se montrent çà et là, prouvent du moins une certaine disposition des contemporains vers l'étude, une certaine élévation dans l'esprit général, et

une

une masse d'hommes éclairés qui se grouppaient autour de ceux qui étaient le plus en évidence. Telles ces îles, ces pointes de rochers, qui se montrent en archipels au-dessus de la surface des mers, annoncent qu'autour d'elles le fond s'élève en pyramides dont elles ne sont que les sommets, et que la terre est à fleur d'eau, là même où l'on n'aperçoit rien. J'ajouterai, comme le remarque avec beaucoup de justesse mon estimable ami *Vanderbourg*, traducteur du *Woldémar*, que la classe mitoyenne de la société, celle qui compose le public littéraire, « *a été chez nous corrompue et
» polie avant que d'être éclairée ; et
» qu'au contraire chez nos voisins, elle
» a été éclairée avant que d'être cor-
» rompue* ». — Si bien que la tendance dominante dans la culture des uns est devenue *sensualité*, et dans celle des autres *idéalité*; que le persifflage, la légèreté et la dissipation sont devenus familiers aux uns ; la gravité et le recueillement aux autres. Delà vient encore que chez nous

le bel-esprit, en vertu de son droit d'aînesse, a acquis une certaine prescription, une primauté dans le goût et dans l'opinion publique, qu'on le regarde comme la base de la gloire nationale dans l'ordre intellectuel ; tandis que chez les allemans, on est accoutumé à voir cette même gloire dans les sciences exactes, la philosophie et l'érudition. Ici le bel-esprit exerce une sorte d'influence despotique sur les sciences, il tend continuellement à les attirer vers le superficiel : là ce sont les sciences qui exercent leur influence sur le bel-esprit, et qui tendent à lui donner de la consistance et de la profondeur. Ici la science ne peut plaire au public qu'en revêtant les formes du bel-esprit : là le bel-esprit ne peut plaire qu'en se conformant à l'esprit sévère et systématique de la science. Ici plus d'un auteur a été obligé de s'excuser d'être trop abstrait et trop scientifique : là un auteur paraîtrait inexcusable, s'il n'était point scientifique. Ici enfin l'impulsion donnée primitivement a été de plaire ; tandis que là l'impulsion primitive a été d'instruire [1].

Cependant les grands événemens qui ont remué jusqu'à la lie la génération actuelle

---

[1] Je pourrais ajouter que notre littérature est dans un cas pareil à celui des langues en général ; elles naissent dans un état de choses presque barbare ; elles se forment, se développent pendant une période grossière, où toutes les idées sont indéterminées, souvent fausses. Quelque degré de perfection et de culture qu'elles atteignent ensuite, elles se ressentent toujours du vice de leur naissance et du chaos où elles sont nées. On les polit, on les répare, on les embellit, et l'on ne peut en ôter certains vices radicaux qui en corrompent tout le système. Notre littérature a jailli immédiatement d'un ordre de choses très-informe ; elle s'est comme entée sur la barbarie, et l'on ne peut disconvenir que cela n'ait influé sur elle jusqu'à un certain point. La nation allemande, au contraire, était depuis long-tems remplie de lumières solides, de philosophie et d'érudition quand elle a songé sérieusement à se faire une littérature. Tel était le sol dans lequel le bel-esprit allemand devait germer. A peine la vraie littérature compte-t-elle dans ce pays un demi-siècle ; mais née au

des français, a donné une autre trempe à bien des ames, une tendance plus sévère, plus éloignée de la légèreté reprochée quel-

milieu du dix-huitième, et posée sur de telles bases, on conçoit qu'elle a dû recevoir une constitution et une modification très-différentes de celles qu'a reçu la nôtre. On ne peut donc, en aucune manière, comparer les premiers pas et les essais de la littérature allemande aux pas incertains et aux essais des pères de notre parnasse. — Chacun sentira d'après cette considération, et un grand nombre d'autres sur lesquelles je ne puis m'étendre ici, qu'il y a une divergence totale dans les idées, les vues, la culture, en un mot, d'un Français et d'un Allemand, et qu'ils ne peuvent jamais parvenir à s'entendre, l'un voit et entend dans un livre, dans une expression tout autre chose que ce que l'autre y voit et y entend; la dispute est interminable entr'eux. Un bel-esprit nourri sur le pavé de Paris, peut raisonner, ou déraisonner à perdre haleine sur les produits de la littérature allemande; il peut extraire, analyser, disserter, — et ne pas dire un mot qui convienne à la chose; parce que pour juger une chose, il faut être placé dans son point de vue, et que le parisien quefois avec justice à nos goûts. Nous ne vivons plus dans un tems où il convienne de se contenter du pain et des jeux du cirque. Nous entendrons, sans doute, un jour nos *Cicéron* dire à nos *Varron* et à nos *Atticus* : « Tandis que je travaille à » interpréter en notre langue cette philo-» sophie que nous devons à *Socrate*, pour-» quoi, mes amis, ne me secondez-vous

est dans un point de vue étranger, où il voit tout louche et confus, ainsi qu'un tableau qu'on regarde sous un faux jour. On a beau même traduire, imiter, paraphraser, on ne traduit que la lettre morte; l'esprit vivant, que l'interprète n'a pu saisir, reste caché, et l'ouvrage n'est au fond guères mieux compris, ni du traducteur, ni des lecteurs, que s'il était resté dans sa langue originale. On en peut dire autant de la manière dont, en général, on traduit et l'on explique chez nous les ouvrages de l'antiquité. J'ose me flatter que le présent livre, bien compris, donnera quelques ouvertures importantes sur l'esprit allemand, sans la connaissance duquel il est complètement absurde de prétendre juger la littérature allemande.

» pas, vous qui ne sauriez ignorer que la
» philosophie est infiniment au-dessus de
» ces débats de grammairiens, et de cette
» étude des belles-lettres qui ont été jus-
» qu'ici l'objet de vos recherches, l'occu-
» pation de vos veilles ? » (*Acad.* 1.)

Si donc, pendant un tems, notre littérature légère, notre excellent théâtre surtout ont fait notre gloire aux yeux des étrangers, le tems est venu où il convient de nous vanter plus exclusivement de nos *Lalande,* de nos *Laplace,* de nos *Chaptal,* de nos *Fourcroy,* de nos *Guyton,* qui fondent pour nous une gloire plus analogue à l'esprit de notre âge ; de nous informer sérieusement de ce que les sciences produisent de grand et de remarquable chez tous nos voisins. Nous avons d'ailleurs encore, pour soutenir l'honneur de nos muses, quelques poëtes, quoiqu'en très-petit nombre ; *Tyrtée—Lebrun,* le suave *Delille* et l'auteur de l'*Optimiste* vivent encore [1]; mais il s'élève en Europe

[1] On peut regarder cette division de la pré-

un certain public qui tend avec énergie vers des institutions plus sévères, et qui ne reçoit plus avec le même enthousiasme une rime ou un alexandrin. *Le raisonner tristement s'accrédite*, a dit *Voltaire.* Cela est triste en effet pour ceux qui ont bien pris leur parti et qui ne veulent pas raisonner. Quant à ceux qui ont adopté pour eux la devise du *Sapere aude*, la chose n'est pas à beaucoup près si chagrinante. En vain une secte niaise, prosternée devant l'autel d'un certain *Phœbus* qu'il lui plaît d'appeler le *bon goût*, prétend encore soutenir la primatie intellectuelle de sa déité, prononcer sur tout en ignorant tout; il est impossible que le public en soit désormais la dupe. Révérons, lisons nos classiques, mais dédaignons l'inepte et prétentieux bel-esprit qui nous fait tort aux yeux des étrangers, (car les jalousies nationales épient les torts et les ridicules pour

face comme servant de supplément à l'*Article VII* de l'ouvrage.

les grossir). Je me suis attendu à voir quelques coryphées de cette secte prononcer d'un ton cavalier sur mon ouvrage ; je les récuse à l'avance, autant que j'attends avec déférence et respect le jugement des vrais lettrés et des penseurs de toutes les classes, au cas qu'ils daignent accorder quelqu'attention à mon travail. Je déclare que je ne répondrai qu'à des raisons, et qu'annonçant une doctrine qui a tant de conformité avec celle de *Platon*, j'adopterais volontiers l'inscription placée au-devant de son auditoire : *Nul n'entre ici s'il n'est géomètre* [1]. Enfin, sans trop redouter les raisonnemens auxquels je tâcherai d'en opposer d'autres, craignant encore moins la fatuité et les injures auxquelles je n'opposerai que le silence, je dois expliquer en peu de mots quel a été mon dessein et mon but : abandonnant du reste ma production, sans appui et sans prôneurs, à

---

[1] *Platon* distinguait, comme de raison, un géomètre d'un arpenteur.

l'éclat du grand jour, et adoptant l'allégorie employée en un cas semblable par mon respectable ami, M. le conseiller intime *Jacobi* [1] :

> « L'autruche dépose tranquillement son œuf sur le sable ; les pinçons et les passereaux ne sauraient l'écraser ; le bec des sansonnets et des corneilles ne peut l'entamer ni le repousser dans l'ombre ; c'est à l'astre qui dispense la lumière à le faire éclore. »

On aura peine à croire un jour, en lisant l'histoire littéraire du dix-huitième siècle, que de deux nations éclairées, voisines l'une de l'autre et séparées seulement par un fleuve, l'une ait ignoré avec tant de constance et pendant vingt années ce qui se passait chez l'autre. Le Français si hospitalier, si liant, si ouvert, qui adopte de si bonne grace les modes et

[1] Dans son livre contre *Mendelssohn*, au sujet de la doctrine de *Spinoza*.

les vêtemens des étrangers, devient d'une inflexible roideur à la première proposition qu'on lui fait d'adopter quelque doctrine littéraire autre que celle dans laquelle il a été nourri, et de donner l'hospitalité à une pensée exotique. Il a fallu tout l'immense ascendant de *Voltaire* pour faire goûter à la nation quelque chose de l'esprit anglais, qu'elle n'a même jamais connu que modifié.

Depuis cinquante ans toute l'Europe savante avait adopté la théorie de l'*attraction*, donnée par l'immortel *Newton*, qu'en France on s'obstinait encore à la repousser avec opiniâtreté. Voici ce qu'en dit *Maupertuis* dans une de ses *lettres* :
« Il a fallu plus d'un demi-siècle pour
» apprivoiser les académies avec l'at-
» traction. Elle ne paraissait que la re-
» production d'un monstre qui venait
» d'être proscrit : on s'applaudissait tant
» d'avoir banni de la philosophie les qua-
» lités occultes, on avait tant de peur
» qu'elles revinssent, que tout ce qu'on

» croyait avoir avec elles la moindre res-
» semblance effrayait : on était si *charmé*
» d'avoir introduit dans l'explication de la
» nature une apparence de mécanisme,
» qu'on rejetait sans l'écouter le mécanis-
» me véritable qui venait s'offrir ».—Ainsi
plusieurs se sont déjà révoltés en France
contre la philosophie critique, sans la connaître, s'imaginant y voir le retour de la
scholastique, qu'ils ne connaissent pas davantage. Quelques formes méthodiques, quelques mots nouveaux, empruntés la plupart de la langue de *Platon* et d'*Aristote*, ont donné lieu à cette bisarre terreur. Elle est d'autant moins fondée que la philosophie critique est précisément la seule qui puisse nous garantir avec sûreté du retour d'aucune espèce de scholastique, comme aussi de tout verbiage soi-disant philosophique, et qui nous donne le *mécanisme véritable* de l'entendement humain, au lieu de l'*apparence* dont on est encore si *charmé*. Mais on dirait que l'*Homo sum*.... est incompatible, en ce sens, avec le *Gallus sum*. Delà naît en France

sur certains points, l'incompréhensible phénomène de la plus parfaite civilisation à côté d'une barbarie presque chinoise ; d'un savoir encyclopédique qui embrasse tout, à côté d'une ignorante partialité qui repousse toute lumière venant du dehors. Depuis près de vingt ans, une nouvelle philosophie qui intéresse tout le savoir humain et la moralité, qui occupe, soit pour, soit contr'elle, tout ce qu'il y a de savans et d'hommes qui pensent, depuis Kœnigsberg jusqu'à Stuttgard, depuis Copenhague jusqu'à Salzbourg, cette philosophie est encore inconnue aux Français, et il ne s'en est pas encore trouvé un seul qui ait entrepris de l'étudier et de la faire connaître à sa patrie[1] ! Le nouveau sys-

[1] L'auteur du présent ouvrage a commencé il y a cinq ans à en parler dans ses *Lettres westphaliennes*, et peu après dans les cahiers successifs d'un journal imprimé en Basse-Saxe. Il a même donné sous le titre de *Critique de la raison pure*, une analyse abrégée de l'ouvrage qui porte ce titre. Mais ces pièces ont été peu connues en France. Cependant depuis lors, la plupart des

tème a donné à l'esprit spéculatif une tendance nouvelle, il a simplifié et rendu aussi lumineux que le jour certains points sur lesquels on ne pouvait s'accorder ; et depuis si long-tems que ce système, de-là le Rhin,

journalistes se sont empressés de les copier, de parler de *Kant*, et de dire le peu qu'ils en savaient, soit en bien, soit en mal. Ce philosophe a acquis de la sorte un nom en France, sans qu'on y sût précisément quelle idée il falloit attacher à ce nom ; c'est le Dieu inconnu des Athéniens, qui a un autel, et dont on n'a jamais vu la face. L'année dernière on a publié dans le second volume du *Conservateur*, la traduction d'un petit ouvrage allemand (abrégé d'un ouvrage de *Kant*), sur l'accord de la religion avec la raison. Le choix n'était pas très-heureux, mais l'estimable auteur, M. *Huldiger* (probablement un pseudonyme), a joint à sa traduction quelques *considérations sur la philosophie critique*, lesquelles prouvent qu'il en a passablement saisi les points principaux, mais qui, vu leur brièveté, ne pouvaient donner que d'insuffisantes lumières à des lecteurs encore non initiés. Voilà, à peu-près, à quoi se sont bornées les recherches et les tentatives des Français sur cet objet important.

est discuté, débattu publiquement, on ne se doute pas même en-deçà de l'état de la question ! Les programmes des académies et autres corps savans de France, pendant ces quinze dernières années, sont remplis de questions spéculatives, faites avec une entière confiance, annoncées avec solennité, qui néanmoins se trouveraient superflues et insignifiantes dans le point de vue de la philosophie transcendentale. Et pas un de ces corps savans, pas un de ceux qui écrivirent des mémoires sur ces questions n'y eut égard, pas un ne discuta, ne cita même la nouvelle doctrine ! C'est ce qu'on a peine à comprendre, et qui nous attire l'improbation de plus d'un de nos voisins [1]. Car enfin, le système de

---

[1] L'Académie de Lyon avait proposé en 1792 et 95, pour le prix annuel de douze cents livres, fondé par l'abbé *Raynal*, la question suivante : « *Dans l'état actuel de nos mœurs, quelles vérités* » *et quels sentimens la philosophie et les lettres* » *devraient-elles inculquer et développer avec* » *plus de force pour le plus grand bien de la* » *génération présente ?* ». L'Académie avait

Kant renfermât-il des erreurs radicales, dût-il être décidément rejeté, encore est-il bon de savoir pour quelles raisons on le doit rejeter ? quelle a été la magie, l'illusion qui y a attaché tant d'esprits, et qui lui a donné une telle célébrité ? La marche de l'intelligence, dans l'établissement même des grandes erreurs méta-

expliqué ses vues dans une brochure intitulée : *Coup-d'œil sur les quatre concours pour le prix de l'abbé Raynal,* etc. (Chez *Gattey*, au palais-royal). Il y avait alors plus de dix ans que les bases de la philosophie critique étaient posées en Allemagne ; il y en avait six que tous les philosophes de cette nation s'en occupaient avec ardeur ; et l'on en ignorait en France jusqu'au nom ; tandis qu'aucune découverte de l'Europe savante n'est ignorée en Allemagne. Outre la louable intention de l'Académie de Lyon dans l'énoncé de son programme, on dirait encore qu'une inspiration secrète l'animait, et qu'*une étoile lui avait apparu vers le nord,* ainsi qu'aux mages de Chaldée. Cette association savante n'est plus. Mais une exposition de la doctrine de *Kant* remplira, peut-être, en partie le but qu'elle avait proposé aux penseurs de sa nation.

physiques, est toujours digne d'être suivie et étudiée. Mais il semble qu'il y ait une distance infranchissable de l'esprit français à l'esprit allemand ; ils sont placés sur deux sommets entre lesquels il y a un abîme.

C'est sur cet abîme que j'ai entrepris de jeter un pont. L'évènement nous apprendra si l'envie d'y passer prendra à un grand nombre ; s'il y a vraiment une philosophie *allemande* inconciliable avec une philosophie *française*, ainsi qu'on l'a voulu insinuer ; si la philosophie et la vérité ne sont pas citoyennes du monde, et n'appartiennent pas à tous les hommes.

On ne doit pas s'attendre à trouver dans cet écrit une connaissance complète de la nouvelle doctrine, et qui dispense d'étudier les ouvrages de son fondateur, quand ils seront traduits, ou plutôt retravaillés en notre langue. Je n'ai voulu et n'ai pu donner ici qu'une *introduction à l'étude de la philosophie critique*. Tel était même le titre que j'avais d'abord choisi. Mais venant à réfléchir que la plupart des lecteurs français

çais se soucient assez peu d'introduction et encore moins d'étude, j'adoptai, pour ne les pas rebuter, un titre qui annonçât un résultat plus positif et plus attrayant. Cependant je pense en avoir assez fait pour indiquer au lecteur attentif quelle est la tendance générale de l'école critique, quel but elle s'est proposé, et quel chemin elle s'est frayé pour y parvenir.

Je ne parlerai pas des difficultés immenses que j'ai eu à vaincre. Une des plus grandes est d'avoir été obligé de me faire une méthode différente de celle qu'a suivi *Kant*, lequel ayant à parler à sa nation, est parti du point de vue où il se trouvait lui-même, de la philosophie de *Leibnitz* et *Wolf*, pour en venir à la doctrine critique. C'est cette direction qu'il a donnée à toute sa polémique. Il m'a fallu, au contraire, partir d'un point de vue tout opposé, de la doctrine régnante en France; j'avais une nouvelle route à déblayer, de nouvelles opinions à combattre, de nouveaux exemples à alléguer, et ainsi du reste. Ensorte que j'ai eu à m'expliquer, non-seulement dans une langue très-différente, mais encore dans un sens très-différent de l'original.

On conçoit facilement que la seule récompense qu'attende de ses efforts l'homme qui s'occupe tout entier de l'intérêt de la science et du perfectionnement de ses semblables, ne peut être que le progrès sensible de ce même perfectionnement. Je m'estimerai heureux, si je contribue à imprimer à mes contemporains cette tendance haute et pure qui dégage, autant qu'il est possible, l'intelligence humaine des liens de la sensualité. — Vivre, sans autre but que la vie, suivant les modifications qu'a reçu la vie en elle, telle est la destination de la brute, celle dont l'homme sensuel se rapproche de tout son pouvoir. Mais il en est d'autres, qui se prescrivent un but plus élevé, qui se sentent placés loin au-dessus de la brute dans l'ordre de la création, qui cherchent autre chose que la vie et l'assouvissement de l'instinct. En vain le superficiel matérialisme, le grossier précepte de l'amour de soi, voudraient-ils nous ramener à cet état des brutes, résultat chéri de leurs spéculations : l'humanité ne rétrogradera point : une doctrine plus humaine, plus divine, si l'on veut, a été annoncée par les nobles amis de la vérité dans tous les tems. Il nous a été conservé, au moins depuis *Pythagore*, une tradition de la conscience éclairée, qui réclame contre l'amour-propre ignare. Dans chaque siècle quelque voix stoïque s'est élevée, et a réclamé en faveur du beau, du bon absolu et idéal. La philosophie a pris acte de ces protestations, et les sens n'ont pu prescrire contre l'intelligence. — Aujourd'hui que, pendant les années de nos discordes civiles, cette doctrine a été cultivée, débattue, épurée, rendue plus méthodique et plus claire par quelques sages du nord de l'Europe, il est tems de la dévoiler et de la présenter comme un remède aux maux causés par des maximes contraires. C'est à son interprétation que j'ai voué ma plume. Privé par les circonstances de l'avantage d'attacher mon nom aux grands événemens qui ont opéré une si mémorable réforme politique dans ma patrie, il se trouvera du moins parmi les noms de ceux qui se seront efforcés d'y opérer une réforme intellectuelle, de hâter le développement de la moralité et de la science. J'aurai rempli selon mon pouvoir la destination assignée à l'homme de lettres retenu loin de ses foyers, qui, suivant les paroles de *Laharpe,* » parcourt le domaine de la littérature » étrangère, dont il rapporte les dépouilles » honorables au trésor de la littérature na- » tionale. » — Que le lecteur pardonne ce peu de mots où j'ai osé faire mention de moi, tandis qu'il ne devait être question que de doctrine. Désormais, uniquement renfermé dans mon sujet, j'adopterai pour règle ces mots de *Bacon de Verulam :*

« De nobis ipsis silemus : de re autem,
» quæ agitur, petimus : ut homines eam
» non opinionem, sed opus esse cogi-
» tent; ac pro certo habeant, non sectæ
» nos alicujus, aut placiti, sed utilitatis
» et amplitudinis humanæ fundamenta
» moliri. »

(INSTAURAT. magna. Præfat.)

EXPOSITION
DES
PRINCIPES FONDAMENTAUX
DE
LA PHILOSOPHIE TRANSCENDENTALE.

I.

Idée de la philosophie, comme disposition naturelle et besoin de l'homme.

« Savoir est le penchant naturel de tous les hommes ». Ces mots, par où débute le premier livre de la métaphysique d'*Aristote*, renferment tout le secret de la philosophie, au moins quant à sa naissance dans notre esprit. L'homme veut savoir, il veut pénétrer dans l'essence et dans les relations de tout ce qui l'environne, découvrir le pourquoi et le comment de toutes choses : sa destination pratique est d'agir, mais il ne peut consentir à ignorer pourquoi il doit agir d'une manière plutôt que d'une autre. Il cherche dans la spéculation un fil conducteur qui le guide dans le labyrinthe de la vie, il y cherche des règles fixes pour le tâtonnement de l'expérience. En vain le bon sens vulgaire, cette disposition qui naît de l'importance attachée à la satisfaction de nos besoins réels, physiques et journaliers, en vain crie-t-il à *Démocrite* : « Que l'homme » est fait pour cultiver la terre, et non pour » la mesurer ». *Démocrite* poursuit son étude ; l'attrait irrésistible du savoir qui s'est développé en lui, l'entraîne à contempler et à réfléchir. Si le premier pas que l'homme fait pour sortir de la classe des animaux, est de reconnaître l'ordre des saisons, de prévoir ses besoins futurs, et de féconder à tems le sein de la terre, le second, et celui qui l'en distingue tout-à-fait, est la recherche à laquelle il se livre des lois de la nature, de celles de son entendement et de ses devoirs. Il a franchi alors la ligne qui sépare la matière de l'intelligence ; en déployant sa pensée, il a produit le plus beau titre de l'humanité, celui qui vraiment la caractérise ; il n'est plus seulement l'usufruitier, il s'est rendu le spectateur, et comme le juge de la création.

La science imprime à l'homme ignorant un respect involontaire pour celui qui la possède. Dans celle des sociétés humaines qui brilla davantage par la culture, chez les Grecs, les individus les plus éclairés furent désignés d'abord par les noms de *sophes*, de *sophistes*, c'est-à-dire, de savans. Ils prirent dans la suite le titre plus modeste de *philosophes*, ou d'amis de la science. Chez des peuples plus récens, l'affinité des mots de *sapience*, de *sagesse*, avec ceux qui désignent le savoir, montrent assez l'affinité intime que l'esprit a toujours conçue entre la science et la philosophie, entre le savant et le sage.

Dans un tems où les lumières ne faisaient que de naître, où presque tous les hommes étaient encore plongés dans la nuit de l'ignorance, le peu de connaissances acquises çà et là par des esprits plus actifs et mieux doués de la faculté d'observer, fut naturellement réuni en une masse sans liaison, sans ordre, sans harmonie. On n'avait garde de discerner et de ranger à part chacun des élémens qui devaient appartenir un jour à des sciences diverses, dont on n'avait pas alors l'idée. Quelques principes épars de géométrie, un peu de médecine, certaines maximes de conduite pour les particuliers et pour les les états, la tradition altérée des faits anciens, l'observation grossière des astres et de la nature, la théo- et cosmogonie fabuleuses de cet âge, les principes imparfaits de quelques arts naissans, tels que la musique, la poësie, la danse, enfin les conjectures, plus ou moins ingénieuses, qu'y mêlait chacun sur l'origine et la fin des choses : tout cela, confondu pêle-mêle, forma long-tems un seul corps de doctrine, la science, la sagesse d'alors. Cette science unique était certes bien pauvre ; mais elle renfermait dans sa confusion les germes de presque toutes les sciences à venir. Elle portait déjà l'empreinte des formes et des modes originels de l'entendement humain, de l'activité duquel elle était le produit, et qui n'avait plus qu'à étendre, distribuer et perfectionner. Ainsi dans un jeu d'optique, le miroir concave dépositaire d'une image qu'il doit peindre sur un fond obscur trop éloigné de son foyer, n'y projette d'abord qu'un point lumineux, confus et homogène, parce qu'il est trouble : à mesure que le foyer s'approche, l'image s'étend, se débrouille ; les grandes divisions du fantôme coloré se font déjà sentir ; enfin les contours se tracent nettement, toutes les couleurs se séparent, on voit des parties, on reconnaît des formes, on saisit toutes les nuances dans ce qui avait commencé par n'être qu'un point à peine éclairé. Telle est, à-peu-près, la marche de la lumière intellectuelle dans la distribution et la classification des sciences et de la philosophie.

En effet, quand d'un côté les faits de l'histoire et ceux de la nature eurent enrichi le domaine de la mémoire, que de l'autre l'entendement actif et la raison de l'homme eurent étendu celui de la spéculation, la lumière devint tout à la fois plus vive et plus précise ; on distingua des limites et des démarcations dans ce champ de la science qui d'abord n'avoit semblé qu'un. Ce qui n'avait été jusqu'alors qu'un aggrégat irrégulier, commença à paraître susceptible d'une certaine distribution. La première séparation générale qui eut lieu au sortir de ce chaos, fut, comme on peut bien le penser, celle des faits et des raisonnemens ; celle des connaissances qui appartenaient à la simple perception ou à la mémoire, de celles qui appartenaient à l'intelligence et à la spéculation ; des connaissances enfin pour l'acquisition desquelles il ne fallait que des sens, de celles qui demandaient l'action de l'entendement.—D'ailleurs le vulgaire commençant aussi à s'instruire, s'attacha tout naturellement au genre de connaissances le plus facile, à celles qui coûtaient le moins et flattaient le plus des hommes sensuels qui n'avaient guère le tems de se livrer à la méditation. L'irruption du vulgaire se fit donc dans cette partie de la science le plus à sa portée ; il s'empara de la tradition, de l'histoire, de ce qu'on savait de quelques arts, soit utiles, soit funestes, tels que l'architecture, la guerre, la poësie, la musique ; et comme si cette profanation en eût ôté tout le charme, les sophes, les savans de profession déclarèrent toutes ces terres conquises exclues du domaine de la science (ne s'en réservant que la suzeraineté et la législation suprême), resserrèrent les limites de celle-ci, et pour rester toujours séparés du commun des humains, se retirèrent avec le dépôt des connaissances méditatives, dans le district le plus élevé de l'entendement et de la raison, où ils établirent le siège principal de la science, ou philosophie.

Ainsi s'établit l'opposition et l'antithèse, qui n'a cessé d'avoir lieu depuis, entre ce qui est EMPIRIQUE, (c'est-à-dire, expérimental, individuel, et propre seulement à être reconnu par le fait), et ce qui est PUR, (c'est-à-dire, théorétique, général, indépendant de l'expérience, et qui repose dans des principes reconnus par la raison seule). Nous aurons occasion de revenir fréquemment dans la suite sur cette distinction fondamentale que nous nous efforcerons d'établir solidement. Pour démontrer qu'elle a eu lieu dès les premiers tems, il nous suffira

de ce passage de la métaphysique d'*Aristote :*
« A mon avis la théorie mérite le nom de
» connaissance et de science, bien plutôt que
» l'expérience, et le théoricien est par consé-
» quent plus sage que l'empiriste. Le chemin
» vers la sagesse est le chemin de la science ».
Par où l'on reconnaît encore combien les idées
de science, de sagesse, de théorie et de philosophie rentrent l'une dans l'autre, et qu'en effet
la philosophie a sa source dans l'ardeur originaire d'apprendre et de savoir, stimulant inné
chez tous les hommes, et qui les force à sortir
de leur apathie pour s'attacher à des opinions,
lesquelles ne semblent pas, au premier coup-
d'œil, être d'un intérêt pressant et réel pour
eux.

Conformément au principe de la division dont
nous avons parlé plus haut, et qui était la ségré-
gation de *l'intellectuel* et du *sensible*, les connaissances qui parurent appartenir le plus immédiatement à l'intelligence, et avoir le moins de connexion avec les sens, furent comptées en première ligne dans l'essence de la philosophie,
et en formèrent comme le noyau. De ce nombre
furent sur-tout, 1.° le système des règles formelles et nécessaires qui dirigent la fonction de
notre pensée dans le raisonnement, la *logique*,
nommée d'abord *dialectique;* 2.° les considérations

sur la nature de l'homme, sur celle de tous les êtres, sur leur origine, leur destination, leurs rapports ; sur Dieu, soit pour établir, soit pour combattre son existence ; tous objets aujourd'hui de sciences diverses à qui nous avons donné des noms différens, et dont nous comprenons quelques-unes sous ceux de mathématiques et de métaphysique, mais qui furent jadis collectivement l'objet d'une science unique appelée science de la nature, ou *physique*; 5.° enfin le code des principes fondamentaux qui doivent diriger nos actions vers le beau et l'honnête, ceux qui doivent régir les hommes en société, la morale, le droit naturel et la politique, réunis alors sous la dénomination commune d'*étique*. A ces connaissances purement rationelles, les sages, ou savans par excellence, prétendirent joindre l'autorité de prononcer sur la théorie du langage, sur celle des arts, sur tout ce qui pouvait devenir l'objet d'une législation rationelle. La philosophie, vers les confins les plus éloignés de son centre, s'étendait ou se resserrait à volonté, embrassait des connaissances qu'elle rejetait ensuite comme hétérogènes ; on ne savait où placer une limite qui variait arbitrairement ; l'idée générale de la philosophie restait vague et indéterminée ; plusieurs des sciences rationelles, des hautes théories qui constituent son essence, sont faites pour être appliquées à l'expérience et aux réalités matérielles ; sans quoi elles restent des théories vides et inertes ; mais jusqu'à quel point précis cette application, cette alliance accidentelle de l'intellectuel et du sensible, donnait-elle à la philosophie le droit d'empiéter sur celui-ci ? C'est ce que personne ne pouvait décider : les uns augmentaient, les autres diminuaient à leur gré, et selon certaines idées qu'ils se formaient, le domaine de la philosophie ; tous en donnaient, d'après ces variations, des définitions différentes. On philosophait depuis long-tems, et l'on ne pouvait pas dire encore précisément ce que c'était que philosophie. Dans nos jours où l'on est plus avancé, on n'est pas encore pleinement d'accord sur ce point ; et il est assez clair, par la manière dont je viens de l'exposer, qu'il doit toujours rester soumis à quelqu'incertitude.

D'un autre côté, les observations de tout genre se multipliant, et les lumières croissant sur le champ de l'empirisme, aussi bien que sur celui de la spéculation, chaque genre de connaissances commença à former un tout arrondi, lié, systématique, qui se para du nom de science. Delà naquit l'idée de science en général, et l'on détermina ce qu'on était fondé à exiger de toute connaissance qui prenait ce titre ; on osa demander à la philosophie de se légitimer elle-même comme science, au tribunal de l'esprit-humain; et sur son embarras à satisfaire à cette interpellation, sur les réponses discordantes et peu précises de ceux qui se disaient ses oracles, ses adversaires se crurent en droit de la mépriser; quelques-uns même allèrent jusqu'à douter qu'il fût possible qu'elle existât.

Les savans empiriques, fiers des témoignages palpables sur lesquels ils s'appuyaient, et des résultats réels et solides auxquels ils parvenaient, voulurent, à leur tour, devenir les seuls sages, et faire sortir la philosophie du sanctuaire de l'entendement et de la raison, où elle avait fixé son asile, pour la placer au milieu de l'empirisme et des sens. Ils proscrivirent tout ce jeu intellectuel de conceptions et d'idées dont la philosophie faisait son affaire principale, et où ils ne voyaient qu'illusions. D'un autre côté, les philosophes intellectuels démontraient avec force à ces intrus, que c'était précisément les sens et l'expérience qu'il fallait accuser d'illusion et d'erreur. On avait quelque raison des deux côtés, et le sceptique était au milieu. C'est ce qui a fait ingénieusement dire à *Fontenelle* : « Toute la philosophie n'est fondée que sur deux » choses : sur ce qu'on a l'esprit curieux et les » yeux mauvais. Encore si ce qu'on voit, on le

» voyait bien. . . . Mais on le voit tout autre-
» ment qu'il n'est. Ainsi les vrais philosophes
» passent leur vie à ne point croire ce qu'ils
» voyent, et à tâcher de deviner ce qu'ils ne
» voyent point ».

Au milieu de ce conflit d'opinions, de ces incertitudes, de ces contradictions entre les dépositaires de la science, l'esprit humain, l'instinct philosophique, dans sa naïveté primitive, conservait invariablement la tendance inhérente à sa nature, son penchant à savoir, et à remonter sans cesse de pourquoi en pourquoi, jusqu'à ce qu'il arrive à une connaisance absolue qui le satisfasse, et qu'il puisse tenir pour principe de toutes les autres. L'histoire de la philosophie offre sur chacune de ses pages la preuve de cette vérité. Malgré mille essais, la plupart malheureux, malgré mille opinions d'abord présentées comme des vérités, ensuite reconnues pour chimériques, l'esprit de l'homme ne s'est jamais découragé, les fausses sciences ne l'ont pas entièrement dégoûté de la vraie science à laquelle il tend opiniâtrément et par l'impulsion de sa nature. Quand nous examinons de près ce besoin de savoir, et que nous analysons l'idée même de la science, nous découvrons que ce n'est autre chose qu'une disposition innée chez l'homme d'apporter dans la multiplicité et la variété infinie, j'oserais dire dans l'*hétérogénéité* de toutes ses représentations tant sensibles qu'intellectuelles ; d'apporter, dis-je, dans tant de choses isolées et données comme indépendantes les unes des autres, de l'ordre, de la liaison, de l'ensemble. L'homme est un, il le sent ; la conscience qu'il a de lui-même est une unité indivisible, cohérente ; je ne dis pas unité numérique, mais bien unité systématique et homogène, unité non par opposition à nombre, mais par opposition à confusion. Il faut que les connaissances d'un être pareil, puisqu'enfin il a la faculté de connaître, se revêtent de cette forme principale du sujet connaissant, qu'elles adoptent cette manière d'être de la conscience intime, c'est-à-dire, qu'elles forment entre elles un tout lié, cohérent, un ensemble, une unité systématique. Cette synthèse originaire est la première condition, la première forme de toutes nos connaissances. Nous l'apercevons dans nos sensations matérielles, aussi bien que dans les conceptions de notre esprit. La qualité de jaune donnée par la vue, celle de sonore donnée par l'ouïe, celles de dur, de pesant et de ductile données par le tact, qualités isolées par elles-mêmes, sont saisies par ce principe actif qui tend en nous à la liaison et à l'ensemble, et se réunissent dans une seule représentation que nous nommons *or*. Ainsi de tous les objets que nous connaissons successivement et avec tant de variétés, nous formons des ensembles, des systèmes partiels, jusqu'à ce qu'enfin nous composons de leur ensemble général un seul système, une seule unité, que nous appelons le monde. C'est nous qui fournissons cette idée d'ensemble, là où elle n'est point en effet ; c'est cette force synthétique, ce principe d'union et de rapprochement qui constitue la nature de notre entendement. Delà la nécessité de ranger toutes nos perceptions dans *un* espace, et dans *un* tems ; de regarder tout évènement comme dépendant d'un autre évènement qui le précède (relation de *cause* et d'*effet*) ; de regarder toutes les choses comme exerçant les unes sur les autres une influence réciproque (relation d'*action* et de *réaction*) ; de prêter à toutes choses un but, une finalité (relation de *fin* et de *moyen*) ; de supposer que les qualités diverses que nous transmettent nos sens doivent avoir un fonds commun qui les soutienne et les réunisse (relation d'*accident* et de *substance*), et ainsi du reste, tous modes différens de liaison et d'unité systématique, lois de notre entendement, sous lesquelles nous apercevons la nature, et que nous croyons pour cela résider en elle.

Mais de toutes ses connaissances, celle où

l'homme est le plus avide d'apporter une liaison, une harmonie conciliatrice, c'est dans le rapport qu'il y a entre ses opinions et ses actions, entre son savoir et son vouloir. Ici l'intérêt pratique le plus pressant vient renforcer en lui l'intérêt spéculatif. Il doit agir, influer sur lui-même et sur ses semblables ; ses actions forment un ensemble de choses qu'il produit spontanément ; c'est en quelque sorte une création dont il est le maître et le régulateur. Quelles seront donc les règles suivant lesquelles il devra agir ? quel sera son but, son fil conducteur ? quand sera-t-il assuré d'avoir fait ce qu'il devait faire, et jamais que ce qu'il devait faire ? — Ici l'homme prêt à agir s'adresse à la spéculation, la somme de tenir ce qu'elle semble lui promettre, ce que l'attrait qu'elle lui inspire le contraint à rechercher.

I. Suis-je libre dans mes actions ? ma volonté est-elle un principe actif par lui-même, spontané, capable de délibération, de choix et de détermination ? suis-je, en qualité d'être moral, affranchi de ces lois nécessaires auxquelles je vois tout soumis dans la nature ?.... ou bien suis-je moi-même un atome englobé dans cette nature, soumis, comme tout le reste des choses, à son impulsion irrésistible, à la nécessité de ses lois ? et ce que je prends en moi pour délibération, n'est-il peut-être que la vacillation momentanée d'un corps en équilibre, bientôt entraîné nécessairement d'un ou d'autre côté ? — Lumière de la spéculation, viens éclairer cette alternative, et me montrer la vérité au milieu de ce terrible dilemme ! Si, comme dans la seconde supposition, je ne suis pas libre ; si la nécessité des lois de la nature pèse sur le moi moral, ainsi qu'elle pèse sur le reste des choses; si les mouvemens de ma volonté sont fixés d'avance par un mécanisme auquel je ne puis échapper, dès-lors il n'est ni but, ni préceptes, ni responsabilité pour moi ; *bon* et *méchant* sont des mots vides de sens ; je ne suis rien ; c'est le sort, c'est le mécanisme de la nature qui est bon ou méchant à ma place. Une force étrangère à moi, que je ne puis connaître ni guider, agit quand je crois agir ; je ne suis que son aveugle instrument, et la voix de ma conscience qui se croit spontanée, n'est qu'une grossière illusion. Il n'est plus de pacte, plus de foi, plus de société possible. Comment promettre ce qu'il ne sera pas en mon pouvoir de tenir ? comment même pourrais-je promettre ? Je serai un ingrat, un parjure, un ravisseur, un meurtrier, et je n'aurai fait que ce que j'étais obligé de faire ; un fatalisme absolu me pousse, m'entraîne, et le remords n'est plus qu'une absurdité...... On établit, dit-on, des peines pour les actions nuisibles à la société, comme des poids dans la balance pour faire incliner la machine vers le bien ! Mais si je suis une machine un peu plus habile qu'une autre, je me cache aux regards de la justice humaine ; ou je m'y dérobe par la richesse, par le crédit, et je commets le crime tranquillement. A quel effrayant et inévitable résultat me voilà-t-il arrivé ! Je ne suis plus l'homme que je m'étais flatté d'être : je frémis de ma condition, je voudrais n'être pas né ; je méprise en moi toute mon espèce ; la confiance et l'amitié sont éteintes en mon cœur ; je crains mes semblables comme les élémens en furie, comme les tigres des forêts. — O spéculation, écarte de moi cette pensée désolante ! rends-moi l'innocence de mon esprit que tu m'as fait perdre ; tire-moi, si tu le peux, de cet abyme.

Suis-je libre, au contraire, dans le principe de mes actions ? puis-je délibérer et choisir arbitrairement ? puis-je donner à ma volonté telle impulsion qu'il me plaît ? Dès-lors un ordre moral s'élève, et se place au-dessus des lois de la nécessité ; l'homme est responsable du mal qu'il commet ; la liaison se montre entre le crime, la punition et le remords ; le bien sort de la nuit d'indifférence où l'avait plongé le fatalisme,

fatalisme, se montre comme un principe actif, et appelle à lui la récompense ; la moralité, la société ont acquis une base solide ; et s'il répugne d'abord d'excepter une des substances qui composent l'univers, la volonté de l'homme, des lois qui nous paraissent universelles, cette inconséquence apparente est rachetée à l'instant par l'accord et la lumière qui d'un autre côté s'établissent dans le monde moral.

II. Mais si je jouis de mon libre arbitre, si je suis le régulateur de mes actions, quel fil devrai-je suivre en les ordonnant ? sur quoi se formera la législation suprême de ma volonté ? en un mot, quel est mon but final, ma destination, comme homme, comme être doué d'une raison ? Cette vie renferme-t-elle mon but final, cette vie où je vois si souvent le vice heureux et triomphant, la vertu malheureuse et foulée aux pieds ? Le phénomène de la mort corporelle amène-t-il aussi l'anéantissement de l'ame, et l'être invisible qui pense en moi, s'éteint-il avec l'être visible qui se meût ? Si tel est notre sort, ce sera dans le champ de cette vie courte et périssable qu'il faudra chercher le but de notre activité, les motifs de toutes nos actions.

Au contraire, l'être pensant doit-il prolonger son existence après la destruction du corps, ce sera, sans doute, dans cette vie future qu'il faudra placer le but final de nos actions durant la vie présente.

III. Cependant, dans l'une et l'autre hypothèse, il me faudra encore une règle sûre pour discerner ce que je dois faire de ce que je ne dois pas faire ; il me faudra un principe formel pour l'emploi de ma liberté. Je ne puis plus me passer d'un type du bien et du mal. Qu'est-ce qui me servira de boussole et de guide ? Sera-ce mon penchant et mon intérêt, qui me pressent de les satisfaire ? sera-ce l'intérêt du corps politique dont je fais partie ? sera-ce cet attrait confus qui me porte vers tout ce qui peut ennoblir mon être et perfectionner ma raison ? sera-ce ma conscience morale, ce spectateur interne qui m'applaudit ou qui me condamne ? ou bien enfin, pour moi, être faible, fini, qui ne me suis pas créé, qui n'ai pas créé le monde qui m'entoure, sera-ce la considération d'un Dieu ?

IV. Un Dieu ! en est-il un ? Si en effet j'ai un Créateur, il doit exister des rapports entre lui et moi. Sa considération doit changer tout le plan de ma vie ; je dois lui être soumis de quelque manière ; il doit entrer du divin dans mes devoirs. S'il n'en est point, si l'homme n'a au-dessus de lui aucun être actif et intelligent dans l'univers, ses devoirs seront purement humains, il n'aura après sa mort, ni de châtimens à redouter, ni de récompenses à attendre. Il est donc urgent d'examiner ce problème, pour la solution duquel la simple spéculation, l'aspect de la nature, le sentiment de ma propre faiblesse, le besoin de me soumettre à un être suprême, m'avaient inspiré déjà un si puissant intérêt ; intérêt devenu maintenant double, et qui forme comme la base et l'essence de la religiosité.

Voilà donc les quatre points principaux sur lesquels la raison pratique interroge la raison spéculative, et sur lesquels celle-ci ne peut s'empêcher de répondre, bien ou mal, affirmativement ou négativement : I. *La liberté de nos actions.* II. *L'immortalité de l'ame.* III. *Le premier principe de la morale.* IV. *L'existence de Dieu.* Ce sont quatre anneaux puissans qui enchaînent le faire au savoir, la vie active à la contemplation. L'homme est contraint par sa nature d'aller dans la recherche de ces points aussi loin qu'il peut aller. Avant que de s'être fait une opinion fixe et plausible dans cette recherche, il n'est pour celui qui prétend à mettre quelqu'accord entre sa raison et sa conduite, il n'est pour l'homme en général, ni repos, ni satisfaction, ni morale, ni société possibles; tant qu'il n'y est point parvenu, il tâtonne dans des ténèbres qui lui sont insupportables, privé de tout flambeau et de tout fil conducteur. Il faut que l'esprit connaisse, avant que l'esprit veuille, que la pensée précède et guide l'action. Il faut à l'homme, pour le diriger, des principes, tels qu'ils soient. L'influence maligne trop universellement reconnue des uns, les effets salutaires des autres, annoncent assez l'importance pratique de la spéculation sur ces points fondamentaux de toute morale publique et privée. Cette partie de la philosophie qui fait son objet principal des recherches sur l'existence de Dieu, la liberté et l'immortalité de l'ame, s'appelle en particulier *Métaphysique*. Bien des gens ont voulu borner à elle tout le ressort de la philosophie, en y ajoutant la logique.

Pour trouver une solution à tant de grands problèmes, pour satisfaire tout-à-la-fois au désir spéculatif de savoir, et à la nécessité pratique de s'appuyer sur le savoir, l'homme n'a qu'à se replier paisiblement sur lui-même, et dans le silence des passions, écouter la voix de sa raison et celle de sa conscience. La philosophie indispensable à chacun réside dans chaque esprit. Le seul état convenable pour l'y trouver, est celui du recueillement et de la méditation. Il faut que l'homme habite avec lui-même ; il lui faut le calme et l'intériorité, au moyen desquels seuls il peut se connaître, découvrir les lois de la nature visible, et les règles de ses devoirs. Mais la paresse, les distractions extérieures rendent cet état pénible pour l'homme sensuel, chez qui le désir de parvenir au but est violemment combattu par la répugnance à se soumettre au moyen. Et comment inviter à rentrer dans le sanctuaire de leur ame, pour y trouver la paix, ceux qui en ont ouvert les accès les plus intimes aux idoles de la corruption, aux passions effrénées et tumultueuses, à l'impiété, à l'immoralité ? ils en seront repoussés à l'instant par ce cortége impur. L'homme mondain a étouffé en eux l'homme naturel ; le non-usage y a émoussé tout intérêt de théorie et de pratique, ainsi qu'une longue inaction finit par engourdir et tuer un de nos organes. Il ne s'agit plus de savoir ce qui convient à l'homme ; mais ce qui convient à l'ambition, au libertinage, à l'orgueil, à la soif des richesses ou de la vengeance. Il ne s'agit plus de rechercher comment il faut agir pour agir bien, mais pour réussir. L'activité intellectuelle de l'homme est bornée ; en la transportant toute dans un domaine extérieur, dans le champ des besoins et des désirs factices, on lui a fait quitter son domaine primitif, qu'elle ne connaît plus, et où la glace et la mort l'ont remplacé. L'indifférence règne là où régnait originairement l'intérêt : « Ils sont trop paresseux, » dit *Labruyere*, pour décider en leur esprit » que Dieu n'est pas ; leur indolence va jusqu'à » les rendre froids et indifférens sur cet article » si capital, comme sur la nature de leur ame, » et sur les conséquences d'une vraie religion : » ils ne nient ces choses, ni ne les accordent, ils » n'y pensent point ».

Est-il des humains qui aient en effet abjuré à ce point l'humanité ? espérons qu'au moins ce n'est pas sans retour. Si empêtrés qu'ils soient dans le limon de la vie ordinaire et des réalités matérielles, ils doivent quelquefois se sentir attirés vers une destination plus haute, et une existence plus spirituelle. L'être même le plus frivole, le plus distrait par les plaisirs, ne s'est-il jamais retrouvé un instant dans la solitude de son entendement ? n'a-t-il jamais senti un instinct curieux se remuer en lui, et demander : « Que m'est-il donné d'apprendre sur moi, » sur mon origine, sur mon avenir, sur tout » ce qui m'entoure ? Quelle loi doit régler mes » actions envers mes semblables » ? Ces questions d'un intérêt éternel et indestructible pour la raison humaine, sont exprimées ainsi par le philosophe célèbre dont la doctrine sera exposée dans cet ouvrage :

« *Que puis-je savoir* » ?
« *Que dois-je faire* » ?
« *Qu'osé-je espérer* » ?

Il remarque ensuite qu'elles sont renfermées toutes trois dans cette quatrième : « *Qu'est-ce que l'homme* » ? En effet l'esprit philosophique n'a nullement à faire aux choses en elles-mêmes ; il ne peut s'occuper que de ses propres représentations des choses, et par conséquent de ce qui se passe dans l'homme.

J'en ai dit assez pour faire apercevoir l'intérêt spéculatif et pratique, le stimulant naturel et inné qui nous porte à savoir, à philosopher, à mettre de la liaison, du rapport et de l'ensemble dans nos connaissances, à nous informer sans relâche du comment et du pourquoi de tout, jusqu'à ce que nous arrivions à un comment et à un pourquoi absolu qui nous satisfasse et nous interdise de remonter plus loin. « C'est à l'esprit humain, et non à *Aristote,* » qu'il faut attribuer la philosophie. » — *Humanæ menti, non Aristoteli, philosophia est adscribenda*, dit *Taurellus*, écrivain scholastique d'un grand génie. Ainsi, tandis que l'existence de la philosophie, comme science, demeure encore problématique, cette existence est un fait, comme besoin et comme disposition naturelle de l'esprit. En ce sens la philosophie est aussi ancienne que la pensée, et elle a commencé dans l'homme au premier degré de sa culture.

II.

Des diverses définitions de la Philosophie. — S'il est nécessaire d'en donner une. — Différence essentielle des Mathématiques pures et de la Philosophie.

On a vu, dans l'article précédent, que la logique, la métaphysique et la morale appartenaient incontestablement à cette partie de la science humaine qui s'est réservé le nom de philosophie. Mais qui peut fixer au-delà, et avec précision, les connaissances qui doivent être encore de son ressort, ou celles qui ne lui appartiennent plus ? C'est une chose embarrassante qu'un mot qu'on a retenu et auquel on veut absolument assigner un sens précis. Il est évident néanmoins que l'idée générale d'une science change et se modifie, et que par conséquent sa définition varie, à chaque fois qu'on lui prête ou qu'on lui enlève de nouvelles attributions. *Cicéron* a défini la philosophie : *La science des choses divines et humaines, et de leurs causes.* Selon *Cicéron*, la philosophie serait la science universelle, car les choses *divines et humaines* comprennent tout, l'histoire, la géographie, l'éloquence, aussi bien que la logique et la morale. Cette définition répétée hardiment par tant de modernes, ne livr aucun des caractères distinctifs des *choses*, ni des *causes* qui doivent faire en particulier l'objet de la philosophie, dans le sens plus étroit qu'il a fallu donner à ce mot.

L'école de *Leibnitz* a dit que la *philosophie* était *la science des raisons suffisantes*; mais l'histoire et les arts ont aussi leurs *raisons suffisantes* dans le sens de *Leibnitz*; et il ne les compte pourtant pas dans la philosophie.

L'*Encyclopédie* offre sur ce point, comme sur bien d'autres, une bigarrure de doctrine, et une vacillation de plan qui confond et afflige celui qui y cherche une instruction solide. Dans le *Système des connaissances humaines* qui se trouve en tête de l'ouvrage, ses auteurs ont placé une définition, et dans le tome XII, à l'article *philosophie*, on en trouve une autre toute différente. Là ils ont adopté la doctrine et l'expression de l'empiriste *Bacon-Verulam*; ici celles du rationaliste *Wolf*, et encore ont-ils eu soin d'altérer ces deux définitions, qui n'en concordent pas mieux pour cela. On lit, dans le *Système des connaissances humaines*, à la suite du Discours préliminaire de l'encyclopédie : « La » philosophie, ou la portion de la connaissance

» humaine qu'il faut rapporter à la raison, est
» très-étendue. Il n'est presqu'aucun objet *aperçu*
» *par les sens*, dont la réflexion n'ait fait une
» science..... Les plus importans sont *Dieu* [1],
» à la connaissance duquel l'homme s'est élevé
» par la réflexion sur l'histoire naturelle et sur
» l'histoire sacrée [2] : *l'homme* qui est sûr de
» son existence par conscience, ou sens interne ;
» la *nature* dont l'homme a appris l'histoire par
» l'usage des sens extérieurs. *Dieu*, *l'homme* et
» la *nature* nous fourniront donc une distribu-
» tion de la *philosophie*, ou de la *science* (car
» ces mots sont synonimes) ; et la *philosophie*,
» ou *science*, sera *science de Dieu*, *science de*
» *l'homme, et science de la nature* ».

On sent que cette définition est pour le moins aussi fautive, et aussi vague que celle de *Cicéron*. Voici ce qu'on lit ensuite à l'article PHILOSOPHIE : « Il est tems de fixer le sens du nom de la
» philosophie, et d'en donner une bonne défi-
» nition. . . . Celle que M. *Wolf* a donné me
» paraît renfermer dans sa briéveté tout ce qui
» caractérise cette science. C'est, selon lui, *la*
» *science des possibles en tant que possibles* [3] ».

[1] *Dieu*, objet aperçu par les sens !

[2] Comme si une histoire *sacrée* pouvait avoir lieu avant cette connaissance !

[3] Je dois restituer dans son intégrité la définition de

Ici le ton est bien changé ; les objets principaux de la philosophie sont *Dieu*, *l'ame*, *la matière*. Dieu n'est plus reconnu par l'histoire; il est question des *possibles à l'égard de Dieu*, de *ce qu'on peut concevoir en lui* et *par lui*, et tout ce jeu de conceptions de l'école *Leibnitzio-Wolfienne*. Nous ne nous arrêterons pas sur cette inconséquence; elle démontre seulement que quand l'encyclopédie fut compilée, il n'existait pas encore une définition de la philosophie à laquelle on se rapportât généralement.

Nous ne transcrirons pas ici toutes les phrases sententieuses, précieuses ou déclamatoires, que tant d'écrivains ont péniblement ajustées pour

---

Wolf. Voici ses propres paroles : « *La philosophie est une science de toutes les choses possibles, comment et pourquoi elles sont possibles* ». Cela est plus clair et plus précis que la version encyclopédique. Voy. la logique de *Wolf*, intitulée : *Pensées raisonnables sur les forces et le juste emploi de l'entendement humain dans la connaissance de la vérité*. §. I. Le plus grand défaut de cette définition de *Wolf*, c'est qu'elle n'établit aucune différence entre ce qui est possible *de l'idée d'une chose* telle qu'on la pense, et ce qui est possible *de cette chose même*, comme réellement existante. Delà ce vice radical qui règne dans toute sa philosophie, de conclure de l'idée, ou conception, à la chose ; de donner ce qui n'est que *logiquement* vrai, pour une *réalité* de fait.

donner de prétendues définitions de la philosophie. Les ouvrages français les plus récens en fourmillent ; il n'y a là rien à apprendre, pas une idée saine à acquérir. Un penseur exact et profond, aux travaux duquel la philosophie est redevable de beaucoup d'ordre et de précision, M. le professeur *Reinhold*, a dit : « *La philosophie (dans le sens le plus restreint) est la science de la liaison déterminée des choses, indépendamment de l'expérience* ». On sentira mieux dans la suite combien cette définition est convenable et approchante du but. L'idée aussi bien que la définition particulière des diverses parties de la science peut s'en déduire avec facilité.

Kant, sans prétendre donner une définition rigoureuse de la philosophie, en a considéré l'idée sous deux points de vue, ce qu'elle doit être pour l'*école*, et ce qu'elle doit être pour le *monde*. Il a rassuré ainsi ceux qui craignaient de voir la philosophie reléguée dans les chaires, et bannie du cours ordinaire de la vie. Pour l'école, la philosophie reste *science*, sans autre but que le savoir, sans autre occupation que de réduire la science en un tout systématique, lié, posé sur des principes fondamentaux. Pour le monde, elle devient *sagesse*, dénomination qui se distingue alors de celle de science, ne désignant plus celle-ci comme n'ayant d'autre but que le savoir, mais comme devant tendre à la pratique, comme devant être une *téléologie* de la raison humaine.

On se tromperait, si l'on croyait que l'on ne peut philosopher, et pousser à leur dernier période certaines connaissances philosophiques, à moins que d'avoir au préalable une définition fixe et non contestée de la philosophie. La jurisprudence cherche encore une telle définition pour le *droit*, la morale pour le *bon*, et les arts pour le *beau*. Dira-t-on qu'il n'y a encore eu ni *droit*, ni *juste*, ni *injuste*, ni *beau* sur la terre, parce qu'on n'a encore bien pu convenir d'une phrase précise qui en exprimât discursivement l'idée. On a parlé et écrit très à fond de ces choses sans définition, et il peut en être ainsi de la philosophie.

Bien des mots représentent confusément une idée, laquelle a dix nuances diverses, qui exigeraient dix mots différens. Peu de savans seraient d'accord entr'eux, par exemple, s'il falloit définir avec justesse ce que c'est qu'une *définition*. Chacun en exigerait quelque caractère nouveau, et lui prêterait d'autres attributs. La définition d'un mathématicien n'est pas celle d'un chimiste, ni celle d'un jurisconsulte. C'est ici le lieu de rapporter ce que *Kant* dit lui-même à ce sujet.

« Une bonne définition, suivant toute la valeur de ce terme, doit représenter fidèlement la conception d'une chose, et en décrire exactement les *fins* ou limites ; elle doit encore être complète, absolue, renfermer les caractères primitifs et fondamentaux de la chose, c'est-à-dire, qu'elle ne doit pas être secondaire, ou dérivée, ni avoir besoin d'aucune démonstration. — D'après cela il est évident qu'un objet donné par l'expérience ne peut être jamais *défini* avec certitude ; il ne peut qu'être *exposé*. En effet, rien ne peut nous assurer que l'expérience nous livre tous les caractères d'une chose ; on sait que d'un côté elle ne fait pas reconnaître à la fois toutes les qualités, et que de l'autre elle en mêle quelquefois d'étrangères à la chose ; de sorte qu'à son aide, on ne peut répondre d'avoir épuisé toute une conception, et de n'y avoir rien introduit d'étranger. Le mot qui désigne un objet peut avoir aujourd'hui une signification, et demain une autre, en ce qu'on ajoute ou qu'on ôte des caractères de la chose, ou qu'on en admet de tout-à-fait différens. Les prétendues définitions de l'eau et de la lumière sont maintenant autres qu'elles étaient il y a vingt ans ; et qui peut répondre qu'elles ne varieront pas encore ? où est la garantie qui assure qu'on n'attribuera pas à ces substances de nouveaux caractères, et qu'on ne les verra pas sous de nouveaux points de vue ? Il en est ainsi de tous les objets donnés immédiatement par l'expérience ».

» Même incertitude dans l'exposition des notions abstraites et universelles, telles que celles de *substance*, *cause*, *droit*, *justice*, etc...... Rien ne peut ici fixer la pensée, qui ajoutera sans cesse, ou retranchera, ou modifiera arbitrairement ces notions. Il faudrait, avant que de les définir, apprendre si elles sont adéquates à leurs objets, et où sont ces objets ? On voit donc que de tout ce qui est *donné* à l'esprit, il ne saurait rien *définir* avec certitude. Il ne peut qu'*exposer* ce qu'il découvre par l'analyse, sans savoir si une analyse subséquente, si de nouvelles observations ne lui feront pas découvrir d'autres caractères, et rejeter les premiers. En un mot, il ne peut qu'analyser les objets donnés, sans être jamais rigoureusement sûr de les avoir *définis* ».

» Il ne reste donc de choses aptes à une vraie définition, que celles qui ne sont pas données à l'esprit, mais qui sont engendrées et construites par lui. En pareil cas, je puis *définir* ; car encore faut-il bien que je sache ce que j'ai voulu penser et construire. L'ouvrier qui a le projet

projet d'une machine, d'une horloge marine, par exemple, peut dire en quoi consiste l'idée qu'il s'en est faite, quel est son but, quelles parties entreront dans sa construction, ni plus, ni moins qu'il n'y en a ; et cependant les définitions d'idées de cette espèce, qui ne correspondent pas à un objet donné et invariable, devraient plus convenablement s'appeler *descriptions* ».

« Mais le champ des rigoureuses et véritables définitions, est celui des mathématiques pures. Tous les objets sur lesquels on y opère, sont construits par l'entendement, et sont tout-à-la-fois donnés et invariables sous une forme sensible. Le triangle équilatéral, l'hexagone, le cube, la parabole, peuvent être *définis* (c'est-à-dire, décrits et détaillés d'une manière complète, *définitive*), parce que l'entendement qui en a projeté la conception, peut se rendre un compte entier et parfait de son opération et de son but. On voit donc par ceci : 1.°, que l'homme ne peut *définir* que ce qu'il a construit lui-même ; qu'il n'est jamais assuré de la perfection d'une analyse que quand c'est sa propre composition qu'il décompose, et qu'il a été lui-même l'auteur de la synthèse : que de toutes les autres choses, de celles qui lui ont été données, sans qu'il ait présidé à leur composition, il ne peut livrer tout au plus que des *expositions* dont il ne saurait jamais garantir ni la certitude, ni l'intégrité. 2.° Que la seule science susceptible de définitions rigoureuses, c'est la science mathématique pure, parce que chez elle l'entendement est employé à se construire, à se façonner synthétiquement les objets dont il veut traiter ; tandis que dans les autres sciences, il ne fait qu'expliquer et analyser les objets qui lui sont donnés, desquels il ne peut dire par conséquent que ce qu'il reconnaît et qu'il pense, à tort ou à raison, sans savoir si quelque jour il n'en reconnaîtra, ou n'en pensera pas des qualités différentes, et même tout opposées. »

« Dans les mathématiques, la chose n'est là que parce qu'elle est définie ; c'est la définition qui la crée, qui la fixe : il est donc de l'essence des mathématiques pures de commencer par des définitions et de ne pouvoir marcher qu'à leur aide. Dans la philosophie au contraire, toutes les notions sont données avant leur définition et indépendamment d'elle ; chaque définition n'y peut résulter que de l'analyse et de l'étude exacte d'une notion : il est donc de l'essence de la philosophie que les notions, si confuses qu'elles puissent être d'abord, leur examen et leur analyse passent en avant, et que les définitions viennent à la fin de l'ouvrage, s'il y a lieu, plutôt qu'au commencement. »

———————

J'espère que ce peu de mots donneront à ceux qui voudront y réfléchir, quelqu'idée de la différence qui existe entre la nature des connaissances philosophiques et celles des connaissances mathématiques. Tout l'édifice des mathématiques pures s'élève sur des définitions ; il se soutient et tombe avec elles ; elles ne lui sont pas utiles, secourables, mais nécessaires et indispensables ; ce sont ses uniques bases, ses uniques fondemens ; il faut qu'on fasse à la géométrie ses objets pour qu'ils lui soient donnés, et en les faisant, l'esprit les définit [1]. On dit : *Le cercle est une surface plane renfermée par une ligne dont tous les points sont également éloignés d'un seul. — Le trapèze est une figure plane de quatre côtés, dont deux seulement sont parallèles.* Ces objets n'existent pas pour le géomètre, avant que son esprit les ait définis, et se les soit ainsi donnés. De leur seule définition il

[1] Quelques objets premiers sont aussi *donnés* à la géométrie, tels sont *l'étendue*, le *point*, etc.... N'étant pas *construits*, ils sont aussi indéfinissables pour elle, et leur théorie appartient à la philosophie des mathématiques.

5.

déduit toutes les vérités de la théorie de ces deux figures. Mais dans les sciences dont les objets sont donnés, il faut bien que l'examen, l'analyse des objets précède l'exposition, la description qu'on en peut livrer. Définirai-je une pierre en minéralogie, ainsi qu'un triangle, et trouverai-je de grandes vérités en partant de la définition d'une pierre ? Définirai-je l'ame, le devoir, etc... comme on définit un cercle, un trapèze ? et comment bâtirai-je la philosophie sur la définition de l'être, de la pensée, etc... ? De tous ces objets donnés, je ne puis exposer que les caractères (jamais certains ni invariables) de la représentation que j'ai d'eux, et que je n'ai pas construite arbitrairement, comme dans les mathématiques. On voit par là, combien ceux qui ont prétendu introduire dans la philosophie *la méthode des géomètres*, étaient peu fondés en raison, et combien ils allaient au rebours de la nature et de l'essence intime de ces choses [1].

[1] Ce qui constitue la nature de la pensée *mathématique*, c'est qu'elle correspond avec une rigueur exacte à un objet visible, capable d'être perçu, objet construit par l'entendement sur le modèle donné par cette pensée, laquelle de cette manière lui est adéquate, et ne serait même rien sans lui. Telle est l'essence de la pensée *mathématique*. Toute autre pensée, qui ne correspond pas

Les mathématiciens eux-mêmes, qui définissent bien quand ils s'en tiennent aux conceptions vraiment mathématiques (c'est-à-dire : construites), se sont égarés quand ils se sont crus en droit de définir leur propre science et l'objet de cette science, ce qui évidemment rentrait dans le ressort et les appartenances de la philosophie. Ils ont dit que les mathématiques étaient *la science des quantités*, et que *quantité* c'était *tout ce qui était susceptible d'augmentation ou de diminution*. Au moyen de ces définitions, la joie, la douleur, le doute, la persuasion, tout ce qui peut augmenter ou diminuer, seraient des objets soumis aux mathématiques, ce qui n'est pas vrai. Abusés par cette fausse lueur, des mathématiciens ont prétendu soumettre au calcul nos affections morales, ainsi que des philosophes avaient voulu appliquer à leur science la méthode géométrique. Ces essais malheureux, et ces empiétemens illégaux ne réussiront jamais. La métaphysique ne deviendra jamais de

à un objet tout-à-la-fois sensible et construit par l'entendement d'une manière immédiate, n'est pas une pensée *mathématique*, mais bien une pensée *philosophique*. Delà l'entière dissimilitude des deux sciences, toutes deux rationelles et dérivant de la même source, mais si essentiellement différentes dans leurs objets, leurs formes et leur méthode.

la géométrie, pas plus que l'algèbre de la morale [1].

En voilà assez pour prouver au moins qu'il n'est pas nécessaire qu'une philosophie débute par une définition de la philosophie, et pour prévenir l'objection malveillante qui s'élève toujours à ce sujet. Une des manies de la spéculation dans ces derniers tems, a été de singer en philosophie les procédés du géomètre, sans voir que ces deux affaires de l'entendement étaient de natures très-différentes [2]. *Définir*

---

[1] Les mathématiques ont pour objet les *quantités*, mais les quantités *extensives*, les quantités en tant que *grandeurs*, c'est-à-dire, en tant que susceptibles d'être représentées et construites visiblement, et comme douées d'*étendue* réelle, ou de *succession dans le tems*. La philosophie, au contraire, ne s'occupe que des quantités *intensives*, de quantités en tant que *degrés*, lesquelles ne sont susceptibles d'aucune construction sensible. Cette différence si essentielle sépare à jamais les deux sciences, et interdit absolument à l'une les procédés et les démonstrations de l'autre.

[2] En géométrie, si la définition change, la chose change aussi, parce que c'est la définition qui fait la chose. Dans les autres sciences, la définition peut changer mille fois sans que la chose change, parce qu'elle en est indépendante et donnée avant toute définition. Nos vues de la chose varient seulement ; et après mille variations, rien ne nous garantit qu'il n'en viendra pas mille autres. Voilà ce qui fait que les sciences matérielles, celles qui ont un

avec précision, attacher des *idées claires* aux termes, était un des refrains du bavardage philosophique de bien des gens, lesquels avaient fort peu d'idées claires. Il a donc été nécessaire de nous arrêter un instant sur cet objet. Si du reste le mathématicien se croyait toujours fondé à définir sa science, celle des *quantités*, nous serions tout aussi autorisés à définir la philosophie, la science des *qualités*; l'un vaut au moins l'autre.

Et comme l'idée générale d'une philosophie se forme de l'assemblage de plusieurs sciences différentes, qui n'ont que quelques traits principaux de commun, j'espère qu'un jour au lieu *de philosophie*, on dira *les sciences philosophiques*, comme depuis long-tems on dit *les sciences mathématiques*, au lieu de la *mathésie*, ou de la *mathématique*, que l'on disait précédemment.

Ce caractère général qui convient à toutes les connaissances philosophiques, quel que soit leur but particulier, c'est qu'elles sont des *sciences rationelles*, reposant uniquement sur des conceptions de l'entendement dont l'objet ne saurait

contenu concret, n'atteindront jamais à la certitude apodictique de la géométrie. Les sciences formelles, comme la logique, ont d'autres bases de leur certitude.

être saisi dans aucune *représentation sensible*; tandis que les mathématiques sont des *sciences rationelles aussi, mais reposant sur des conceptions de l'entendement dont les objets peuvent et doivent être immédiatement construits et rendus sensibles*. Nous examinerons dans la suite, plus à fond que je ne puis le faire ici, de quelle sorte est cette construction des conceptions mathématiques. *Kant* est le premier qui ait tiré d'une main ferme cette ligne rigide de démarcation entre le domaine de la mathématique pure et celui de la philosophie, et qui ait assigné à chacune les bornes qu'elle ne peut plus franchir. Ainsi les sciences se régularisent et se dessinent avec plus de précision, à mesure qu'on les perfectionne ; et tandis que la grande chaîne des connaissances humaines paraît se resserrer et s'affermir de plus en plus, chaque anneau de cette chaîne, chaque connaissance particulière prend une existence plus individuelle, plus fixe, et se confond moins avec les autres. Les anciennes dénominations restent, mais on y a attaché de nouvelles idées, de nouvelles vues. Mathématique et philosophie ont également signifié *science* dans l'origine ; toutes deux n'ont fait long-tems qu'un seul corps de doctrine : l'époque est arrivée où leurs élémens hétérogènes se sont séparés, classés ; il n'est plus permis à quiconque veut mettre de l'ordre dans ses connaissances, de les confondre désormais. Le nom de philosophie, qui a désigné d'abord le savoir par excellence, dans un tems où le savoir était encore très-vague et très-borné, s'est conservé pour un genre de connaissances, lequel s'est toujours de plus en plus restreint, et dont l'idée paraît aujourd'hui circonscrite et caractérisée mieux qu'elle ne l'avait été jusqu'ici.

III.

Idée et division de la Philosophie comme science.

Si l'existence réelle de la philosophie comme science peut encore être contestée, au moins ne peut-on contester l'existence de son *idée*, ni la possibilité d'en dresser un plan spéculatif. Si l'on ne peut encore dire ce qu'elle renferme en effet, au moins peut-on dire ce qu'elle devrait renfermer, et quels sont les cadres où elle a attaché une étiquette, en attendant qu'il se trouve un tableau pour les remplir.

Premièrement, eu égard à son procédé. Elle peut poser des principes qu'elle démontre, ou tient pour certains sans démonstration, et d'après lesquels elle élève un système qu'elle donne pour un corps de doctrine solide et prouvée : dans ce cas, le procédé de la philosophie est *dogmatique*.

Ou elle rejette la certitude des principes, dévoile leur insuffisance et, sans aller plus loin, demeure dans l'état de suspension, de doute et de défiance où l'ont mise, le peu de fondement qu'elle a trouvé dans les divers systèmes : son procédé, dans ce second cas, est *sceptique*.

Ou enfin, après avoir accompagné le scepticisme jusqu'à ce point où il reconnaît l'illusion des systèmes et l'insuffisance de ce que le dogmatisme donne pour des principes, elle ne s'arrête pas dans la stagnation du doute ; mais elle va plus loin et recherche comment naissent les systèmes illusoires, pourquoi les principes du dogmatisme sont insuffisans. A cet effet elle examine avec rigueur l'entendement humain, se livre à l'analyse la plus profonde de la faculté cognitive de l'homme, faculté où prennent naissance les systèmes et les principes. Elle remonte ainsi à la formation de toute connaissance, et son procédé, dans ce dernier cas, se nomme *critique*.

Jusqu'à *Kant* on n'avait philosophé que suivant les deux premiers modes. Toute philosophie avait été dogmatique, ou sceptique. C'est lui qu'on peut regarder comme l'inventeur de la philosophie critique, bien que plusieurs de ceux qui l'ont précédé aient eu des aperçus, des soupçons de cette méthode. *Locke*, *Leibnitz*, *Hume*, *Condillac* et d'autres ont été plus ou moins sur la voie. *Leibnitz* est celui qui a pénétré le plus avant (dans ses *Nouv. Ess. sur l'entend. hume.*); *Hum* a fait un très-grand pas vers le but, et puis s'est égaré. Les autres sont restés à la superficie.

Par rapport aux sources où la philosophie puise ses objets, elle forme deux divisions très-distinctes, et qu'il est important de ne point confondre. Ou elle mêle aux conceptions, dont elle fait usage quelques conditions individuelles, particulières, données par l'expérience, et alors elle est *empirique*, (c'est-à-dire, expérimentale), ou elle ne renferme que des conceptions purement intellectuelles, qui sont présupposées à toute expérience, et qui en doivent fournir les lois fondamentales, les conditions absolues. La philosophie, dans ce cas, est *pure* et *rationelle*. L'une s'occupe de ce qui est, et comment cela est, l'état des choses étant donné ; l'autre de ce qui doit et peut être, sans acception d'aucun état de choses donné. La philosophie *empirique* recherche les lois de la pesanteur des corps, la *rationelle* recherche comment il est possible qu'il y ait des corps et qu'il y ait de la pesanteur ; recherche qui conduit nécessairement au-delà des conceptions de corps, de pesanteur, d'existence, puisqu'il s'agit de leur trouver une base. Second exemple. Le *rationalisme* remonte à l'idée absolue de *devoir*, suivant les vues pures de la raison, idée première qui doit livrer le type le plus abstrait du devoir, type d'après lequel devront se régler ou se juger les cas particuliers : tandis que *l'empirisme* s'emploie à régler quels sont les devoirs positifs de l'homme, comme fils, ou comme père, ou comme citoyen, etc.

Il est donc deux philosophies; l'une qui précède l'expérience, et l'autre qui l'accompagne; l'une pure, et l'autre empirique. Cette dernière est plus à la portée des sens et de l'homme ordinaire, elle exige moins d'abstraction, moins de contention d'esprit, et par là est plus propre à devenir populaire; d'ailleurs son domaine est très-fertile en découvertes et en vérités palpables et usuelles. Mais elle ne peut se passer de la première, qu'on a nommé avec justice *la législation suprême de la raison*, pas plus que les mathématiques appliquées ou empiriques, ne peuvent se passer des mathématiques pures. Il est aisé de voir que pour s'entendre sur le devoir d'un citoyen, par exemple, il faut auparavant être d'accord sur l'idée première et inconditionnelle de devoir.

Eu égard aux objets distincts et particuliers des diverses sciences philosophiques, on les a classé jusqu'à présent sous ces trois divisions principales : *logique*, *métaphysique* et *morale*.

I. La logique est celle des trois qui est le moins susceptible de sous-divisions [1], la seule qui forme un système complet de doctrine, et qui depuis long-tems ait acquis la marche sûre et méthodique d'une science. En général on peut dire que c'est la *science des règles, fondées dans l'entendement et que l'on doit observer dans l'emploi de la pensée ;* la *science des formes nécessaires de nos conceptions, jugemens et conclusions ;* la *science formelle du raisonnement*, etc. ... Elle fait abstraction de toute matière, c'est-à-dire, de tout objet concret de la pensée, pour ne traiter que de ses formes. Et comme dans les autres parties de la philosophie, la pensée a quelqu'objet, autre que sa propre forme, un contenu, une matière dont elle s'occupe, on pourrait comprendre celles-ci sous l'idée générale de philosophie *matérielle*, par opposition à la logique,

[1] Quoique *Bacon* lui en ait trouvé quatre ; mais c'était une division arbitraire portant sur les quatre vues différentes que peut avoir celui qui s'en sert ; division subjective par conséquent, et qui ne touche nullement à l'unité objective de la science. D'ailleurs *Bacon* attribuait à la logique beaucoup de choses qui lui sont étrangères.

qui s'appellerait dans ce cas, philosophie *formelle*; ce qui, sous ce point de vue, nous fournit encore une distribution de la philosophie.

J'ai parlé de la logique pure. Quant à la logique empirique ou appliquée elle n'est pas une science : c'est un amas irrégulier d'observations, de maximes, d'aphorismes sur la fonction de la pensée, eu égard au sujet dans lequel elle s'exerce, aux passions, à l'imagination, aux préjugés, etc., de l'homme ; ou bien, eu égard aux sources de nos connaissances, à la génération de nos idées, à la diversité des objets, aux imperfections, ou autres qualités des langages humains, etc. etc. On a beaucoup travaillé tous ces objets, et l'on a rencontré çà et là quelques connaissances fort estimables, quelques résultats fort ingénieux, mais qui n'ont pas fait faire un pas à la logique comme science [1]. Au contraire, tant de recherches accessoires et étrangères l'ont fait tomber en discrédit ; ses bornes ont été effacées ; on les a méconnu, et tout est tombé en confusion. *Condillac* a donné une soi-disant *Logique* qui n'est qu'un mélange de psychologie empirique, de métaphysique et de théorie de

---

[1] Une bonne partie du livre de *Mallebranche* n'est que de la logique empirique. Celui d'*Helvétius* contient les élémens les plus hétérogènes.

la grammaire générale. Une foule d'écrivains se sont jeté dans cette voie facile et éclectique, ouverte par lui avec tant de succès. Ils ont disserté à perte de vue sur l'*analyse*, sur l'*esprit humain*, sur les *idées claires*, sur le *rapport des signes aux idées*, et autres choses semblables. L'avantage de la popularité a été leur lot ; l'école est resté en possession de la vraie logique.

II. Nous traiterons dans l'article suivant de la métaphysique qui a un grand nombre de sous-divisions. Sa partie empirique peut être désignée sous le nom de science de la nature, ou physique rationelle. Celle-ci a de même ses sous-divisions. Elle se distingue de la physique empirique, en ce que cette dernière n'est point la science, mais plutôt la description et l'histoire des faits de la nature.

III. La morale pure ou éthique, est celle des trois divisions de la philosophie qui importe le plus à l'homme, en tant qu'être agissant et social. Que toutes les autres sciences, que les mathématiques, la chimie soient remplies de propositions erronées, il en résultera de moindres maux que d'une seule erreur en morale, d'un faux principe pratique qui peut faire naître tant d'immoralité, de désordres et de crimes. La morale pure doit renfermer la législation suprême de notre volonté et de notre libre arbitre. Mais on ne peut parvenir à la fonder, qu'après que la métaphysique a prononcé au moins sur la question de la liberté.

L'éthique pure doit offrir des règles pour la conduite de l'être doué de raison à l'égard de soi-même et des autres, et par rapport à la destination générale de l'humanité ; d'où morale particulière, morale universelle, droit de nature.

Si donc les autres parties de la philosophie intéressent l'homme en tant qu'il est porté à savoir et à connaître, la morale seule l'intéresse puissamment, en tant qu'il est destiné à vouloir et à agir. C'est chez elle que se forme l'accord du méditatif et de l'efficace. Elle seule compose tout le domaine de la philosophie pratique ; et comme toute l'activité de l'homme est comprise dans ces deux fonctions *savoir* et *vouloir*, que la spéculation d'un côté, et la pratique de l'autre, répondent à tous les besoins de sa nature intellectuelle, il résulte de ce point de vue une autre division de la philosophie, par rapport à ses deux fins principales, en philosophie *spéculative*, et philosophie *pratique*.

Quand la morale, après avoir posé ses premiers principes, tels que le type abstrait du *devoir*, etc. descend à leur application dans des cas donnés, qu'elle admet l'homme tout entier ; qu'elle a égard aux obstacles apportés par les passions dans l'emploi de ses principes, qu'elle considère les diverses relations humaines sous tous les rapports accidentels des individus et des sociétés, il se forme autant de sciences morales-empiriques qu'il y a d'objets divers à traiter; d'où l'étude de l'homme moral, l'*Anthropologie* et la *Psychologie* empiriques, la science de l'éducation ou *Pédagogique*, les théories de la vertu, de la prudence, de la sagesse usuelle de la vie, le droit positif, la jurisprudence, la politique, etc...

Outre cette division principale du domaine où la philosophie s'est définitivement restreinte, elle n'a pas abandonné ses droits, ainsi que je l'ai insinué précédemment, sur la législation suprême des autres sciences. La seule qui partage avec elle le privilège d'être purement rationnelle, les mathémathiques pures ont besoin elles-mêmes que la philosophie établisse la possibilité de leurs objets premiers, la *durée*, l'*étendue*, le *point*, l'*infini*, etc. avant que d'être pleinement fondées à opérer sur ces objets, avec lesquels elles s'anéantissent, si la spéculation s'avise de les leur contester. Quant aux sciences empiriques, chacune d'elles ne peut devenir science que par les principes universels, la liaison et l'unité systématique qu'elles reçoivent de la philosophie.

Des expériences, des faits ne peuvent fournir des principes, ni se lier mutuellement ; ils restent par eux-mêmes infructueux et isolés ; mais l'entendement, qui prend connaissance de ces faits, les lie, les ordonne suivant des principes qu'il apporte dans l'expérience. La théorie des arts doit de même emprunter de la philosophie ses principes, aussi bien que la connaissance des rapports qui existent entre les produits d'un art et le sentiment, entre la nature réelle et la nature idéale.

C'est de la philosophie encore que chaque science reçoit sa constitution, sa forme scientifique, sa distribution, la connaissance de son but, de son origine, et comme la pierre de touche de sa réalité. Chaque science a donc sa philosophie, qui en est l'ame et le fondement ; il faut la connaître avant que de pouvoir saisir l'ensemble, la liaison et le but du tout. C'est en ce sens qu'il peut y avoir aussi une *philosophie de la philosophie.*

Remarquons encore que toute philosophie naît dans l'entendement de l'homme, ne sort point de l'entendement, et ne consiste que dans la liaison nécessaire qu'il tâche d'apporter entre ses propres représentations des choses. Cette science, eu égard à l'instrument qu'elle emploie, peut donc se réduire à une connaissance exacte de l'homme et de son entendement. *Subjectivement vue* (c'est-à-dire, par rapport au *sujet* où elle est placée, à l'homme) la philosophie est une, puisque ce sujet est un. Le *connais-toi* des anciens en renferme toute l'idée. Une bonne *anthropologie rationnelle* serait une philosophie subjective complète, ce qu'il est de la plus grande importance d'observer pour la suite.

Il est encore une autre vue subjective de la philosophie, qui résulte de sa naissance dans le sujet qui philosophe. Ou l'on apprend la philosophie d'autrui, ou l'on se fait sa philosophie à soi-même. Dans le premier cas, elle est dite communément *historique* ; dans le second, *intellectuelle* ; je dirais plus volontiers *passive* pour l'un, et *active* pour l'autre. La philosophie historique exige beaucoup de pénétration et de jugement ; on voit combien il est difficile de s'initier à fond dans une série d'idées et dans un système qui nous est étranger, quand on observe les bévues où sont tombés la plupart de ceux qui ont voulu expliquer la doctrine [1] des

---

[1] Voyez l'*Histoire des causes premières* de *Batteux* (qui a voulu dire l'*histoire des opinions sur les causes premières*), et quelques autres essais d'histoires de la philosophie, les nombreuses dissertations sur les systèmes des anciens philosophes dans les *mémoires de l'Académie des sciences*, etc.

philosophes [1]. La philosophie active exige sans doute plus de méditation et de génie ; mais enfin, comme il n'y a qu'une bonne philosophie, il faudra bien qu'il vienne un tems où chacun se contente d'une connaissance historique en ce genre ; et en tout cas celui qui se sent la force intérieure de penser par lui-même, n'en opérera que plus sûrement, quand il saura comment tant de grands hommes ont pensé avant lui.

En résumant, la philosophie est donc (par rapport à son but chez l'homme) *spéculative* quand elle donne les lois du savoir, *pratique* quand elle donne celles du vouloir.

Elle peut s'occuper du fond réel, ou seulement de la forme de nos connaissances ; elle est donc ou *matérielle*, ou *formelle*.

Elle peut, ou ne considérer, dans leur plus grande abstraction, que les conceptions universelles et premières que livre l'entendement ; ou appliquer ces conceptions premières aux cas particuliers, aux conditions et aux objets de l'expérience ; relativement aux sources où elle puise ses objets, elle est donc *pure* et *rationnelle*, ou bien elle est *empirique*.

Relativement à son procédé doctrinal, elle est ou *dogmatique*, ou *sceptique*, ou *critique*.

Enfin *subjectivement* vue, elle se réduit à une *anthropologie rationnelle* ; tandis qu'objectivement vue, c'est-à-dire, eu égard à son objet, elle se divise en *logique*, *métaphysique* et *morale*.

IV.

De la métaphysique en particulier.

Depuis qu'un ouvrage d'*Aristote*, ou attribué à *Aristote*, sous le titre de *méta ta physika*, a eu cours dans le monde savant, la nomenclature philosophique a été enrichie d'un nouveau terme. On a fait, des trois mots grecs ci-dessus, celui de *métaphysique*, pour désigner le genre de connaissances dont il était spécialement traité dans le livre en question; et cette dénomination est restée à l'ensemble des sciences philosophiques, qui ne sont ni purement formelles (ou logiques), ni purement pratiques (ou morales). La métaphysique est donc une science spéculative et matérielle, c'est-à-dire, qu'elle traite, non des formes de la pensée, mais de son contenu, de son objet, de son origine, en un mot, du matériel de nos connaissances.

Cette science (hypothétique ou réelle) a été partagée, d'après son idée, en quatre divisions, ou sciences particulières, correspondant aux quatre problèmes principaux qui s'offrent à la raison, en tant qu'elle devient métaphysicienne.

I. Tout notre savoir repose sur des principes

fondamentaux, lesquels autorisent la raison à établir entre les choses une liaison nécessaire et universelle, à leur attribuer l'être, et tous les attributs de l'être, l'unité, l'individualité, la substantialité, d'où la science de l'être en général, connue sous le titre un peu suranné d'*ontologie*.

II. Réduire en un système tous les attributs nécessaires de l'être pensant, prononcer sur sa liberté, son immortalité, déterminer la nature et les fonctions supérieures de l'ame, tel est le but de la *psychologie* rationnelle.

III. Le monde, ou l'ensemble nécessaire et infini de toutes les substances finies, est l'objet de la *cosmologie* rationnelle.

IV. Le rapport nécessaire de ce monde à un être qui ne soit pas le monde, mais de qui le monde procède comme cause première, et dépende comme fin dernière, c'est ce que se propose de déterminer la *théologie* rationnelle.

Voilà les divers cadres où il a déjà passé tant de tableaux de toutes les couleurs. C'est à ces quatre fameuses questions qu'on a fait tant de réponses contradictoires, appuyées de chaque côté par tant d'argumens spécieux. La raison humaine ne peut résister à l'attrait spéculatif qui sans cesse la sollicite à leur chercher une solution. Chaque individu a sa métaphysique, telle qu'elle soit.

Tant d'essais malheureux n'ont pu en dégoûter l'esprit humain ; quelque dépit dont, à certaines périodes, il se soit trouvé saisi contre cette orgueilleuse et bisarre *reine des sciences*, il n'a pu s'empêcher de revenir à elle chaque fois qu'elle a semblé lui faire quelque promesse nouvelle ; leurs brouilleries sont des querelles d'amans. L'esprit ne peut se passer de la métaphysique et de ses spéculations : il ne cessera peut-être de s'en occuper activement que quand on sera tout-à-fait d'accord sur cet objet : il s'endormira dans la jouissance.

Quelques classificateurs, considérant que l'ontologie renfermait les bases de la logique et de la possibilité de toute pensée, la cosmologie celle de l'existence et des rapports nécessaires des choses, la psychologie et la théologie rationnelle, celle de la moralité et de la religiosité, ont étendu le sens de ce mot, et réduit toute la philosophie à la seule métaphysique.

D'autres au contraire, ont resserré le domaine de la métaphysique, et l'ont réduite à la seule ontologie. Ceux-là me paraissent avoir eu raison, et j'admettrais volontiers le sens plus strict qu'ils donnent au nom de cette science.

On s'est servi contre le paganisme de cet argument, qu'admettre plusieurs dieux c'était n'en point admettre. On peut en employer un semblable contre les métaphysiciens en général : « Puisqu'il » y a plusieurs métaphysiques, il n'y en a point » en effet ». Chaque secte n'a que la sienne ; mais chaque secte la soutient d'une manière également victorieuse, et qui séduit également la raison, incertaine entre des preuves équipollentes et contraires. Depuis si long-tems que le monde philosophique s'entretient de métaphysique, et fait son orgueil de cette science qu'il tient pour existante, la divergence continuelle et l'opposition des métaphysiciens entr'eux, a dû faire naître plus d'un doute sur la réalité de leurs doctrines. Il ne pouvait y en avoir qu'une qui fût la bonne ; mais s'il en était une bonne, pourquoi n'était-elle pas admise universellement, pourquoi son évidence ne forçait-elle pas tous les esprits à se soumettre ? Est-ce qu'il y a deux géométries, disait-on ? Delà on concluait, non sans fondement, qu'il y avait bien une foule de systèmes, mais pas une science de la métaphysique. Cependant les différentes écoles se bornaient à une polémique qui n'avait d'autre but pour chacune que de ruiner la doctrine des écoles rivales, et d'établir dogmatiquement la leur. Les syncrétistes s'occupaient de la grande affaire de les réunir, et de les amener toutes à s'entendre ; les éclectistes croyaient fonder en doctrine toute vérité en prenant de chacune des autres ce qu'elle avait de vrai ; mais l'agrégat irrégulier de tant de principes étrangers ne produisit jamais qu'un recueil de sentences fragmentaire et décousu ; les sceptiques se bornaient à opposer les unes aux autres les diverses opinions, à comparer et à démontrer sur-tout l'abus d'attribuer aux choses réelles ce qui ne pouvait valoir que des représentations de l'entendement, de conclure de ce qui était prouvé logiquement à une existence métaphysique et effective. Mais ces hommes sages, qui avaient jeté un regard savant sur la nature de la cognition humaine, en restèrent là; et convaincus par tant d'essais qu'il n'en pouvait résulter rien d'absolument certain, ils bornèrent là leur recherche, et s'arrêtèrent dans le doute [1].

Le doute ! situation accablante et insupportable pour l'homme ; état de mort et de néant pour

---

[1] Parlerai-je de ces petits philosophes à la mode qui, sur la foi des vrais sceptiques, se parent des livrées du doute philosophique, et se pavanent, avant tout examen, dans sa commode nonchalance ? On les voit sourire d'un souris de compassion, au seul nom de la métaphysique, qu'ils ne comprennent pas. Il est arrêté à leur tribunal, que ces recherches sont pure *pédanterie*, idées *abstruses*, *égaremens de l'esprit*. Ils se sont fait ainsi, contre la spéculation, un certain jargon d'anathème qui n'a eu que trop de vogue, et qui en impose par l'air capable avec lequel ils s'en servent.

sa pensée active, avide de vérité [1] ! Pourquoi ne pas aller plus loin, et ne pas suivre une voie ouverte par le génie, lequel n'était devenu sceptique que parce qu'il s'était arrêté trop tôt, qu'il avait trop tôt pris un parti tranchant ? N'y avait-il donc plus rien à découvrir dans cet entendement, dans toute cette cognition de l'homme, où ont leurs racines tant d'opinions contradictoires ? D'où provient la variété de ces opinions ? D'où leur naissance spontanée ? D'où cette tendance, commune à toutes, vers les mêmes points, malgré la diversité des voies ? Comment tant de plantes différentes peuvent-elles croître et prospérer sur le même sol ? Il est évident que pour l'apprendre, il fallait fouir et creuser dans ce sol, le percer et le sonder dans tous les sens. C'est là le travail que s'est imposé la nouvelle philosophie. Après avoir marché avec le sceptique jusqu'aux bornes où il s'arrête, le courageux *critique* qui ne reconnaît pas encore là

---

[1] « Cet état, dit *Jean-Jacques*, est peu fait pour durer, » il est inquiétant et pénible ; il n'y a que l'intérêt du » vice ou la paresse de l'ame qui nous y laisse..... Le » doute sur les choses qu'il nous importe de connaître, » est un état trop violent pour l'esprit humain ; il n'y » résiste pas long-tems, il se décide malgré lui de manière » ou d'autre, et il aime mieux se tromper que de ne rien » croire ». *Émile.*

ses colonnes, dit à celui qui a été jusqu'alors son compagnon, peut-être son guide : « *Restes, si tu le veux, assis sur la pierre du doute où tu crois te reposer ; je veux voir au moins sur quoi elle s'appuie, jusqu'où ton doute est fondé. Je veux m'enfoncer jusqu'aux racines des connaissances humaines, assister aux mystères de leur formation, et découvrir, autant que je le pourrai, de quels élémens elles se composent* [1]. »

Quittons la métaphore. Depuis bien des siècles le dogmatisme avait prétendu montrer une métaphysique existante, et puisqu'en effet, il y

---

[1] Locke, après lui *Condillac* et quelques autres, ont aussi eu le même projet d'examiner l'origine des connaissances humaines. Mais en déclarant qu'elles avaient toutes leur origine dans la *sensation*, ils ont déclaré que le tronc était l'origine de l'arbre, et ils sont restés à la superficie du sol. Ils ont analysé, disséqué en mille manières, et très-ingénieusement, les fruits, les fleurs, les feuilles ; mais les racines leur ont toujours échappé. Pour les rencontrer, il fallait creuser le puits et miner ; mais à cette profondeur il ne fait pas clair pour tous les yeux ; il faut un peu s'être accoutumé à la lampe du mineur. On a de la répugnance à suivre ces recherches obscures. Ceux qui démontrent les fruits et les fleurs, qui ont des choses jolies, évidentes et palpables à dire, qui s'écrient : *Voici tout ce que l'homme sait, tout ce qu'il peut savoir ; nous opérons au grand jour de l'expérience*..... Ceux-là, sans doute, doivent avoir gain de cause devant la multitude.

avait des systèmes complets de cette science, la question de fait paraissoit décidée affirmativement; tandis que d'un autre côté le scepticisme y répondait négativement, en exposant la vanité des systèmes. *Kant* est venu, et il a le premier élevé, discuté sur-tout dans le véritable esprit critique la question de droit : *Peut-il y avoir une métaphysique ? et s'il y en a une, comment et jusqu'où est-elle possible ?* Voilà, dans son expression la plus générale, le problème spéculatif de la critique. Ses partisans disent que la solution qu'elle en a donné renferme la seule métaphysique, ou si l'on veut, la seule ontologie possible. Pour savoir s'ils disent vrai, il faut d'abord convenir de ce qu'on est en droit d'attendre et d'exiger d'une métaphysique avant qu'elle soit fondée elle même à se produire comme science.

―――――

La métaphysique s'annonce principalement comme la science de trois objets qui ne peuvent être chacun que l'objet immédiat d'une pensée, jamais celui d'une perception sensible : *Dieu, le monde, l'ame.*

Elle promet de décider si Dieu existe, ou n'existe pas; s'il est infini, s'il est le créateur, ou seulement l'architecte du monde; s'il est de même nature que le monde visible, ou d'une nature différente, etc...

Elle promet de décider si le monde est éternel, ou s'il a eu un principe, s'il aura une fin; s'il a des bornes, ou s'il est infini; si le mouvement lui est propre, ou s'il lui est donné; s'il y a du plein et du vide, ou seulement du plein, etc....

Elle promet enfin de décider si l'ame de l'homme est matérielle ou spirituelle, mortelle ou immortelle, substance ou accident, libre ou soumise à la nécessité, au fatalisme, etc....

Le premier préliminaire, indispensable pour la métaphysique, est donc de démontrer comment et jusqu'à quel point la réalité se trouve dans les objets des perceptions sensibles; comment l'entendement peut prétendre à la connaissance de choses qui s'élèvent au-dessus de toute perception sensible; de déterminer si l'entendement prend connaissance des choses en elles-mêmes, ou seulement de ses propres pensées ou représentations; quel rapport, quel lien il peut exister entre les pensées de l'entendement et les objets qu'elles doivent représenter, et d'où vient que nous tenons celles-là pour adéquates à ceux-ci; comment nos pensées peuvent nous faire connaître autre chose que nos pensées; comment nous pouvons croire que nous *con-*

naissons, quand nous n'avons fait que *penser;* qui nous porte à établir, en certain cas, une entière parité entre une chose *pensée*, et une chose *connue?*

Ces questions, sur lesquelles il faut que le métaphysicien réponde avant que de se livrer avec sécurité, au plaisir d'édifier un système, ces questions, dis-je, nous ramènent aux premières conditions de nos connaissances en général, et à un examen approfondi et scrupuleux de notre faculté de connaître. Le problème premier et par conséquent fondamental de la métaphysique, est donc de livrer une bonne et scientifique théorie de la cognition humaine, d'expliquer comment l'homme connaît, de quelle nature sont ses diverses connaissances, de quels élémens elles se composent ; en quel rapport elles sont avec les objets ; — Ou, en d'autres termes : « Comment a lieu *l'expérience* dans l'homme ? »

———

Je sens que cette expérience est d'une nature fort diverse. Tantôt elle ne produit en moi aucune certitude, aucune conclusion absolue et qui me force de croire que ce qui a eu lieu une fois, aura lieu toujours. Je vois un arbre à feuilles vertes, j'en vois mille, et je ne suis pas

pas pour cela assuré que tous les arbres doivent avoir des feuilles vertes. J'en rencontre ensuite qui ont des feuilles jaunes, des feuilles rouges, et cela ne contredit en rien ma conviction intime ; je n'ai pas plus de répugnance à m'habituer aux feuilles rouges, qu'aux feuilles vertes ; mon esprit n'avait rien conclu *absolument* d'avance. — Mais en d'autres cas, l'expérience est accompagnée en moi d'un tout autre sentiment, celui d'une conviction imperturbable que ce que j'ai éprouvé et pensé une fois, aura lieu de toute nécessité, toujours et dans tous les cas. Mon esprit se trouve forcé de conclure antérieurement, avant que d'avoir vu, avant que d'avoir expérimenté. Par exemple : *une chose ne peut tout-à-la-fois être et n'être pas.* — *Tout ce qui arrive doit avoir une cause*[1] ; — *Le tout est plus grand que sa partie.* — *Deux lignes droites ne peuvent se couper qu'en un point,* etc... D'où procède l'irrésistible conviction attachée, pour toute l'infinité des cas, à l'expérience une fois faite ici, tandis qu'ailleurs mille expériences répétées ne peuvent me donner nulle certitude pour la mille et unième ? D'où vient

---

[1] On connaît l'insatiable curiosité des enfans à remonter toujours à la cause de ce qui les frappe, leurs interminables *pourquoi ?* jusqu'à ce qu'ils arrivent à un principe qui leur semble absolu et qui les satisfasse.

qu'une fois je suis contraint de reconnaître avant l'expérience, tandis que d'autres fois je ne puis rien prononcer avant l'expérience ? D'où vient en moi cette certitude que ma sensibilité ne peut rien percevoir, qui ne soit dans l'*espace* ou dans le *temps* ? Toutes ces difficultés et beaucoup d'autres, méritent bien d'être éclaircies par le métaphysicien qui ne peut faire un pas, ni avancer quelque chose comme une certitude, avant que d'avoir sondé profondément les bases de toute certitude et de toute connaissance. Jusqu'ici cependant les nouveaux métaphysiciens français y ont peu songé.

―――――

D'Alembert, dans ses *Mélanges*, me semble avoir assez bien posé ces questions préliminaires. Voici ce qu'il dit :

« L'examen de l'opération de l'esprit qui con-
» siste à passer de nos sensations aux objets
» extérieurs, est évidemment le premier pas
» que doit faire la *métaphysique*. Comment
» notre ame s'élance-t-elle hors d'elle-même
» pour s'assurer de l'existence de ce qui n'est
» pas elle ? Tous les hommes franchissent ce
» passage immense, tous le franchissent rapi-
» dement et de la même manière ; il suffit donc
» de *nous étudier nous-mêmes*, pour trouver

» *en nous* tous les *principes* qui serviront à
» résoudre cette grande question de *l'existence*
» des objets extérieurs. Elle en renferme trois
» autres qu'il ne faut pas confondre. Comment
» concluons-nous de nos sensations l'existence
» de ces objets ? Cette conclusion est-elle dé-
» monstrative ? Enfin comment parvenons-nous,
» par ces mêmes sensations, à nous former
» une idée des corps et de l'étendue [1] ? »

[1] *Condillac* a posé tout autrement la question, et l'exactitude, dans ce cas-ci, n'est pas de son côté. Après avoir dit (*Essai sur l'origine des connaissances humaines*) : « La science qui contribue le plus à rendre l'esprit lumineux, précis et étendu, et qui doit le préparer à l'étude » de toutes les autres, c'est la *métaphysique* » ; il poursuit : « Notre premier objet, celui que nous ne devons » jamais perdre de vue, c'est l'étude de l'esprit humain : » non pour en découvrir la nature, mais pour en connaître » les opérations ; observer avec quel art elles se combinent, » et comment nous devons les conduire ». Non, ce n'est pas de cela qu'il s'agit. Il faut que l'esprit *opère*, avant qu'il y ait là des *opérations* à observer et à *combiner* ; il faut que cet esprit, qui opère, ait une certaine constitution intérieure, en vertu de laquelle il opère de telle manière et non de telle autre. C'est donc comment l'esprit est constitué, et comment il opère, qu'il faut *étudier* avant tout. *Condillac* ajoute : « Ce n'est que par la voie » des observations que nous pouvons faire ces recherches » avec succès ; et nous ne devons aspirer qu'à découvrir » une première expérience, que personne ne puisse ré-

Après avoir essayé de fixer ainsi l'idée de ce qu'on peut appeler en général le *procédé métaphysique*, jetons un coup-d'œil sur les principales opinions qui ont partagé les métaphysiciens, en cherchant l'origine de ces opinions dans l'entendement humain, qui est comme leur gangue, leur matrice commune.

» voquer en doute, et qui suffise pour expliquer toutes
» les autres »......

C'est fort bien ; mais qui expliquera cette *première expérience ?* et qui démontrera pourquoi elle ne peut être *révoquée en doute ?* Ceci ne peut se faire qu'en creusant, plus avant que l'expérience, dans la nature de l'être qui expérimente, dans la cognition humaine. C'est là le premier *objet*, la première *étude* de la métaphysique. Mais *Condillac* n'a jamais entendu par métaphysique que la psychologie empirique. Cependant quelquefois l'ascendant de la vérité a entraîné son excellente tête, ainsi que nous le verrons plus bas.

V.

Principales opinions en métaphysique. — D'où elles procèdent. — EMPIRISME *(matérialiste et spiritualiste)* — RATIONALISME *(qui renferme sous lui: Naturalisme, Egoïsme, Dualisme, Idéalisme et Réalisme, Théosophisme, Harmonie préétablie, idées innées de* Platon*, de* Descartes*, de* Leibnitz*).*

Moi et la *nature ;* moi et tout ce qui m'entoure, qui agit sur moi, qui est saisi, perçu par moi; en un mot, *moi* et ce qui *n'est pas moi:* telle est la double conception, l'antithèse qui s'offre à la raison spéculative, dès qu'elle veut songer à se faire une métaphysique. Son premier pas, celui que lui commande son individualité, est de se séparer du monde visible, de se mettre en regard, en opposition avec lui. L'homme, dès qu'il commence à méditer, se place naturellement au centre du grand tout, d'où il contemple autour de soi, et se replie sur lui-même pour y observer les impressions qu'y occasionnent les objets. Mais le centre, puisque nous avons choisi cette métaphore, le centre n'aurait nulle communication avec les divers points de la circonférence, il en serait tout isolé, sans les rayons qui établissent un rapport direct, un moyen d'action de ceux-ci sur celui-là, et réciproquement. Ou, pour parler sans figure, le *moi* étant posé, le *monde* l'étant aussi, il faut bien un agent intermédiaire, ou une communication quelconque par où le *monde* puisse agir sur le *moi*, et le *moi*, réagir sur le *monde*. Trois objets principaux s'offrent donc aux recherches de la métaphysique naissante : Le *moi*, ou l'homme qui connaît ; le monde, ou la *nature* qui est connue par lui ; et le *moyen* inconnu par lequel l'un agit sur l'autre.

L'homme juge volontiers que tout ce qu'il voit est précisément comme il le voit, et même que ce qu'il ne voit pas ressemble à ce qu'il voit. C'est une philosophie si commode que celle qui se palpe et qui se flaire ! Croire à nos sens sur ce qu'ils nous transmettent immédiatement, et quant à ce qu'ils ne nous montrent pas, l'expliquer par une analogie tirée de nos sens, c'est sans contredit l'expédient le plus court pour asseoir sur-le-champ son opinion (puisque tant est qu'il faut en asseoir une), se débarrasser du travail de la méditation, et vaquer tranquillement à des affaires plus essentielles. La chose chargée de la fonction de connaître dans l'homme, ressemblera donc à un miroir, ou à une eau tranquille, ou à une toile tendue, ou enfin à quelque chose d'approchant; les objets y enverront de petites images parfaitement semblables à eux, que l'être connaissant percevra, examinera, et en conséquence desquels il jugera des objets. Voilà donc notre premier point de métaphysique tout arrangé : ma cognition est à-peu-près un miroir ; la nature s'y peint telle qu'elle est ; moi, je regarde dans le miroir, et je vois, je juge la nature.

Tel de mes lecteurs rira de cette métaphysique, qui au fond n'en a peut-être jamais eu d'autre. C'est celle de l'irréflexion la plus entière, c'est celle du sauvage et de l'ignorant civilisé, dès qu'ils commencent à s'en faire une. C'est la sœur germaine de cette physique qui prend la lune pour un disque d'argent, le soleil pour un globe de feu, la terre et l'air pour des élémens, qui croit que tous les astres tournent autour de la terre dans les vingt-quatre heures, et qui admet tant d'autres absurdités sur la foi de l'expérience.

Cette opinion si propre à devenir régnante et populaire, savoir que nos perceptions nous livrent des ressemblances des objets tels qu'ils sont réellement en eux-mêmes, a eu cours long-

tems sous le nom de *système des émanations*.
« Les objets, par une perpétuelle émission,
» remplissent tout l'univers de petites minia-
» tures semblables à eux, lesquelles sont aper-
» çues par nos sens ». Cette supposition
est la partie la moins soutenable du système
d'*Epicure*, et s'il n'avait eu d'autre doctrine,
à peine eût-il mérité le titre de philosophe. Il
nommait ces petits portraits voltigeans des choses,
Eidola et *Typoi*. Son disciple *Lucrèce*, qui les
explique dans son quatrième livre, les nomme
simulacres et *effigies*. *Cicéron* les appelle *images*;
Quintilien, *figures*; et *Catius*, *spectres*. Parmi
les Scholastiques, il en est qui ont donné le nom
d'*espèces intentionnelles* à quelque chose d'approchant. On peut nommer cette doctrine le *matérialisme empirique*, ou tout simplement *l'empirisme*.

Quelques empiristes, poussant un peu plus
loin l'étude du moi, crurent trouver en eux un
principe différent des objets matériels et de leur
propre corps ; ils avaient une pensée, une volonté qu'ils sentaient par sentiment interne, mais
à qui ils n'apercevaient ni pieds, ni mains, ni
même solidité, étendue, etc.; ils admirent donc
l'existence d'une substance autre que leur corps,
qui échappait à leur sens extérieur, et en qui
résidait la pensée et la volonté ; ils l'appelèrent

ame, esprit, souffle, vapeur légère et active.

Ce qui se passait dans le moi, devait aussi se passer dans son vis-à-vis, dans la nature ; elle eut donc aussi son esprit dirigeant, bien entendu quand il plut à l'empiriste de considérer sa variété infinie sous la forme d'une unité ; et quand il y considéra au contraire plusieurs, tous séparés, comme le soleil, la terre, la mer, les nuages, le tonnerre, il donna à chacun son esprit, son intelligence à part. L'empirisme devint de la sorte spiritualiste. Il eut son athéïsme, et sa théologie. Celle-ci trouvait une intelligence, un Dieu dans l'expérience, et qui lui servait à l'expliquer : celui-là l'expliquait sans l'intervention d'une intelligence. Comme tous deux s'en rapportaient à l'expérience et à l'analogie, qui ne peuvent donner aucune lumière sur ce point, leur dispute était interminable, et il était aussi aisé à l'un de faire de l'homme et de l'univers des machines guidées par un aveugle instinct, qu'à l'autre de leur donner un esprit, une intelligence.

Le Théologien empirique appuyait sa conjecture de tout ce que l'expérience lui faisait reconnaître de bon et d'utile pour l'homme dans la nature : la terre enfantait des fruits pour le nourrir, le soleil se levait pour l'éclairer, la nuit tendait ses voiles pour favoriser son sommeil. L'empirisme trouvait dans cette considération de la nature les traces d'une intelligence suprême. Comme s'il était besoin de l'univers sensible pour prouver cet être suprême ! Comme s'il n'était pas certain que la pensée qui existerait seule, s'éleverait par elle-même à la conception de Dieu ! mais ce n'est point ici qu'il convient de s'étendre sur ce point. Je ne m'arrêterai même pas à détailler nominativement les diverses ramifications et les diverses sectes de l'empirisme. Qu'il nous suffise de reconnaître, que sous quelque forme qu'il paraisse, quelque dogme accessoire qu'il adopte, il est toujours empirisme, c'est-à-dire, une doctrine fondée sur l'expérience, et qui par cela seul est insuffisante pour démontrer les fondemens de l'expérience, insuffisante pour fournir les bases d'une métaphysique, ou d'une ontologie. On ne peut même accorder à l'empiriste le titre de métaphysicien, que parce qu'en effet il annonce la prétention d'expliquer l'expérience ; mais comme il l'explique par l'expérience elle-même, il ne peut aller loin, et s'enferme dans un cercle vicieux. L'empirisme est par sa nature et essentiellement *dogmatique* : il admet des sensations pour des réalités, ou du moins pour la représentation d'objets réels, il n'est point *sceptique* : il n'examine point à fond notre entendement, il n'est point *critique*. S'il est admis pour base de la philosophie par un esprit conséquent et qui veuille se rendre raison de tout, il conduira cet esprit, quant au spéculatif, à des absurdités et à des questions insolubles pour lui; quant au pratique, il le conduira nécessairement aux résultats du fatalisme, de l'amour de soi, et à la ruine de toute moralité [1]. C'est ce que nous verrons plus au long dans la suite.

Dégoûtés de l'expérience, de son incertitude, de son infructuosité, de ses tâtonnemens, les métaphysiciens qui cherchaient des principes certains pour expliquer l'opposition du *moi* et de la *nature*, ainsi que le miraculeux contact de ces deux choses, commencèrent, comme l'on dit, *à faire aux sens leur procès*, à dévoiler leurs tromperies, et leurs illusions continuelles; ils leur substituèrent la raison, où ils trouvaient des principes universels, d'une certitude irrésistible, et auxquels il fallait bien que l'expérience se conformât. Par exemple ceux-ci : *On ne peut affirmer de la même chose les deux contraires.* — *Tous les accidens que nous apercevons* (tels que les formes, les couleurs, les sons, etc.), *et qui peuvent changer, doivent être*

[1] Et quant à la théorie des arts au principe de *l'imitation de la nature*, voire de la *belle nature* ! sur lequel on a débité tant de fadaises.

les attributs d'une chose qui les supporte, et qui ne change pas, c'est-à-dire, d'une substance. (Ainsi toutes les variétés qui distinguent les différens corps, ne sont que les modes, les accidens d'un seul être qui se prête à toutes ces formes, de la matière en général. Ainsi quels que soient les accidens de notre être moral, pensées, affections, joie, douleur, il reste pourtant le même fonds à tout cela ; notre ame reste la même substance, etc.....) — *Tout ce qui arrive doit avoir une cause, et doit produire un effet. — Toutes les substances différentes sont soumises à l'influence les unes des autres ; tout est action et réaction ; tout est lié dans la nature.* — Ces lois, et beaucoup d'autres semblables, dont il n'était pas possible de révoquer l'évidence, qui n'étaient pas déduites de l'expérience, mais que l'expérience réalisait en s'y conformant toujours ; ces lois intellectuelles, vérifiées, légitimées à chaque instant, fondèrent la confiance sans bornes que la plupart des métaphysiciens accordèrent à la raison ; ils l'investirent de la législation suprême de nos connaissances, et proclamèrent que c'était à elle seule à nous faire connaître la vérité ; que les principes qu'elle nous fournissait étaient la seule base de notre savoir. Ainsi s'éleva le *rationalisme*, diamétralement opposé à *l'empirisme* ; manière de philosoper, sans doute, plus saine et plus profonde que celle mise en usage par ce dernier.

Cependant les oracles rendus par la déesse devinrent si divergens, que les métaphysiciens rationnels furent bientôt aussi opposés entr'eux que leur rationalisme pris en masse, était opposé à l'empirisme. Cette divergence se manifeste surtout dans la manière de traiter la plus difficile de toutes les questions métaphysiques, concernant le *moi* et le *non moi*, le rapport de l'homme à la nature.

Le point le plus épineux était, non pas de déterminer jusqu'à quel point nos représentations ressemblaient aux objets pris en eux-mêmes ; tous les rationnalistes étaient assez unanimement d'avis que cette ressemblance n'avait pas lieu ; mais d'où procédaient ces lois universelles et nécessaires que nous trouvions dans notre entendement, comme si elles n'eussent été que purement rationnelles, et qui étaient aussi d'un autre côté les lois réelles et actives de la nature ? D'où, par exemple, cette inconcevable certitude d'un principe sorti de l'entendement de *Keppler*, et qui se trouve en effet être la loi du mouvement des astres ; de cet aplatissement de la terre à ses pôles, que *Newton* décide dans son

cabinet, et que nos académiciens français vérifient sous le tropique et au cercle polaire ? D'où cette certitude de toutes les mathématiques pures ? D'où ma conviction que mes sens extérieurs ne peuvent rien percevoir qui ne soit dans l'espace, qui n'y occupe un lieu ? Si l'expérience seule me l'eût appris, je dirais : « Jusqu'à ce moment
» mes sens n'ont rien perçu que d'étendu, n'ont
» rien connu que dans l'espace ; peut-être que
» dans la suite mes sens extérieurs percevront
» des objets inétendus, et d'une essence toute
» autre que ceux que j'ai vus jusqu'ici, car ce
» qui est arrivé ne peut me répondre que la
» même chose arrivera toujours ». Mais ce n'est pas ainsi que je parle, ce n'est pas ainsi que je sens. Une voix impérieuse de tout mon être, la même qui m'assure de mon existence, me dit et me rend certain « que je n'expérimen-
» terai, que je ne percevrai jamais rien par mes
» sens extérieurs, qui ne soit dans l'espace, qui
» n'occupe un lieu ». Ceci est quelque chose au-dessus de l'expérience, c'est quelque chose qui la prévoit, qui la juge d'avance.—D'où vient donc que des lois que je prononce, sont en effet les lois réelles et de mon entendement et de la nature ?—Quand on songe à la profondeur immense de ce problème, on a peine à comprendre la **hardiesse inouie des rationalistes**

qui ont osé entreprendre de le résoudre. Les empiristes n'y ont jamais réfléchi, ou bien nient qu'il ait lieu. Le vulgaire ne le soupçonne même pas. Demandez à un homme du peuple (je dis du peuple philosophique, où il se trouve beaucoup de grands seigneurs) pourquoi il remue son bras à volonté ? Cet homme vous rira au nez, et ne comprendra pas ce qui vous étonne. La stupidité se moque et ricane, tandis que l'homme qui pense se tait et médite.

Quand les rationalistes n'auraient d'autre mérite que d'avoir posé ce problème, et reconnu cette difficulté, c'en serait déjà assez pour leur assigner le rang le plus honorable dans la spéculation. *Hic nodus, hic labor !* Voyons quels ont été, et quels devaient être leurs principaux modes de solution.

Il est évident que tout dépendait ici de reconnaître la nature de l'agent intermédiaire, ou du moyen quelconque qui établissait dans le *moi* une telle connaissance de la *nature*, un accord si incompréhensible entre l'un et l'autre. Quand on en est venu jusqu'à spéculer sur un tel point, on est revenu du système grossier des *émanations* et des *simulacres*. Et quand bien même ces simulacres auraient lieu de la part des objets palpables et visibles, ils ne sauraient avoir lieu de la part de liaisons, de relations, de lois générales, lesquelles ne sont pas des objets individuels et qui puissent se montrer, ni envoyer d'eux des images. Cependant l'homme se trouvait connaître ces lois, ces lois qui agissaient dans la nature. Il s'offrait plusieurs partis à prendre, pour expliquer ce phénomène.

Le plus hardi, sans doute, et qui coupait le mieux court à tout embarras, était de nier l'existence et la nécessité d'un agent entre le *moi* et la *nature*; de faire cesser cette antithèse, et de dire : *Le moi et la* nature *ne sont qu'un, ils ne forment qu'un seul et même être : le moi a donc nécessairement une connaissance, non médiate, mais immédiate de tout ce qui se passe dans la nature.* — Au moyen de cette réunion, voilà sans doute une immense difficulté de levée ; mais cette réunion peut se faire de deux manières, et delà naissent deux doctrines très-opposées.

Pour réunir en un le moi et la nature, on peut, 1.° Ou jeter et comme fondre le moi dans la nature, de manière que la nature reste l'unité dominante qui absorbe le moi; ou 2.° jeter la nature dans le moi, de manière que celui-ci reste l'unité dominante et le contenant du tout. — On sent combien ces deux points de vûe sont différens. Nous

Nous nommerons la doctrine qui résulte du premier, où la nature absorbe tous les êtres, et ne forme qu'une unité simple, le *naturalisme*. Cette doctrine a pour elle, au tribunal du bon sens, l'avantage de laisser la réalité la plus absolue à tous les objets qui nous affectent, et d'établir un *réalisme* si bien d'accord avec notre sentiment : car comment nous résoudre à croire que toute la nature, que tous les corps ne sont qu'une illusion, que notre vie est une erreur continuelle ? l'esprit se révolte et s'indigne à cette seule idée.

C'est là cependant ce qu'enseigne la seconde des doctrines dont il vient d'être fait mention, celle qui place toute la nature dans le *moi* ; nous la nommerons l'*égoïsme*. C'est dans le sein de la pensée de l'homme que, par une force spontanée qui lui est propre, les représentations, que nous prenons pour des objets hors de nous, naissent et s'ordonnent suivant les lois de cette pensée, ou de cette force qui est en elle. Et comme la somme de toutes ces représentations forme ce que nous appelons la *nature*, il est aisé de voir comment l'esprit en connaît les parties et les lois. Ce système, s'il révolte le bon sens ordinaire, s'accorde en revanche assez bien avec la spéculation dogmatique ; il est plus conséquent et plus susceptible d'être appuyé d'argumens spécieux que le naturalisme. En effet celui-ci commence d'autorité par établir la réalité du monde, ou de la nature que nous ne connaissons, au bout du compte, que par nos propres représentations : tandis que le second s'en tient à la seule réalité de ces représentations, réalité qu'on ne peut nier, ne réprouvant au reste que ce qui est à réprouver, c'est-à-dire, le saut périlleux que nous faisons hors de nous-mêmes sans être appuyés d'aucun raisonnement, en transportant à des objets extérieurs des sensations et des idées qui ont lieu évidemment en nous. — Mais disons aussi contre l'*égoïsme*, que bien que nous ne puissions alléguer de bonnes raisons qui nous autorisent à sortir de nous-mêmes et de nos représentations, cette impuissance ne lui suffit pas pour appuyer solidement sa téméraire hypothèse. Il professe une doctrine qui n'est point humaine, et jamais elle ne formera une secte nombreuse parmi les hommes. L'égoïste est sur un bon chemin en commençant ; il rentre dans son entendement ; mais il ne devroit y rentrer que pour le sonder, le scruter, l'étudier plus à fond, et non pas pour trancher la difficulté par une hypothèse, qui n'est pas plus satisfaisante que celle du naturaliste.

Il est bon d'observer ici que le naturaliste, aussi bien que l'égoïste, peuvent admettre l'existence d'un Dieu, sans rien changer au fond de leur système. Ils peuvent tout expliquer, l'un par une force propre au *moi*, et l'autre par une semblable force inhérente à la *nature*. Mais dans le cas où déterminés par des raisons quelconques, ils admettent l'existence d'un être suprême, cet appendice important peut être envisagé par chacun d'eux sous deux aspects différens.

1.° Où, fidèles au principe d'unité absolue qu'ils se sont prescrits, ils placeront Dieu, l'un dans la nature, et l'autre dans le moi; de sorte que la nature de l'un [2], et le moi de l'autre deviendront Dieu même.

1 La première de ces opinions, celle de l'égoïste sans Dieu, forme *l'athéisme spiritualiste* ; la seconde est *l'athéisme matérialiste*. Ce dernier diffère du matérialisme empirique, en ce qu'il est parvenu à sa doctrine par des voies rationnelles, ainsi que nous l'avons vu ; au lieu que l'autre, qui se borne uniquement à l'expérience, tient pour réelle la distinction du moi et de la nature, admet les images pour moyen de communication entre les choses et les sens de l'homme ; enfin il nie l'existence de lois universelles ; ou s'il les accorde, il soutient que la connaissance en est venue par les sens.

2 C'était, entre autres, l'hypothèse du célèbre juif *Benoît* de *Spinoza*, qui ne distinguant pas Dieu de la nature, lui ôtait une partie des attributs qu'on comprend

2.° Ou ils accordèrent à Dieu une action et une existence à part ; de manière que pour le naturaliste, ce sera Dieu qui imprimera des lois au grand tout, à l'unité du monde ; et, pour l'égoïste, ce sera Dieu qui par son action suscitera toutes les représentations, les idées du moi.

Dans ce second cas, le naturalisme qui auparavant était unitaire, prend le nom de *dualisme*. C'est la métaphysique la plus commune parmi ceux qui admettent l'existence d'un Dieu. Elle fait de l'homme un membre de la nature, dans laquelle il est comme incrusté et tissu ; elle le soumet par conséquent aux lois universelles, et admet le fatalisme, la non-liberté de l'homme, et tout ce qui s'ensuit.

Quant à l'égoïsme, aussi dans ce second cas,

d'ordinaire sous l'idée de Dieu. Sur ce qu'il admettait un Dieu, inadmissible aux autres philosophes suivant le principe de la *contradiction*, on fonda contre lui l'accusation d'athéisme. *Spinoza* divinise la nature, il reconnaît pour Dieu le *grand Tout*, ce qui a fait donner aussi à sa doctrine le nom de *Panthéisme*. En conséquence de cette opinion, son auteur devait parler de Dieu autrement que le reste des métaphysiciens. Si l'on y joint la méthode mathématique qu'il s'était mis en tête d'observer dans ses argumens, et qui est une étrangère en philosophie, on aura la clé des jugemens souvent contradictoires qui ont été portés du Spinozisme.

il prend le nom d'*idéalisme*. Une fois qu'il a admis un être différent du moi, il ne fait plus guères de difficulté pour admettre encore l'existence d'autres êtres pensans, dont chacun est un moi particulier [1].

Encore une observation avant que de passer à d'autres systèmes.

Nous avons vu comment, entraînés vers la vérité, l'égoïste et le naturaliste firent un pas en commun sur la voie qui y conduit ; puis comment ils se jetèrent l'un à droite, l'autre à gauche dans des hypothèses arbitraires. Ils avaient commencé en commun par être sceptiques ; ils se séparèrent pour fonder l'un *l'idéalisme* et l'autre le *réalisme* absolu, systèmes contraires, qui marquent les deux extrêmes de la métaphysique, et qui partagent même son territoire en deux parties, puisqu'il faut que tous les métaphysiciens inclinent, plus ou moins, vers l'un ou vers l'autre.

[1] Ce n'est pas encore ici le lieu de parler du plus hardi et du plus conséquent des idéalistes, du célèbre *Fichte*, qu'on a souvent mis en parallèle et en opposition avec *Spinoza*. Celui qui a été le plus connu jusqu'à présent en France, est l'évêque anglais *Berkeley*, d'où l'on donne par fois à l'idéalisme le nom patronimique de *Berkeleïsme*.

Tant que l'idéaliste se borne à soutenir que nous ne connaissons les objets que par nos propres idées, par les représentations de notre être pensant, il est sur le chemin commun où le sceptique et le critique marchent avec lui. Mais quand il conclut immédiatement de là : « Que » nos idées sont la seule réalité, et que tous » les objets sensibles sont de pures illusions, » ses deux compagnons nient la validité d'une assertion si hasardée, et lui laissent faire tout seul l'immense saut qui le porte au-delà d'un abîme. Le sceptique cependant qui se figure qu'arrivé à cette divergence des chemins, il faut prendre un parti décisif, et qui découvre aussi peu de fond à l'un qu'à l'autre, arrête de n'en prendre aucun, et conclut à son tour que la cognition de l'homme n'est qu'une source d'incertitudes. Nous avons vu plus haut comment le philosophe critique se sépare ici du sceptique, va plus avant que lui dans la considération du moi, de la cognition humaine, pour y analyser à fond la nature des représentations et des idées. Il laisse en arrière de lui l'égoïste et l'idéaliste qui mettent une supposition gratuite à la place de l'examen. Ainsi toutes les opinions de l'esprit de l'homme se tiennent par un fil aisé à trouver, et nous avons ici tracé en peu de mots le plan d'une partie des opérations de la raison spéculative, laquelle recherche sans cesse l'absolu, le fond sur lequel doivent porter toutes nos connaissances.

Rappelons-nous le problème fondamental dont les métaphysiciens rationnels cherchent la solution, en tant que condition première et nécessaire de la possibilité de leur science : « Com-
» ment l'homme parvient-il à la connaissance
» de certaines lois de la nature, de certains
» rapports entre les objets; rapports dont il est
» immédiatement et sans restriction convaincu,
» tandis que ces lois et ces rapports ne peuvent
» se manifester à aucun de ses sens ? »

Tous les penseurs ne furent pas assez hardis pour supprimer d'autorité tout moyen de communication entre le moi et la nature, et établir par-là, ou un égoïsme ou un naturalisme absolu. C'était en effet trancher le nœud, plutôt que de le dénouer. Le désespérant scepticisme laissait le nœud subsister, et croisait les bras, dans l'impuissance où il croyait l'homme d'accomplir ce grand œuvre. Entraînés par l'active curiosité de l'esprit humain, que le scepticisme irrite, au lieu de l'appaiser, le plus grand nombre des philosophes rationnels restèrent dogmatiques, et s'acharnèrent à la découverte de ce *moyen* par lequel l'entendement connaît les choses et leurs rapports.

Les *Cartésiens*, qui s'étaient élevés hardiment du pur acte de la pensée à l'existence de Dieu, trouvèrent ce moyen dans l'action de Dieu même sur les créatures. Selon eux, nous voyons, nous sentons, nous pensons en Dieu, et comme par-là c'est la même influence à qui est soumise la nature, et à qui est soumis notre esprit, celui-ci reçoit par elle une notion immédiate et intime de la nature et de ses lois. Parmi les disciples de *Descartes*, ce furent *Mallebranche* et *Kéranflech* qui exposèrent le plus au long cette doctrine, et qui en poussèrent plus loin les conséquences. Elle est religieuse et sublime ; elle ne répugne pas à la raison spéculative, mais elle repose sur une hypothèse, elle n'analyse pas assez profondément la nature de nos connaissances. Nous nommerons ce système, le *théosophisme*.

Leibnitz crut découvrir le rapport de l'entendement avec la nature, dans une *harmonie préétablie* entre l'ame et la matière. Ces deux substances étaient tellement constituées, qu'à mesure qu'un changement ou une représentation avait lieu dans l'ame, un changement correspondant avait lieu dans la nature. Leur harmonie continuelle résultait donc de leur manière d'être originaire et déterminée d'avance. Cette opinion, née en apparence du désespoir de trouver jamais un moyen réel et actif de communication entre deux substances d'une nature tout opposée, ne se soutint pas long-tems, tout ingénieuse qu'elle est, parmi ceux mêmes qui embrassèrent le reste de la doctrine de *Leibnitz*.

———

Descartes et *Leibnitz* avaient cela de commun, qu'ils discernaient, dans la somme totale de nos idées, la connaissance de certaines lois universelles, de certaines vérités nécessaires, que l'expérience ne pouvait nous avoir apprises. *Platon* avait reconnu la même chose avant eux, et son système des *idées*, l'*action de Dieu* des cartésiens, l'*harmonie préétablie* de *Leibnitz*, avaient le même fond, étaient autant d'hypothèses-sœurs, nées de la même question à résoudre. Aussi les doctrines des trois philosophes ont-elles un trait de famille commun, quoiqu'avec diverses modifications. Ce trait commun est l'opinion des *idées innées*.

Tous trois pensaient, et avec raison, que la connaissance des vérités nécessaires et des lois universelles, telles que celles des mathématiques pures, etc..., ne nous venant pas de l'expérience, elles devaient se trouver dans l'ame ; et comme on ne s'apercevait jamais d'un instant précis où ces vérités y entrassent, il fallait donc quelles y fussent *innées*. Jusqu'ici académiciens, cartésiens et leibnitziens sont d'accord : mais ils diffèrent dans la manière dont ils expliquent comment ces idées sont innées dans notre esprit.

Platon, qui apparemment n'imaginait pas qu'il pût se trouver dans l'entendement quelques représentations qui eussent une autre origine que l'expérience, afin d'expliquer ces idées qui ne venaient pas de l'expérience, ni de la vie présente, conclut qu'elles avaient été acquises pendant une vie antérieure ; que nous les apportions ainsi en naissant dans un souvenir obscur, lequel se réveillait vivement à la vue des objets qui avaient fait naître ces idées. Philosopher, apprendre, inventer, ce n'était que se souvenir. Telle est sur ce point la doctrine exposée dans le *Théete*, le *Ménon*, la *République* et ailleurs [1].

On sent bien que le siècle de *Descartes* n'était plus celui où l'on croyait à une vie antérieure. L'*action de Dieu* des cartésiens commençait à opérer sur l'ame dès sa naissance, alors l'ame recevait ces idées, ces représentations de lois

---

[1] Probablement que la doctrine ésotérique de *Pythagore*, et celle de l'école d'Elée, avaient beaucoup de rapport à celle-ci, et résultaient des mêmes considérations préliminaires.

universelles (logiques ou réelles) qu'elle apportait ensuite toutes formées dans l'expérience ; c'était autant de connaissances précises et claires, que l'ame trouvait en elle indépendamment des sens ; il est difficile à la vérité d'admettre des idées qui soient innées de la sorte, d'autant que ceux qui les soutenaient y en mêlaient par-ci par-là d'autres, qui sont évidemment le résultat de l'expérience, et qui ne peuvent être innées dans aucune supposition.

Idées innées, chez *Leibnitz*, signifie tout autre chose. Ce ne sont pas des connaisances et des images déterminées de certains objets; il ne s'agit ici que de dispositions originaires et préparatoires à voir les choses d'une certaine façon, quand elles se présenteront. Je vais transcrire les propres paroles du philosophe allemand ; elles sont tirées de ses *Nouveaux Essais sur l'entendement humain.* Il dit, en parlant de *Locke*, dont il réfute l'empirisme dans ce livre [1].

[1] On sait que *Leibnitz* a écrit cet excellent ouvrage en français ; il est trop peu lu, trop peu étudié. On y trouve le fruit de longues et profondes méditations. Quand on l'a bien compris, on entrevoit une vive lumière ; mais la doctrine plus populaire de *Locke* a pris un ascendant qui a fait négliger son adversaire ; on y reviendra. Tout passe, sur-tout en France. Il faut bien qu'enfin l'heure de l'empirisme sonne.

« Nos différends sont sur des objets de quel-
» qu'importance. Il s'agit de savoir si l'ame en
» elle-même, est entièrement vide comme des
» tablettes où l'on n'a encore rien écrit (*tabula*
» *rasa*), suivant *Aristote* et l'auteur de l'*Essai*
» (*Locke*), et si tout ce qui y est tracé vient
» uniquement des sens et de l'expérience, ou
» si l'ame contient originairement les principes
» de plusieurs notions et doctrines, que les
» objets externes réveillent seulement dans les
» occasions, comme je le crois.— Les stoïciens
» appelaient ces principes *notions communes*,
» *prolepses*, c'est-à-dire, des assumtions fon-
» damentales, ou ce qu'on prend pour accordé,
» par avance. Les mathématiciens les appellent
» notions communes (κοιναὶ ἔννοιας). Les philoso-
» phes modernes leur donnent d'autres beaux
» noms, et *Jules Scaliger* particulièrement les
» nommait *Semina æternitatis*, item *Zopyra*,
» comme voulant dire des feux vivans, des traits
» lumineux, cachés au-dedans de nous, que la
» rencontre des sens et des objets externes fait
» paraître comme des étincelles, que le choc
» fait sortir du fusil; et ce n'est pas sans raison
» qu'on croit (*les cartésiens*), que ces éclats
» marquent quelque chose de divin et d'éternel,
» qui paraît sur-tout dans les vérités nécessaires.
» D'où il naît une autre question, savoir, si

» toutes les vérités dépendent de l'expérience,
» c'est-à-dire, de l'induction et des exemples ;
» ou s'il y en a qui ont encore un autre fon-
» dement ? Car si quelques évènemens peuvent
» être prévus avant toute épreuve qu'on en ait
» faite, il est manifeste que nous y contribuons
» quelque chose de notre part. Les sens quoique
» nécessaires pour toutes nos connaissances ac-
» tuelles, ne sont point suffisans pour nous les
» donner toutes, puisque les sens ne donnent
» jamais que des exemples, c'est-à-dire, des
» vérités particulières et individuelles. Or tous
» les exemples qui confirment une vérité générale,
» en quelque nombre qu'ils soient, ne suffisent
» pas pour établir la nécessité universelle de
» cette même vérité : car il ne suit pas que ce
» qui est arrivé, arrivera toujours de même.
» Par exemple les grecs et les romains, et tous
» les autres peuples ont toujours remarqué
» qu'avant le décours de vingt-quatre heures le
» jour se change en nuit, et la nuit en jour.
» Mais l'on se serait trompé si l'on avait cru
» que la même règle s'observe par-tout, puis-
» qu'on a vu le contraire dans le séjour de la
» Nova-Zembla. Et celui-là se tromperait encore
» qui croirait que c'est, au moins dans nos climats,
» une vérité nécessaire et éternelle, puisqu'on
» doit juger que la terre et le soleil même n'exis-

» tent pas nécessairement, et qu'il y aura peut-
» être un tems où ce bel astre ne sera plus avec
» tout son système, au moins en sa présente
» forme ; d'où il paraît que les vérités néces-
» saires, telles qu'on les trouve dans les mathé-
» matiques pures, et particulièrement d'ins
» l'arithmétique et la géométrie, doivent avoir
» des principes, dont la preuve ne dépende
» point des exemples, ni par conséquent du té-
» moignage des sens ; quoique sans les sens on
» ne se serait jamais avisé d'y penser. C'est ce qu'il
» faut bien distinguer, et c'est ce qu'*Euclide* a si
» bien compris en montrant par la raison ce qui
» se voit assez par l'expérience et par les images
» sensibles. La logique encore avec la métaphy-
» sique et la morale sont pleines de telles vérités,
» et par conséquent leur preuve ne peut venir
» que des principes internes, qu'on appelle innés.
» Il est vrai qu'il ne faut pas s'imaginer qu'on
» puisse lire dans l'ame ces éternelles lois à
» livre ouvert, sans peines et sans recherches ;
» mais c'est assez qu'on les puisse découvrir en
» nous à force d'attention, à quoi les occasions
» nous sont fournies par les sens. . . . . . Peut-
» être que notre habile auteur (*Locke*) ne
» s'éloignera pas entièrement de mon sentiment.
» Car après avoir employé tout son premier
» livre à rejeter toutes les idées innées, prises

» dans un certain sens, il avoue pourtant au
» commencement du second et dans la suite,
» que les idées qui n'ont point leur origine
» dans la sensation, *viennent de la réflexion.*
» Or la réflexion n'est autre chose qu'une atten-
» tion à ce qui se passe en nous, et les sens
» ne nous donnent point ce que nous portons
» déjà avec nous. Cela étant, peut-on nier qu'il
» y ait beaucoup d'inné dans notre esprit, puis-
» que nous sommes innés à nous-mêmes, pour
» ainsi dire ? et qu'il y ait en nous : *être,*
» *unité, substance, durée, changement, action,*
» *perception, plaisir,* et mille autres objets de
» nos idées intellectuelles......?[1] C'est ainsi
» que les idées et les vérités nous sont innées,
» comme des inclinations, des dispositions,
» des habitudes, ou des virtualités naturelles,
» et non pas comme des actions ».

Dans le chapitre premier du second livre,

---

[1] *Aristote* avait comparé l'ame, avant la sensation, à une table rase et unie. *Leibnitz* la compare à une table de marbre où il y aurait des veines innées, ou à un bloc de marbre dont les veines intérieures marqueraient d'avance la figure d'*Hercule* qui doit y être taillée. Ces comparaisons sont vicieuses, et pourraient tromper sur les vues de *Leibnitz*. D'ailleurs, pourquoi des comparaisons ? S'il en fallait absolument, j'aimerais mieux celle des *Moules intérieurs* de *Buffon*, du *Nisus formativus* de *Blumenbach*, etc.....

Leibnitz dit encore : « L'expérience est néces-
» saire, je l'avoue, afin que l'ame soit déter-
» minée à telles ou telles pensées, et afin qu'elle
» prenne garde aux idées qui sont en nous; mais
» le moyen que l'expérience ou les sens puissent
» donner des idées? L'ame a-t-elle des fenêtres?
» ressemble-t-elle à des tablettes? est-elle
» comme de la cire? Il est visible que tous ceux
» qui pensent ainsi de l'ame, la rendent corpo-
» relle dans le fond. On m'opposera cet axiôme
» reçu parmi les philosophes : *que rien n'est dans*
» *l'ame qui ne vienne des sens*. Mais il faut
» pourtant excepter l'ame même et ses affections.
» *Nihil est in intellectu, quod non fuerit in*
» *sensu*, excipe : *nisi ipse intellectus*. Or l'ame
» renferme l'*être*, la *substance*, l'*un*, le *même*,
» la *cause*.... et quantité d'autres notions,
» que les sens ne sauraient donner ».

On voit que, sous le même nom, *Platon*,
Descartes et Leibnitz, ont entendus des choses
bien différentes. Tous les trois avaient reconnu
la même vérité première, l'existence de certains
principes qui ne sont point acquis par expérience;
tous trois s'étaient heurtés à la même pierre.
Mais le premier se tire d'embarras par la supposition parfaitement gratuite d'une vie antérieure. Le second admet des connaissances com-
plètes dans l'ame dès sa naissance, des idées
positives

positives de choses réelles (idées où matière et forme sont déjà combinées); opinion qui met, il est vrai, sur la voie, mais qui n'est encore qu'un tâtonnement, qu'une ébauche trop imparfaite, et qui offre trop de côtés faibles. Chez le troisième, ce ne sont plus que des *dispositions*, des *virtualités* de l'ame, pour connaître et juger d'une manière plutôt que d'une autre. Telle est, dans deux pierres différentes, la disposition, la virtualité de l'une, qu'il en jaillira du feu si elle est frappée avec de l'acier, tandis que l'autre, autrement disposée, ne donnera point de feu : même disposition ou virtualité dans l'acier; car la pierre à feu frappée par le cuivre de rosette le plus dur, ne laissera échapper aucune étincelle : ces dispositions ne sont-elles pas *innées* dans ces substances? Le matérialiste le plus outré accorde bien à la matière certaines dispositions primordiales qu'il croit innées en elle, et antérieures aux faits qui les développent et les font éclater, tels que le mouvement, l'attraction, etc..... N'y a-t-il pas autre chose d'inné chez le tigre que chez le mouton? ou si l'on veut même, chez le tigre que chez le lion? N'y a-t-il que dans l'homme que rien ne sera inné? Mais quand on aura accordé le contraire, il s'agira de démêler ce qui est inné de ce qui ne l'est pas. Nous aborderons bientôt cette que

Cependant, sans nul égard à ces différences essentielles, et ne prenant le terme d'idée que dans l'acception qu'on lui donne vulgairement en français, comme quand on dit l'idée d'un *cheval*, d'un *arbre*, d'une *couleur*, avec quel acharnement et quelle suffisance une foule d'écrivains ne se sont-ils point déchaînés contre la *doctrine des idées innées, hypothèse*, à les entendre, *absurde, extravagante, condamnée par le sens commun*, etc., etc... Comme si le sens dit *commun*, avait quelque chose à démêler avec la métaphysique plus qu'avec l'astronomie ou l'algèbre! et comme si le sens qui n'est pas tout-à-fait si commun, celui qui est exercé aux abstractions et à la méditation, ne devait pas avoir d'emblée quelque préférence dans ces matières[1]! « Les idées innées, dit d'*Alembert*, » sont une chimère que l'expérience réprouve ».

[1] Qu'on songe que le profond penseur qui a cru devoir recourir à ces dispositions *innées* chez l'homme pour en expliquer la cognition, est le même qui a inventé le calcul infinitésimal, et grand nombre des plus belles méthodes de la haute géométrie. *Newton* a commenté l'*Apocalypse* dans sa vieillesse, mais *Leibnitz* a écrit ses *Essais* dans la vigueur et la santé de son génie. Ces considérations devraient au moins suspendre le jugement jusqu'après un très-mûr examen. Mais il est si peu de gens qui examinent! il en est tant, d'un côté, qui tranchent sans connaissance de cause, et tant de l'autre qui décident si volontiers sur parole, qu'il ne faut pas s'étonner de la manière dont on juge dans le monde.

Je voudrais bien savoir comment l'expérience *réprouverait* les idées innées à la façon de *Leibnitz* [1] ? Mais il est très-probable que ceux qui ont prononcé des décisions pareilles sur cette matière, l'avaient très-peu approfondie, qu'ils attribuaient tous la même valeur à la même ex-

---

[1] D'*Alembert* a dit aussi dans le Discours préliminaire de l'*Encyclopédie*, que « la Métaphysique *raisonnable* ne
» pouvait être qu'une science *de faits*, *une physique*
» *expérimentale de l'ame* ». L'auteur *des Pièces philosophiques et littéraires*, M. B... un cartésien, reprend ainsi cette assertion : « La Métaphysique *une science de*
» *faits !* vraiment l'idée est singulière. Mais M. d'*Alem-*
» *bert* me permettra de l'arrêter ici. J'avoue que la con-
» naissance des faits, nous la devons à l'expérience.....
» Mais ces faits, devenus l'objet de nos réflexions, ré-
» veillent en nous des idées par où nous nous représen-
» tons la nature de ces mêmes choses, dont l'existence
» actuelle est un simple fait. Ce sont ces idées abstraites,
» immuables, universelles, considérées dans leurs rapports
» innombrables, qui sont l'objet propre de la Métaphy-
» sique. Delà ces axiomes, ces vérités éternelles, ces
» premiers principes auxquels viennent s'assujétir en
» dernier ressort toutes nos connaissances : c'est d'eux
» qu'elles tiennent tout ce qu'elles ont de lumière et de
» certitude. Ainsi la *Physique*, la *Morale* et l'*Histoire*
» même doivent remonter jusques-là pour mériter le titre
» de *vraies sciences*. C'est dans les *idées* qui nous mon-
» trent les raisons, la nature et la vérité des choses,
» que se trouve la cause de tout ce que l'expérience nous
» apprend. Nos sens nous avertissent de l'existence des

pression, et qu'ils n'en voulaient qu'aux idées innées de *Platon*, ou tout au plus à celles de *Descartes* et de *Mallebranche* [1].

» corps..... Jusques-là s'étend le ressort de la Physique.
» Mais au-dessus d'elle s'élèvent les pures idées, qui
» nous rendent raison des différens phénomènes de l'ex-
» périence....... Voilà en quoi consiste la Métaphy-
» sique. Sans cette science par excellence, les autres
» n'auraient rien de clair, ni de certain : elles ne
» seraient qu'un amas de faits, dont la liaison arbi-
» traire laisserait notre esprit dans de profondes ténèbres.
» C'est cette métaphysique, aujourd'hui si décriée, qui
» nous montre la différence essentielle du juste et de l'in-
» juste, et qui nous découvre dans les lois éternelles de
» l'ordre, la base de toute morale ». — Voilà le ration-
nalisme bien en opposition avec l'empirisme. Dans le fait, on a de la peine à concevoir comment d'*Alembert* parle ainsi de la métaphysique dans cet endroit, après en avoir parlé très-sensément ailleurs. Voyez le passage cité de lui, à la fin de l'article précédent. Mais il est probable qu'il a pensé diversement dans divers tems, et qu'il n'a jamais eu d'opinion bien arrêtée sur ce point.

[1] Il est entre autres de la plus grande évidence, par tout ce que dit *Locke* sur les *idées innées*, qu'il n'a nullement compris le véritable état de la question, ni les motifs qui avaient nécessité les philosophes à recourir à ces idées. Il les a données en résultat, telles qu'elles étaient, et sans s'embarrasser de leur origine, pour de pures fantaisies arbitraires, pour un caprice philosophique. C'est là en effet ce qu'elles doivent sembler être aux yeux de qui ne va pas à leur source. Dès-lors, elles ont une

Pourquoi l'histoire de la philosophie spéculative (j'entends parmi les écrivains de notre nation) n'a-t-elle presque offert jusqu'à présent que l'histoire d'un tissu d'extravagances les plus monstrueuses, tellement qu'on aurait cru plutôt lire la chronique des maladies de l'esprit humain, que celle de ses progrès ? pourquoi a-t-elle si souvent traité d'une manière indigne, et comme des échappés des petites-maisons, les sages de tous les siècles ? C'est qu'on les a mésentendus, qu'on ne s'est jamais placé dans leur point de vue, qu'on n'a pris d'eux que des résultats, au lieu de suivre la chaîne qui les y avait conduits, et de partir avec eux des premiers problèmes qu'ils avaient reconnu pour indispensable de résoudre. On s'en est tenu, en lisant leurs livres, à la lettre qui tue l'esprit [1]. Si l'on

apparence de mysticité qui les rend faciles à attaquer. Malentendues et privées de leur base, telles que les présente *Locke*, il n'est pas surprenant qu'il ait paru avoir raison contre elles ; il a prouvé la *chimère des idées innées* telles qu'il les comprenait, mais il n'a rien prouvé contre ces mêmes idées innées, telles que d'autres les comprenaient.

[1] Il s'en faut que l'histoire si importante de la philosophie soit chez nos voisins les allemans dans le même état de chaos, je dirois presque de néant, où elle est chez nous. Outre *Brucker*, qui dépourvu d'esprit philosophique a cependant livré la collection la plus complète de matériaux pour cette histoire, ils ont *Büsching*,

commençait avec chaque philosophe par les élémens de sa doctrine, on comprendrait ce qui l'a fait arriver à certains resultats, lesquels présentés

Meiners, Gurlitt, Tiedemann, Tennemann, Buhle, etc. dont chacun a son genre de mérite et son point de vue particulier. Ils ont des fragmens précieux en grand nombre, tels que ceux de *Garve*, de *Fülleborn*, d'*Eberhardt*, et autres. Ils ont des expositions historiques de doctrines isolées, comme par exemple celle que M. le Conseiller intime *Jacobi* a donnée de la doctrine de *Spinoza*. Ils connaissent *ad unguem* notre philosophie, et la jugent avec équité. Nous ne savons rien de la leur, et nous la jugeons souvent en vrais chinois, avec hauteur et mépris. Nous traitons cavalièrement le produit de leurs longues études et de leurs méditations assidues ; nous déclarons *extravagant* et *absurde* tout ce qui est au-delà du cercle étroit de nos idées ou de nos préjugés, et ces épithètes remplacent les argumens chez nos beaux esprits, à qui elles sont très-familières. Écoutons sur ce point les paroles d'un sage et d'une des plus fortes têtes philosophiques de nos jours : « Chaque fois qu'il m'est arrivé de rencontrer chez
» des écrivains véritablement penseurs, dont la manière
» de ranger et de présenter leurs idées, annonçait qu'ils
» avaient mûrement pesé et considéré la chose, d'y ren-
» contrer, dis-je, des opinions qui, au premier coup-
» d'œil, me semblaient aventurées ou fausses, je me suis
» soigneusement gardé de croire que ces opinions fussent
» erronées, par cela seulement qu'elles étaient opposées
» aux miennes, bien que fondées aussi sur une mûre et
» longue réflexion. J'ai toujours pensé qu'en tel cas, il
» fallait plus de façon pour asseoir un jugement. Mon

isolément et sans préparation, paraissent absurdes. Qu'un physicien dise à un paysan : « *Il y a trente millions de lieues d'ici au soleil, et ce soleil n'est point un corps chaud et lumineux par lui-même, mais obscur et froid comme le champ que tu laboures.* » Le paysan se moquera du physicien, qu'il regardera comme une espèce de fou. « *Qui est-ce qui a été dans le soleil,* répondra-t-il avec un rire stupide, *pour savoir sa distance et comment il est fait ?* » Il n'y aura pas moyen de le faire sortir de là et de percer la coquille d'airain qui enveloppe son entendement. C'est ainsi que tout le monde en use à l'égard de la métaphysique. « *Qui est-ce*

» procédé consiste à étudier, non comment je rendrai l'opi-
» nion contraire à la mienne *absurde*, mais comment je
» la rendrai raisonnable. Je cherche à découvrir la source
» première de l'erreur, la possibilité qu'elle se soit intro-
» duite dans un bon esprit comme vérité ; je tâche de
» m'initier tellement dans la manière de voir et de penser
» de mon adversaire, que je sois en état même d'errer
» avec lui, et de sympathiser avec sa conviction. Jusqu'à ce
» que j'en sois arrivé là, je ne crois pas l'avoir bien saisi ;
» j'en rejette, comme de juste, la faute sur ma propre
» pénétration, et je soupçonne toujours, derrière ce que
» je ne comprends pas, une grande profondeur et une grande
» abondance de raisons. Cette méthode, que je conser-
» verai toute ma vie, ne m'a pas encore trompé ». JACOBI, dans son Dialogue sur *David Hume*, ou sur l'*Idéalisme et le Réalisme*, p. 76.

qui a vu la source de nos connaissances ? Qui est-ce qui a vu Dieu ? Qui est-ce qui a vu l'ame ? » On ne veut savoir que ce qui se peut regarder et palper. Cela est juste dans un sens, et faux dans un autre. Ainsi toutes les opinions humaines contiennent chacune une étincelle plus ou moins vive de cette lumière, de cette vérité éternelle que l'homme cherche sans relâche. Il n'est pas jusqu'à l'empirisme, la plus superficielle de toutes les manières de raisonner, qui n'en renferme quelque chose. Jamais aucun homme ne saisira cette vérité toute entière, au moins dans son état présent. Mais tous devraient sans doute se réunir pour savoir jusqu'où il leur est donné de l'entrevoir, et quelle est la nature de ces connaissances, et de cette expérience sur laquelle on se repose si confidemment.

Nous avons posé, je pense, assez clairement le problème dont la solution doit faire l'essence de la métaphysique proprement dite, ou de l'onthologie. Nous avons vu cette métaphysique se séparer sur deux directions radicalement contraires, l'*empirisme* et le *rationnalisme*. Nous avons jeté un coup-d'œil sur les branches principales de chacun, et le lecteur est peut-être déjà assez avancé pour entrevoir de quel côté l'esprit véritablement philosophique doit incliner.

Le procédé de tous ces systèmes divers, tant empiriques que rationnels, est *dogmatique*, c'est-à-dire, qu'ils avancent un dogme fondamental, soit affirmatif, soit négatif, sur lequel repose tout l'édifice, et avec lequel il doit crouler. Ainsi, par exemple, l'empiriste dit : « *Je ne puis rien juger que sur le témoignage de mes sens, et la sensation est l'élément de toutes mes connaissances.* » Et ainsi des autres.

Entre autres dogmes, qui ne concernent pas l'origine ni la nature de nos connaissances, mais des connaissances précises de certains objets, il en est de très-importans, comme l'adoption ou la rejection de l'existence de Dieu, de la liberté et de l'immortalité de l'ame. L'empiriste et le rationnaliste peuvent, par divers argumens qui semblent d'une égale force, prendre divers partis à leur égard, sans que le fond de leur doctrine change notablement. On sent même, lorsqu'on y regarde de plus près, que la métaphysique proprement dite, malgré les prétentions qu'elle affiche d'abord, repousse ces questions, qu'elles sont en quelque sorte exotiques sur son terrrain, et que leur solution doit appartenir à quelqu'autre partie du domaine de la philosophie. C'est à la seule conscience en effet à juger du libre arbitre ; c'est au cœur à prononcer sur l'existence d'un être suprême ; l'esprit n'a qu'à s'humilier et se confondre devant lui. Dieu ne peut être appris ni sçu ; il ne peut qu'être senti dans ses œuvres ; et la plus belle de ses œuvres, c'est le sentiment du juste, de l'ordre moral que l'homme simple porte en son cœur. Nous traiterons de ceci plus loin.

Tous les dogmes, fondamentaux ou accessoires, reposent sur une liaison arbitraire de conceptions, qui ne se supposent pas nécessairement les unes les autres. Par exemple quant au dogme, *l'ame est immortelle*, il n'y a rien dans la conception *d'ame*, qui entraîne nécessairement celle *d'immortalité*. Si, pour les lier, on introduit des conceptions intermédiaires, comme : *L'ame est une substance qui pense, une substance qui pense est simple, une substance simple est indestructible*, etc...., on verra, en analysant ces conceptions moyennes, que l'une ne renferme ni ne suppose nécessairement l'autre ; l'attribut de la *pensée* n'oblige point celui de la *simplicité*, celui-ci point l'*indestructibilité*, etc... Leur liaison ne peut donc être jamais qu'hypothétique, et tous les systèmes jusqu'ici existans sont basés sur de telles hypothèses. De-là vient que tous les métaphysiciens, tendant au même but, prennent des directions si divergentes; de-là les tâtonnemens, le retour sur les mêmes pas, l'impossibilité de s'accorder; mauvais succès qui prouvent que la métaphysique n'est pas encore parvenue à l'état d'une *science*, dans toute la rigueur de ce terme. Elle a manqué jusqu'à présent d'une bonne pierre de touche qui lui servît à éprouver les conceptions intellectuelles dont est formé son contenu, et à reconnaître leur connexion nécessaire. — D'où viennent ces conceptions ? D'où vient que l'entendement les lie de la sorte ? — Ce n'est que quand on aura répondu d'une manière certaine à ces questions, qu'on saura à quoi s'en tenir sur la valeur des hypothèses. Seraient-elles insolubles ? et tandis que toutes les connaissances humaines, à l'aide de l'esprit philosophique, s'affermissent et se perfectionnent, celle qui est l'orgueil et le fondement de la philosophie, celle qui a les plus profondes racines dans l'esprit de l'homme, serait-elle la seule qui ne pût prendre une croissance et une consistance solides ? N'est-ce donc que quand la raison s'interroge sur elle-même, quand elle devient sa propre écolière, qu'elle n'aurait ni pénétration ni efficacité ? sa dévorante activité devrait-elle rester éternellement vaine ? ne serait-ce qu'une plaie, qu'une affliction que lui aurait gratuitement infligée son créateur ? tandis que nous remarquons un but dans la tendance de tous les êtres créés, l'acteur le plus noble de cette grande scène, le roi de la création, serait-il le seul dont les efforts n'aboutiraient qu'à l'illusion, au mensonge et au désespoir ? dont le rôle ne serait qu'un honteux accord du crime d'*Ixion* et du supplice de *Tantale ?* le seul qui donnerait un démenti aux vues de la suprême sagesse ? Non ; et pour trouver le mot de cette grande énigme, il ne faut que de la persévérance et de la méditation. Quel est l'homme assez osé ou assez avili pour désespérer de l'homme ? Les questions qui lui importent le plus ne seront pas les seules, sans doute, qui resteront sans réponse. Nous allons, dans l'article suivant, non pas leur en chercher une, mais le chemin sur lequel il est possible de la trouver ; chemin que plusieurs penseurs, *Aristote*, *Locke*, *Hume*, *Condillac* d'un côté, *Platon*, *Descartes*, *Leibnitz* de l'autre, avaient soupçonné, indiqué, chacun à leur manière, et dans lequel *Kant* après eux est entré avec tant de hardiesse et de succès.

VI.

Idée d'un point de vue transcendental en métaphysique.

Tout ce qui a lieu dans la nature a lieu suivant certaines lois qui en règlent le mode et le cours. Si une pierre tombe, c'est en observant la loi de la chûte des corps graves ; si un projectile s'écarte de la ligne droite suivant laquelle il a été lancé, c'est en vertu d'une règle constante qui imprime à son mouvement la courbure parabolique. Nous cherchons sans cesse les lois régulatrices des phénomènes auxquels nous n'en avons pas encore découvert, assurés que nous sommes qu'ils en ont d'invariables et de fondamentales. Nul doute que notre fonction de percevoir les objets, lesquels font la matière de nos connaissances, ne s'exerce aussi suivant des lois précises, qui influent sur la nature de ces connaissances. Reste seulement à savoir, 1.° si ces lois nous sont données par les objets eux-mêmes ? ou, 2.° si elles se trouvent en nous pour y attendre l'impression des objets, et marier leur action propre à cette impression étrangère.

De ces deux questions, d'où dépend évidemment toute la théorie de nos connaissances, résultent deux points de vue différens. Nous appellerons le premier le point de vue *empirique*, et le second (qui consiste à envisager certaines lois générales comme résidant en nous, et comme réglant les objets perçus et connus par nous) le point de vue *transcendental*. Examinons si nous sommes fondés à admettre l'idée d'un pareil point de vue.

Supposons une de ces machines d'optique connues sous le nom de *chambre obscure*, qui soit munie à l'ouverture par où elle reçoit la lumière d'un verre rouge. Tous les objets seront rouges au fond de la *chambre obscure*, et cette teinte rouge sera un produit de la nature du verre ; ce verre est constitué de sorte que la couleur rouge doit être une loi, une forme universelle pour tous les objets perçus par lui. Si notre *chambre obscure* pouvait sentir et s'exprimer, elle ne manquerait pas de juger et de soutenir que les bâtimens, les arbres, les hommes, en un mot que toute la nature est rouge ; elle se garderait bien de deviner d'abord que cette couleur générale dans les objets de sa connaissance, provient d'elle-même, de la constitution de l'organe par où elle reçoit des impressions.

Appliquons sur toutes les cires à cacheter différentes, une pierre gravée, qui représente, je suppose, une *Minerve*. Cette pierre, douée de sentiment, croira que toutes les cires existent sous la figure d'une *Minerve*, car elle ne les percevra que sous cette forme, laquelle sera évidemment la loi générale, la condition nécessaire de toutes les perceptions de notre pierre.

Trois miroirs, l'un *plan*, l'autre *cylindrique*, le troisième *conique*, reçoivent l'image du même objet; cette image sera très-différente pour les trois miroirs. D'où procède cette différence? De la structure de chacun, qui détermine la forme, la loi que doivent subir tous les objets qui s'y réfléchissent. Prêtons le sentiment et la parole à nos miroirs: Si celui qui est plan dit: *la chose qui est là, devant nous, est un beau cercle très-parfait*, « le cylindrique répliquera » : *point du tout, c'est un ovale prodigieusement allongé*, « et le conique protestera que : « *C'est une espèce d'hyperbole double, dont l'écartement est manifeste.* » Dans le fait l'objet en lui-même ne sera peut-être aucune de ces choses, et cependant chacun des trois miroirs aura raison, car n'ayant réellement pour objet que sa propre représentation de la chose, représentation soumise au mode de sa construction intrinsèque, l'objet du premier sera bien évidemment un cercle, celui du second un ovale, et celui du troisième une hyperbole. Si l'entendement que nous avons prêté aux trois miroirs, au-lieu de leur servir à disputer à perte de vue, sur leurs objets, les *analyser*, les *retourner*, s'en faire des *idées* soi-disant *claires*, et à se traiter l'un l'autre de visionnaire et de fou, leur servait à se replier sur eux-mêmes pour s'étudier, et rechercher dans leur nature ce qui peut influer sur leurs perceptions, ils finiraient par s'entendre mutuellement, bien qu'aucun d'eux ne puisse jamais parvenir à connaître l'objet en lui-même. — Il pourrait bien en arriver autant à tous les métaphysiciens, s'ils prenaient le même parti.

De quoi est donc composée la connaissance que chacun des trois miroirs prend de l'objet qui l'affecte ? 1.° D'une impression quelconque qui vient de l'objet ; 2.° de l'impression de sa propre forme, que chacun mêle à l'impression extérieure. — De la combinaison intime de ces deux choses résulte : pour le premier miroir, la perception d'un objet circulaire ; pour le second, d'un objet ovale ; pour le troisième, d'un objet hyperbolique. Chacun rapporte cette perception, qui est en lui, à l'objet extérieur qui l'occasionne, et il complète ainsi ce qu'on appelle *expérience*. L'*expérience* en ce cas est évidemment composée de deux sortes d'élémens constitutifs ;

tutifs ; d'élémens *objectifs*, c'est-à-dire, qui proviennent de l'objet, et d'élémens *subjectifs*, c'est-à-dire, qui proviennent du sujet ¹.

L'objet, à son tour, peut être ici considéré de deux manières : ou tel qu'il est en lui-même, ou tel que le perçoit chacun des miroirs. — En lui-même, il est une chose réelle, absolue ; mais aucun de nos miroirs ne peut avoir la connaissance de la chose en cet état. — Perçu par le sujet, il n'est plus qu'une apparence, qu'un phénomène, qui ne ressemble aucunement à la chose telle qu'elle est en soi. Si nos miroirs, sans songer à l'objectif ni au subjectif,

---

¹ *Sujet* est la personne qui connaît, l'homme en tant qu'il connaît, qu'il juge. Ce nom de *sujet* se donne par opposition à *objet*. *Subjectif* est ce qui appartient, ce qui est propre au sujet. Quand un hypocondre, par exemple, voit le monde en noir, on dit que ce noir est *subjectif*, qu'il n'a qu'une réalité *subjective* dans l'hypocondre et point du tout une réalité *objective*. D'un autre visionnaire qui verra le monde trop en couleur de rose, on dira de même, que cette couleur riante n'a qu'une réalité *subjective*. Il entre ainsi dans notre manière de juger beaucoup de *subjectif*, qui, amalgamé avec l'*objectif*, forme l'expérience, telle que nous la faisons des objets. Je multiplie à dessein les exemples, pour offrir au lecteur, sous toutes les formes, cette distinction nécessaire de la *subjectivité* et de l'*objectivité* dans la connaissance que nous prenons des choses.

s'obstinent à soutenir que les objets sont réellement et en eux-mêmes, tels qu'ils les perçoivent, si notre chambre obscure aussi déclare que le rouge est la loi universelle de toute la nature, et que sans rouge il n'y a pas de nature possible ; si notre cachet arrête que la figure de *Minerve* est la constitution inhérente de toutes les cires, ils deviendront tous de braves *philosophes empiristes*, analyseront, classeront, éclairciront leurs idées, parleront peut-être du rapport de ces idées aux signes qu'ils inventeront pour se les communiquer, et tourneront ainsi dans un cercle étroit de raisonnement, où ils pourront se complaire beaucoup et se croire profonds, mais où leur philosophie ne fera pas de grands progrès.

Si un de nos miroirs, le cylindrique par exemple, plus méditatif que les autres, et rebuté de certaines contradictions qui naissent de la manière actuelle de philosopher, de l'impossibilité d'expliquer les choses si elles sont en effet telles qu'il les voit, etc..., s'avise enfin de ne plus ajouter foi aux apparences sensibles, et de chercher, à l'aide du raisonnement, comment les choses doivent être en effet en elles-mêmes, dès-lors il devient un philosophe rationaliste, et il a déjà fait un pas de plus que l'empiriste vers la vérité. —— Alors il peut donner carrière à sa raison et dire : « *Cet objet que je vois circulaire est dans le fait triangulaire* » ; ou, » *Il est carré* » ; ou, telle autre figure. Ou bien : » *Cet objet n'existe pas en effet là où je le vois, il n'existe que dans mon idée* ». Ou bien : » *Cet objet existe en effet, mais lui et moi ne faisons qu'un* ». Ou bien encore : « *Cet objet n'est qu'un atôme, qu'un point, et c'est son rapport avec d'autres objets qui lui donne sa forme* ». —— Il peut dire encore bien d'autres choses, et faire des systèmes de toutes les espèces.

Et comme dans tous ces systèmes, il ne cherche qu'à prononcer, de façon ou d'autre, sur la nature de choses qui ne sont pas lui, sur leur manière d'être indépendamment de la manière dont il les perçoit, nous appellerons son point de vue *transcendent*, sa philosophie, philosophie *transcendente*, etc. . . .

Si cependant notre raisonneur venait un jour à penser que la manière dont il est construit peut bien influer sur celle dont il perçoit, dont il connaît et juge les choses, qu'en conséquence il s'occupât sérieusement de rechercher dans ses perceptions : qu'est-ce qui peut provenir de l'*objet*, et qu'est-ce qui peut provenir du *sujet*, c'est-à-dire, de lui-même, en tant que miroir cylindrique ? ses recherches alors deviendraient

8.

transcendentales, son point de vue serait le *transcendentalisme* [1].

Dès qu'un philosophe s'est mis dans ce point de vue transcendental, et qu'il entre sur le chemin indiqué, quel est le premier pas qu'il doit faire? C'est de chercher un principe sûr, une pierre

---

[1] Dans la suite de cet ouvrage, le lecteur ne doit pas un instant perdre de vue cette distinction du *Transcendent* et du *Transcendental*, pas plus que celle de l'*objectif* et du *subjectif*. On pourrait dire que la philosophie *transcendente* est l'étude de l'*objectif* (considéré comme existant absolument et en lui-même), et la philosophie *transcendentale* l'étude du *subjectif* (mais seulement en tant que celui-ci doit concourir à la formation des objets). Tous les systèmes dogmatiques que nous avons indiqués dans l'article précédent, sont tous sans exception *transcendens*, du moins quant à leurs résultats. *Leibnitz* lui-même est transcendent, quand il suppose une *harmonie préétablie* et ses *monades*. Il l'est moins dans sa doctrine des idées innées. Il n'y a que le philosophe *critique* qui puisse être vraiment *transcendental*. Delà vient que l'on donne à la philosophie de *Kant* tantôt l'une et tantôt l'autre de ces dénominations. Son procédé est *critique*, c'est-à-dire examinateur ; sa doctrine est *transcendentale*, c'est-à-dire qu'elle recherche ce que nous mettons du nôtre dans la connaissance des objets. Dès qu'on perd un instant ce fil pour prononcer sur les objets en eux-mêmes, on devient *transcendent*. Ces expressions techniques sont indispensables pour discerner des choses très-différentes, et soulagent plutôt l'esprit, qu'elles ne sont à charge à la mémoire.

de touche qui lui serve à discerner dans une expérience ce qui appartient à l'objet connu, de ce qui appartient au sujet connaissant, à distinguer les élémens subjectifs des élémens objectifs.

Pour cela, il s'offre à lui une double considération.

I. Le sujet restant toujours le même, ne variant jamais, les objets au contraire variant sans cesse, et l'un n'ayant aucune raison de ressembler nécessairement à l'autre, il en résulte que tout ce qui, dans la représentation des objets sera constamment et invariablement le même, appartiendra au sujet ; qu'au contraire ce qui sera accidentel, variable, passager et changeant, appartiendra à l'objet.

Sur quelque chose que je porte la vue, si j'aperçois par-tout une tache noire, ou verte, etc., d'une forme constante, au lieu d'en conclure que tous les objets portent nécessairement une tache noire ou verte, etc., ne sera-t-il pas plus raisonnable de penser que cette tache appartient à mon œil? Si quelque part où je sois, quelques sons variés que j'entende, il se mêle à tous un sifflement toujours constant et toujours le même, ne devrai-je pas en conclure que ce sifflement appartient à mon ouïe, et nullement aux objets qui me font entendre des sons variés, lesquels sons peuvent cesser et avoir lieu tour-à-tour ?

Par les mêmes raisons, notre chambre obscure conclurait à bon droit, que la teinte rouge répandue également sur tous les objets, et sans laquelle elle n'en peut percevoir aucun, leur vient de sa propre nature à elle. La pierre gravée reconnaîtrait que cette figure de *Minerve*, seule forme sous laquelle elle puisse percevoir la cire, est sa propre forme gravée en elle, et que les seules *accidences*, telles que la couleur rouge, ou noire, etc., le plus ou moins de ductilité, etc., appartiennent à la cire. Le miroir enfin découvrirait que cette forme allongée et oblongue qu'il trouve à tous les objets, leur est attribuée par sa propre forme cylindrique, qui modifie ainsi les images, etc.

Revenant enfin à l'homme, lequel est doué de la faculté de recevoir des impressions sensibles, et de la faculté d'élaborer ces impressions dans son intelligence par la pensée, nous chercherons de même s'il n'y a pas aussi quelques conditions subjectives de sa pensée et de sa sensibilité, qui deviennent les lois des objets à mesure qu'il les sent et qu'il les pense, et en tant qu'objets sentis et pensés par lui. Si cela est en effet, ces conditions de la cognition humaine, cette constitution de l'organe cognitif de l'homme, devront influer sur toutes ses connaissances, imprimer leur sceau à tous les objets, sans qu'ils puissent lui apparaître d'une autre manière. Nous rechercherons donc avec soin, dans tous les objets connus par l'homme, celles de leurs qualités qui paraissent invariables, nécessaires, universelles, et nous les séparerons de tout le reste, afin d'examiner si ces choses ne seraient pas autant d'élémens subjectifs de nos connaissances, que nous attribuons aux objets, et qui ne seraient en effet que le résultat de notre propre nature et de notre manière de voir ces objets.

II. La seconde considération, c'est que la vue et la connaissance d'un objet, l'expérience d'un fait, ne contiennent rien absolument que ce qui concerne cet objet, ou ce fait. Un second fait ne nous apprendra de même que ce qu'il est, jamais ce que doit être un troisième, encore moins ce qui doit arriver dans l'infinité des cas. Si donc nous rencontrons dans quelques-unes de nos connaissances ce caractère singulier, que l'expérience une fois faite, que l'objet une fois vu, nous donne cette certitude invincible : *que tous les objets doivent se ranger sous la même loi universelle*, nous serons autorisés à penser qu'il y a là quelque chose de plus que l'expérience extérieure, et que la loi universelle pourrait bien être une condition, une forme de notre propre manière de voir, un élément subjectif qui se joint aux impressions étrangères, en s'immisçant à nos connaissances comme partie constituante. — Ainsi est la teinte rouge dans la chambre obscure; ainsi est *l'étendue* pour l'homme; ainsi la certitude de certaines propositions, comme celle des mathématiques pures, etc.

Ce n'est point encore ici le lieu d'exposer tout ce qui découle du point de vue transcendental. Il ne s'agit, pour le présent, que de faire comprendre quel il est, et d'en établir la possibilité. Remarquons cependant, que comme dans ces recherches, nous avons pour objet les premiers principes de nos sensations et de nos pensées, il s'ensuit que notre point de vue transcendental doit se diriger vers ces dispositions originaires de notre nature, qui précèdent en nous toute sensation, toute pensée, toute expérience. Ces dispositions antérieures à toute expérience dans le sujet, se nomment *pures*, c'est-à-dire, primitives, et comme purifiées de toute impression étrangère à nous [1]. En tant que nous considérons

---

[1] Ainsi le cylindrisme du miroir, son plus ou moins de poli, sa couleur, s'il est d'acier, ou de platine, ou de cuivre, ou de verre, etc. . . . sont ses formes ou dispositions *pures*, lesquelles précèdent en lui la perception de l'objet, et influeront sur la manière dont il le percevra.

ce qu'il peut y avoir de pur ou de primitif dans nos sensations, nous nommons notre sensibilité *pure*, ce qui ne veut dire autre chose, sinon que nous considérons ce qu'il peut y avoir de purement subjectif en elle. C'est en ce sens que nous dirons aussi entendement *pur*, raison *pure*. Enfin nous appellerons le système des principes que nous trouverons sur cette voie, la philosophie *pure*. Ainsi la méthode *critique* a dû nous conduire au *transcendentalisme*, et celui-ci nous conduit au *purisme* [1].

Avant que de passer au transcendentalisme pur, tel que l'expose *Kant*, nous pouvons nous arrêter un moment sur quelques-uns des résultats d'un point de vue transcendental dans le champ

[1] Cette nouvelle doctrine, en tant que rationnelle, se trouve, comme le *Rationnalisme* en général, opposée à l'*Empirisme*. Le but du *Purisme* cependant, n'étant que la recherche des bases et des élémens de l'expérience, on devrait plutôt le regarder comme le fondement d'un empirisme raisonnable, et comme le traité préliminaire où sont fixées la valeur et la certitude de l'expérience. D'un autre côté, si l'empirisme reste superficiel et aveugle, admettant la sensation et l'expérience pour élémens de nos connaissances, sans avoir fait passer à la coupelle ces prétendus élémens, dans ce cas le purisme lui est diamétralement opposé.

de l'expérience. De cette nature étaient déjà les exemples donnés au commencement de cet article. En voici quelques autres, qui étant immédiatement tirés de l'homme, seront peut-être plus convenables, et plus utiles à l'intelligence de ce qui suivra.

Un bateau suit le fil d'une rivière ; le rivage, les arbres, les collines fuient, ou semblent fuir. De deux personnes qui sont placées dans ce bateau, l'une dit : « *Le rivage marche* », elle est empiriste ; l'autre dit : « *C'est nous qui mar-* » *chons, et qui attribuons ce mouvement au* » *rivage* », celle-ci est dans un point de vue transcendental.

On sait combien, dans le système de *Ptolemée*, l'astronomie était soumise à d'inextricables difficultés. Ce système procédait d'un point de vue empirique en astronomie. « *Nous voyons tourner* » *le soleil et tous les astres autour de la terre,* » disait-on, *donc ils tournent en effet autour* » *de la terre.* — *Copernic* vient, et dit : *Toute* » *cette rotation apparente n'est que subjective ;* » *elle appartient à l'homme, qui l'attribue à* » *tout le ciel ; c'est le spectateur seul qui tourne,* » *le soleil et les astres restent en repos* ». Il est clair que *Copernic* s'était alors placé dans un point de vue transcendental, distinguant dans l'aspect du ciel le subjectif de l'objectif.

On a sérieusement objecté à *Copernic* que si son système était vrai et si la terre tournait, nous aurions chaque vingt-quatre heures, la tête en bas et les pieds en haut [1]. La plupart des enfans, quand ils commencent à étudier, font volontiers la même objection. Elle est toute empirique, et on en sent aujourd'hui le ridicule. *En haut* et *en bas*, appartiennent à l'homme, au sujet; faites abstraction de lui, il n'y a ni haut, ni bas dans les objets. Il en est de même de *avant* et *après*; un coup de canon est tiré dans un certain instant, un autre coup de canon est tiré dans un autre instant; si l'on juge que l'un a été tiré le premier, et l'autre ensuite, l'un *avant* et l'autre *après*, ce jugement procède comme le précédent d'une pure forme humaine; il n'y a ni avant ni après dans les choses en elles-mêmes, pas plus que de haut ni de bas.

On croyait assez généralement depuis le commencement du monde, que les couleurs étaient

[1] Voyez le livre de *Morin*, professeur de mathématiques au collège royal, intitulé : *Alae telluris fractae* (Les ailes de la terre brisées). Le bon professeur ne voulait plus que la terre volât. Combien de *Morins* parmi les antagonistes de la philosopie transcendentale ! Et le grand *Ticho-Brahé* lui-même, faisait aussi cette objection des *pieds en haut* et de la *tête en bas*. Combien il faut être en garde contre un jugement trop précipité !

dans les objets colorés, et qu'une chose, par exemple, qui paraissait verte, était verte en effet. C'était le point de vue empirique. *Descartes* arrive, se met dans le point de vue transcendental, et prouve que les couleurs sont dans l'œil, qu'il n'existe rien de semblable dans les objets [1]. Un seul raisonnement détruit une habitude de soixante siècles, habitude que le sentiment, et ce qu'on appelle le sens commun, appuyaient de toute leur puissance.

Puisqu'en effet, comme il est maintenant reconnu de tout le monde, ce que j'appelle *couleur* naît dans mon œil à l'occasion des objets qui le frappent, il entre donc dans la perception d'une couleur des élémens objectifs et des élémens subjectifs; mon œil reçoit une impression qui l'ébranle et le met en activité (voilà l'objectif), la manière dont il reçoit cette impression (et voici le subjectif), lui donne la qualité de couleur, perception unique résultante de la synthèse (c'est-à-dire, union intime) de l'impression donnée par l'objet et de celle donnée par l'organe.

[1] Voyez la *Dioptrique* de *Descartes*, chap. IV, §. 6. — La troisième de ses *Méditations*, et sur-tout son *Tractatus de lumine, ut et de aliis sensuum objectis primariis*. Le premier chapitre traite, *De differentiâ sensuum et rerum eos efficientium.*

Puisque l'impression extérieure arrivant à l'œil, y trouve une force, une faculté qui la transforme en couleur, il est évident que cette force, cette faculté, résidait dans l'œil avant l'impression, quoiqu'elle ne s'exerce et ne se déploie qu'à son occasion. Nous ne voyons des couleurs que quand notre œil est affecté par des objets ; mais le principe des couleurs, la forme colorante est dans l'essence même de l'œil ; et personne ne prétendra que ce sont les objets qui nous créent des yeux.

Et puisque toutes les impressions que reçoit l'œil se transforment en couleurs, que la couleur en général est la seule forme sous laquelle l'œil puisse avoir des perceptions (les *figures* mêmes n'étant pour l'œil distinctes les unes des autres que par une différence de coloris), il n'y a nul empêchement à dire que la forme nécessaire et primitive de l'œil est la *colorisation*, ou si l'on veut la *lumère*, en tant que principe colorant. — Le produit de cette forme inhérente à notre vision, est non-seulement que nous voyons toute la nature colorée, mais encore que cela nous semble indispensable, et qu'il nous est impossible de nous imaginer une nature vue, et qui ne serait pas colorée.

On peut dire quelque chose de tout semblable quant aux autres organes. Le *son* n'existe que dans l'oreille. Supprimez toutes les oreilles, vous supprimez du même coup tous les sons. Il restera des corps ébranlés, frémissans, de l'air en vibration, tout ce que l'on voudra, mais il n'y aura pas de son. C'est l'organe de l'ouïe, qui, alors qu'il reçoit une impression, l'élabore, et la constitue *son*. C'est là la nature, l'essence, la forme originaire de l'ouïe. — *L'odeur* que j'attribue à une rose n'existe que dans mon odorat ; il y a peut-être des particules qui s'échappent de la rose, qui voltigent vers mon odorat, tout cela est possible, mais ces particules ne sont pas une odeur ; c'est mon organe qui de leur impression fait une odeur, qui lui donne cette forme en vertu de sa propre forme, de sa disposition originaire. — Les *saveurs* ne sont de même que les produits de l'organe du goût ; la *dureté* et les autres qualités tactiles des corps, que les produits du toucher.

Nous pourrions donc projeter le tableau suivant des formes que les cinq organes de nos sens extérieurs donnent à leurs sensations respectives, en vertu de leur constitution et d'une force particulière qui réside en chacun d'eux.

I. Forme de la *vision*............Colorisation.
II. — de *l'ouïe*............Résonnance.
III. — de *l'odorat*............Odoration.

IV. — du *goût*.........Saporation.
V. — du *tact*.........Tangibilité.

Cette méthode de discerner dans les impressions de nos organes ce qui leur appartient et que nous sommes habitués à rapporter aux objets extérieurs, est sans contredit une sorte de transcendentalisme. Mais comme il ne s'agit ici que de nos organes corporels, qui sont eux-mêmes des objets extérieurs à notre sentiment, des objets empiriques sur la connaissance desquels un transcendentalisme *pur* doit auparavant prononcer, ainsi que sur la connaissance de tous les corps en général, nous nommerons celui-ci, qui n'est au fond qu'une doctrine connue maintenant de tout le monde, *transcendentalisme empirique*.

Encore un dernier exemple. Personne ne croira que l'estomac soit un produit des alimens qu'il reçoit; et puisqu'il les reçoit et les digère, chacun conviendra qu'il était déjà là comme estomac, alors qu'il les a reçus. Mais de cet estomac, quand des alimens lui ont été confiés, provient du chyle, puis du sang, et il pourrait se trouver des gens qui penseraient que ce chyle et ce sang ne sont autre chose que les alimens eux-mêmes, lesquels se sont ainsi transformés.

L'estomac n'est, pour ceux qui pensent ainsi, qu'un creuset, qu'une poche quelconque où la matière a fermenté par elle-même, et d'où elle est ressortie comme chyle.

Il en est tout autrement de celui qui reconnaît dans le chyle deux sortes d'élémens : 1.° ceux pris des alimens, 2.° ceux pris de l'estomac. S'attachant à examiner ce récipient, il y découvre des sucs gastriques, une certaine force efficace, virtuelle, qui le constitue organe digestif, et sans laquelle jamais il n'en serait résulté du chyle [1]. La théorie de ces facultés originaires, de cette disposition essentielle, de ces formes actives de l'estomac, pourrait s'appe-

---

[1] Mille plantes croissent sur le même terrain, pompent la même eau, absorbent le même air, le même oxigène, en un mot elles reçoivent les mêmes élémens objectifs. Toutes cependant en font des résultats différens, parce que chacune y mêle d'autres élémens subjectifs, que chacune a son *moule intérieur*, son *nisus formativus*, sa manière d'élaborer, ses formes plastiques différentes. D'où vient que le suc des mêmes fleurs devient tout autre chose chez une abeille, que chez un papillon ? de ce que chacun de ces animaux est constitué originairement d'autre manière. Ce serait une erreur de croire que le suc des fleurs est du miel tout fait, sans le concours de la force élaboratrice de l'abeille ; ainsi c'est une erreur de croire que l'impression extérieure devient connaissance chez l'homme, sans nulle élaboration, et sans une force primitive à cet effet.

ler la *physiologie transcendentale* de l'estomac. Elle aurait à nous exposer ce qui dans cet organe rend une digestion, une transmutation en chyle possible ; et, comme si elle eût assisté au mystère de sa formation, elle nous dévoilerait les vertus, les principes efficaces que son créateur aurait mis en lui pour remplir cette destination.

Or, comme nous avons un organe *digestif*, nous avons aussi un organe *cognitif*, lequel a de même ses alimens propres (les *impressions sensibles*), ses facultés virtuelles, plastiques, ses formes, ses conditions ; enfin un résultat vivant, un sang et un chyle (les *connaissances* qui circulent dans toutes les ramifications de notre entendement). Nous serons aussi en droit de demander une théorie de cet organe cognitif, sur-tout à ceux qui prétendront nous instruire sur l'origine et la nature des premiers principes de nos connaissances. Nous leur demanderons quelles sont les modifications que la nature de cet organe cognitif apporte dans nos connaissances ? quelle influence il y exerce en vertu de sa manière d'être propre ? quelles lois et quelles formes son auteur a caché dans sa contexture, alors qu'il lui a dit : « *Sois la cognition de l'homme ?* »

Tome I.

En voilà assez, je pense, pour faire concevoir la simple idée d'un point de vue transcendental, pour le distinguer du transcendent en général, et du point de vue empirique en particulier. Une philosophie transcendentale a ce problème à résoudre : *Notre manière de connaître se règle-t-elle d'après les objets, ou les objets se règlent-ils d'après notre manière de connaître ?* Ou bien, ce qui revient au même: *Démontrer l'influence de la nature de l'entendement sur la nature des connaissances.* La philosophie transcendentale est donc la science qui doit répondre à la question que nous avons reconnu plus haut pour être la première qui s'offre à la spéculation, et qu'il n'est pas permis à la spéculation de laisser sans réponse. Elle est donc la première en date, et comme les prolégomènes de tout le savoir humain.

VII.

Quelle philosophie règne maintenant en France ? — En particulier quelle métaphysique et quelle morale ? — Période des scholastiques — .... des sceptiques — ... des cartésiens — ... des encyclopédistes et des beaux-esprits.

Q<small>UAND</small> l'Europe occidentale commença à sortir du long déluge d'ignorance qui sépare les nations modernes de l'antiquité grecque et romaine, le penchant naturel de l'homme vers la spéculation se manifesta vivement, et donna naissance à une philosophie, laquelle ne fut pas toujours la même dans le même tems, ni dans des tems consécutifs, mais que l'on désigne d'ordinaire sous le nom commun de scholastique. La France est l'une des contrées où la scholastique fut cultivée avec le plus d'ardeur et le plus de succès. Ceux qui croiraient l'esprit de la nation incompatible avec les arduosités de la plus subtile dialectique, auraient contre eux l'histoire de la philosophie pendant les cinq siècles qui suivirent le dixième. S'il leur en coûtait trop de feuilleter, pour se convaincre, les nombreux écrits des péripatéticiens, des théologiens et des mystiques de toutes couleurs, depuis *Abélard*, *Bérenger*, *Hildebert*, etc...., ils n'auraient qu'à jeter les yeux sur le quatrième tome de l'*Histoire littéraire de France* par les bénédictins de *St. Maur*. Ils y verraient l'assiduité française aux prises avec les difficultés les plus inextricables des livres *d'Aristote* mal-entendus, qu'on voulait faire concorder avec ceux du grand évêque d'Hippone et des autres pères de l'église. Paris était le plus brillant théâtre pour les athlètes de l'école, et les *Thomas*, les *Scot* s'y rendaient pour trouver des antagonistes et des juges dignes d'eux. Les historiographes bénédictins, il est vrai, maltraitent un peu la scholastique; mais ils avaient pour cela leurs raisons. Ce qui doit paraître plus étrange, c'est de voir cette même scholastique honnie et huée par des gens qui en savent à peine le nom, et qui ne seraient pas en état de trouver le fort ou le faible d'un seul de ses argumens. Mais on crie volontiers haro sur le vaincu dans le bon pays de France. Le mot de scholastique est depuis long-tems, parmi la populace philosophique, un épouvantail comme celui d'aristocratie en a été un dans les premières années de la révolution. Cependant on doit à ces scholastiques, c'est-à-dire, à ces érudits qui exposaient leur doctrine dans les écoles (et où l'exposerait-on?), une foule de connaissances indispensables, et les premiers fondemens de l'édifice des sciences. Ils ont montré dans toute son étendue l'emploi que l'esprit humain pouvait faire de l'instrument logique. Ils en ont perfectionné, arrondi et fini la science. Ils ont purifié, ennobli et intellectualisé l'idée de l'être suprême. Enfin ce n'est qu'élevés par eux, et aidés de tant de connaissances préparatoires cultivées par eux, que leurs adversaires ont pu les attaquer avec avantage. Il ne serait pas à désirer de voir renaître la scholastique, mais il ne faut pas la rabaisser au-dessous de sa valeur. Elle mettait sur le chemin d'une métaphysique rationnelle, et par là valait toujours mieux que l'empirisme. On la tourne volontiers en ridicule, tandis qu'il n'y a de ridicule que l'ignorance qui tranche sur ce qu'elle ne connaît pas. A peine sait-on, par exemple, que les scholastiques furent, à une certaine époque, partagés en deux sectes qui disputèrent avec beaucoup de chaleur, celle des *universaux* et celle des *nominaux*. Ces derniers soutenaient contre l'opinion de leurs adversaires, que les idées de *genres*, *d'espèces*, de *classes*, d'ordre, de *ressemblance*, de *diffé-*

rence, etc. . . . . n'étaient pas fondées dans la nature des choses, mais bien dans celle de l'esprit humain, n'obtenant la réalité, et comme le sceau de leur existence, que du *nom* par lequel l'homme les désignait, pour ranger ses connaissances d'une façon plus commode [1]. Depuis que *Buffon* a réchauffé et proclamé cette doctrine, chacun la caresse et convient que la nature ne nous offre que des individus, que c'est nous qui transportons en elle les rapports de ressemblance, d'espèce, de genre, etc. . . . On prononce cependant toujours avec un ton capable, que la querelle des universaux et des nominaux était *puérile*; et il y allait, sans qu'on s'en aperçoive, de la nature de l'entendement humain.

Cependant il faut convenir que l'école avait besoin d'une immense réforme; elle avait abusé de la dialectique; elle avait fait une alliance

---

[1] *Roscelin*, père des *Nominaux*, fut homme d'une forte tête. Au reste, la scholastique paraît sous un tout autre point de vue que celui du préjugé vulgaire, quand on a seulement lu ce que *Tiedemann* en a dit dans son *Esprit de la philosophie spéculative*, et le baron *d'Eberstein* dans son livre sur *la Logique et la Métaphysique des Purs-péripatéticiens*, où il se trouve entre autres un morceau curieux sur les *Universaux* et les *Nominaux* (ou mieux sur les *Réalistes* et les *Nominalistes*). Impr. à Halle. 1800.

monstrueuse de la philosophie payenne et de la théologie chrétienne. Elle avait même ouvert çà et là ses portes aux rêveries de la cabale, et devait révolter les bons esprits, qui marchant avec un siècle où les lumières allaient en croissant, désiraient une philosophie plus pure et moins sophistiquée. Enfin *Rabelais*, par ses facéties satyriques, *Ramus* par ses raisonnemens (qui lui coûtèrent, hélas, la vie), *Sanchez* dans ses leçons publiques à Toulouse, le fragmentaire *Montagne* et son systématique disciple *Charron*, dans leurs écrits, attaquèrent ouvertement la doctrine qui dogmatisait depuis plusieurs siècles, et lui enlevèrent la plupart de ses partisans.

Quand un jeune arbre a pris une croissance fausse et oblique, on ne le redresse pas sans le pencher avec violence de l'autre côté; ce n'est qu'après l'y avoir tenu assujéti long-tems qu'il reprend enfin sa véritable direction. Les philosophes que je viens de nommer, sortant donc d'un dogmatisme absolu et intolérant, se jetèrent dans le doute le plus exagéré [1], et fondèrent une époque sceptique qui succéda à la scholastique, ou plutôt qui régna conjointement avec elle, celle-ci plus étroitement confinée dans les

---

[1] « Le monde, dit *Luther*, ressemble à un paysan ivre. » Veut-on le mettre en selle d'un côté, il retombe de » l'autre ».

cloîtres et les chaires, celle-là dans le monde et parmi les savans du bon ton. Il s'en faut de beaucoup que cette secte sceptique soit tout-à-fait éteinte ; elle compte encore d'estimables partisans, et dans un tems peu éloigné de sa naissance elle a produit *Lamotte-le-Vayer*, *Huet*, *Bayle*, et autres écrivains distingués. Quant à la scholastique, envain *Erasme*, *Vivès*, *Mélanchton* et autres cherchèrent à la ranimer, à la purger de ses vices, à lui donner une meilleure constitution ; son heure était venue, et l'opinion qui vivifie tout s'était retiré d'elle.

Les choses étaient, à-peu-près, en cet état, quand *Descartes* parut. Il étudia long-tems avec avidité, mais sans plan et sans but, tout ce qui s'offrit à lui. Rebuté des livres, dont il n'avait pas appris ce qu'il en espérait apprendre, il s'abandonna tout entier à l'étude des hommes et des choses, et se mit à lire, comme il le disait, *dans le grand livre de la nature*. Sa curiosité ne fut guères plus satisfaite par cette lecture qu'elle ne l'avait été par celle des autres livres ; il rencontrait à chaque pas des difficultés insurmontables pour lui, des énigmes inexplicables ; l'expérience ne lui enseignait rien sur ce qu'il voulait savoir, et qui devait être le fondement de toute expérience. Séduit par ces considérations, et par celles que nous avons touchées dans l'article précédent, *Descartes* résolut enfin d'oublier tout ce qu'il avait appris d'objectif, et d'en revenir à l'étude subjective de lui-même et de son entendement. Il se livra dès-lors à la contemplation solitaire, méditant avec assiduité sur la source de sa pensée et de sa conviction, révoquant en doute, rejetant universellement et par provision, toute science, toute connaissance acquise, jusqu'à ce qu'elle ait obtenu la sanction du maître intérieur qu'il allait interroger [1].

Ce qu'il y a de très-extraordinaire et d'unique peut-être dans l'histoire de la raison spéculative, c'est que de ce pyrrhonisme désespéré il résulta chez son auteur le dogmatisme le plus tranchant et le plus outré. Mais par là même *Descartes* gagna un plus grand nombre de sec-

[1] Bien des gens ne connaissent plus guères de ce grand réformateur de la philosophie que son renoncement à toute science et son scepticisme absolu. Leur renoncement est différent du sien, en ce qu'il a lieu avant l'acquisition, ce qui est sans contredit plus expéditif. Mais comme le doute de *Descartes* s'appelle d'ordinaire un doute *savant*, ils se croient savans parce qu'ils doutent, et ils ne doutent que parce qu'ils ignorent.

tateurs. L'enseigne du sceptique qu'il avait arborée lui attira le monde, et son système neuf, hardi, appuyé de raisonnemens très-brillans et très-spécieux, lui attacha grand nombre de savans et de suppôts de l'école. *Descartes* pensa par lui-même, et cela seul le rendit propre à former des penseurs; invitant chacun à rentrer en lui-même, et à partir de sa propre conviction, il offrait un moyen de ne pas même s'égarer avec lui. Il brisa l'esclavage de la pensée, et suscita un mode actif de philosopher, au lieu du mode passif et historique qui était en usage avant lui. Il effaça le honteux *jurare in verba magistri*, qui était toute autonomie à la raison. C'est là son plus grand mérite, et le service le plus essentiel qu'il ait rendu à la philosophie. « *Penses par toi-même et ne juges de rien sur parole*, » telle est la devise de l'école cartésienne, devise qui renferme l'une des règles de discipline les plus importantes pour l'esprit philosophique.

Ce n'est pas ici le lieu d'examiner jusqu'où était fondé ce doute exagéré et sans restriction où *Descartes* prétendait se placer, et si, comme le disait *Gassendi*, ce n'était pas tout bonnement *une mauvaise plaisanterie ?* Ce qui le prouverait assez, c'est, je le répète, le saut violent que *Descartes* fit pour en sortir, comme s'il s'y fût trouvé mal à son aise, et pour se jeter dans un dogmatisme où il oublia tout-à-fait sa résolution, probablement peu réfléchie, de douter et de ne se rendre qu'à la conviction. Était-il bien convaincu, quand il distribua l'univers par *tourbillons*, et qu'il mit l'ame dans la *glande pinéale ?* On connaît à présent le défaut de sa conclusion : « *Je pense, donc j'existe* ». Mais *Descartes*, ainsi que tous les génies faits pour dominer leur siècle, exerça une influence puissante sur le sien. Il échauffa tous les esprits de l'ardeur de la spéculation ; le feu qu'il avait allumé dura long-tems et jeta de vives étincelles.

Avec lui commença l'époque vraiment philosophique dont peut se glorifier la France. Il avait entrepris de constituer la philosophie, et en particulier la métaphysique, comme science, et cet essai fut secondé par ses successeurs ; son école fut une école savante ; il en est sorti une foule d'indications et de traits lumineux qui ne se perdront jamais. Plusieurs cartésiens allèrent plus loin que leur fondateur, et souvent n'eurent de commun avec lui que quelques points de sa doctrine ; l'un le doute, l'autre l'examen de soi-même, un troisième le dogme de l'existence de Dieu prouvée par l'existence de l'esprit de l'homme, etc... Tous portaient avec orgueil le nom de cartésiens, parce qu'en effet *Descartes* les avait tous mis sur la voie, etc... Ce nom restera toujours sacré pour les amis de la sagesse et de la véritable science. C'est sur-tout parmi les solitaires de *Port-Royal*, qu'il faut chercher les beaux jours de la philosophie française [1]. Ils se sont éteints avec eux. Quelques penseurs autonomes, *La Bruyère*, *Fénélon* et d'autres, entraînés par la tendance que les cartésiens avaient imprimé à l'esprit de leurs contemporains, se frayèrent des routes nouvelles ; mais ils ne purent réussir à soutenir le goût de la méditation, qui déclinait chaque jour, et *Fontenelle*, qu'on peut appeler le dernier des romains, le vit dépérir entièrement.

La philosophie cartésienne s'était livrée à de grands écarts, elle avait mis en avant des hypothèses insoutenables, lesquelles tombaient peu-à-peu d'elles-mêmes par les progrès que faisaient les autres sciences, et décréditaient ainsi toute

---

[1] Les disputes sur la grace, entre les *Jansénistes* et leurs adversaires, contribuèrent aussi à alimenter le goût de la spéculation, après en avoir été elles-mêmes un des résultats. Ainsi les plantes, produit de la terre végétale, deviennent terre à leur tour, et renforcent l'activité de cette mère commune. La polémique des *Jansénistes* et des *Molinistes* roulait au fonds sur la question du libre arbitre, et a produit sur cet objet des écrits pleins de sagacité et de jugement.

la masse du cartésianisme. Le public, qui ne pénètre pas jusqu'au fond des choses, juge d'après l'évènement ou d'après de simples résultats ; et voyant que les principes de *Descartes* l'avaient conduit à des erreurs, on conclut, sans autre examen, que ses principes en eux-mêmes étaient erronés. Cependant il se peut que quelqu'un soit parti d'un bon principe et se soit égaré dans les pas suivans ; il y a si loin d'un bon dessein à une bonne exécution ! Dans ce cas, il convient de revenir au principe, de juger le dessein et de faire mieux si l'on peut. Mais il était trop tard, et il en devait trop coûter. Le goût de la solitude et l'intérêt de la méditation s'étaient évanouis en France. On dirait que ces accès réguliers et passagers sont propres à notre espèce, qui fatiguée de suivre une même direction, a besoin d'en changer, et de varier les objets de son activité.

L'immense population de Paris, les richesses qui s'y concentraient pour alimenter le luxe et les plaisirs, la sorte d'oisiveté qui règne toujours plus ou moins dans une grande ville qui n'est pas commerçante, le voisinage d'une cour brillante, le séjour de presque tous les grands du royaume, avaient fait de cette capitale le centre unique où la renommée et les récompenses les plus flatteuses se distribuaient aux gens de lettres. Paris décidait en dernier ressort, et l'influence qu'il a exercé sur la culture intellectuelle de la nation est incalculable. La république des lettres françaises s'était peu-à-peu concentrée dans ses murs, et hors d'eux il n'y avait, il n'y a plus encore de salut pour ses membres. Les princes, chefs de la nation, et leurs ministres accordaient une protection signalée aux belles-lettres et aux arts qui flattaient leur orgueil en promettant de les immortaliser, ainsi qu'aux sciences utiles qui devaient accroître les forces et les ressources de l'état. Comment serait-il entré dans leur plan d'encourager la science de l'homme intérieur? et à quel titre la méditation, la vraie philosophie auraient-elles pu avoir part à leur faveur? être amusés, chantés par les beaux-arts, enrichis par les découvertes de l'astronomie, de la chimie, de la physique, que leur fallait-il de plus? à quoi bon raisonner? à quoi bon des sciences dont le profit net ne va pas à la trésorerie[1]?

---

[1] *Descartes* qui, par lui-même et par l'école qu'il fonda, contribua tant à faire compter la France parmi les contrées éclairées de l'Europe au dix-septième siècle, *Descartes* passa presque toute sa vie hors de France. Dans un voyage qu'il fit à Paris, il obtint à grand'peine le brevet d'une pension de trois mille livres. *Christine*, reine de la pauvre Suède,

à quoi bon, sur-tout, la plus élevée, la plus noble, mais dont l'empire n'est pas de ce monde? La philosophie qui d'ailleurs n'offrait pas encore de résultats bien satisfaisans, tomba de plus en plus dans un discrédit politique, qui devint bien-tôt un discrédit littéraire. Une tragédie, un roman, une chanson, quelques pensées délicates et fines sur l'homme modifié par la cour, telles étaient les productions qui mettaient sur le chemin de la réputation, de la considération et des graces. Peu d'hommes de lettres ou de savans qui ne vécussent sous l'influence médiate ou immédiate, qui n'agîssent et ne pensassent, plus ou moins, sous l'impulsion des riches de la capitale, tous personnages qui ne visaient qu'à une instruction superficielle, à une certaine philosophie pratique, une connaissance légère du cœur humain; sur-tout qui faisaient un cas exclusif du talent de la conversation spirituelle et aisée, du talent des riens, et des petits vers sans poësie. La dévotion connue des Français pour le beau sexe avait assuré aux femmes un empire illimité sur le moral de la nation; nulle part cette empire ne s'exerçait avec autant de

lui en offrait douze mille pour le fixer auprès d'elle, alors qu'il mourut subitement. Encore sa pension de France ne lui fut-elle jamais payée, tandis que des comédiens et des poëtes courtisans étaient comblés de dons.

plénitude que dans les cercles de la capitale qui donnaient le ton à la littérature. Delà cette tendance universelle vers le bel-esprit, vers les formes aimables et gracieuses, qui poussa l'élégance et le poli de l'expression dans la littérature française au plus haut point où elle pussent arriver [1]. Plaire devint une condition sans laquelle instruire n'était rien. Le gros de la nation obéit peu-à-peu à cette impulsion qui venait du centre; toutes les forces intellectuelles se dirigèrent vers le bel-esprit, et la philosophie fut universellement négligée. Quiconque savait tant bien que mal ses classiques, tournait bien un alexandrin, et dissertait avec facilité sur la prose ou sur les vers, était un grand homme. Il savait décider sur ce qui plaisait et occupait uniquement, il savait donc décider sur tout; on lui accordait volontiers une censure suprême dans la république des livres, et tout ce qui était noir et blanc était de son ressort. Ainsi s'établit peu-à-peu, parmi le plus grand nombre des Français, cette double manie, qui fait encore un

---

[1] Delà aussi le ton de *seigneur*, le ton *cavalier* et tranchant que le plus grand nombre des beaux-esprits français empruntèrent de la cour et de leurs *Mécènes*. Ce ton important est devenu celui de tous les petits juges littéraires. Mais de ce qu'il y avait des grands seigneurs ignorans, il ne suit pas que tous les ignorans dussent prendre les airs de grand seigneur.

des

des traits principaux de leur caractère, comme juges du mérite littéraire, premièrement : de croire que le degré de culture d'une nation doit s'estimer d'après le plus ou le moins d'élégance du style de ses écrivains, d'après le nombre et la perfection de ses ouvrages de bel-esprit, en un mot, que tout le mérite intellectuel d'une nation est dans sa manière de traiter les belles-lettres. Ainsi le Chinois pense que cette culture consiste dans le secret de la belle porcelaine et du beau vernis. — Et secondement, de n'estimer les sciences qu'en tant qu'elles offrent un but matériel et profitable, un résultat usuel, immédiat et sensible. Nous estimerons donc la géométrie, qui mesure notre terrain, et donne à nos ingénieurs des méthodes faciles de lever le pays ennemi, d'en assiéger avec succès les villes; nous estimerons l'astronomie, qui ouvre à nos vaisseaux les chemins de l'Inde et de l'Amérique; la minéralogie, qui exploite les richesses enfouies dans la terre, qui trouve du cuivre pour fondre nos canons, et du salpêtre pour les charger; la chimie qui préside à nos pharmacies et invente des procédés utiles pour les arts, et ainsi du reste [1]. — Le plaisir ou le gain, voilà

---

[1] On ne veut apprendre la botanique, disait *Rousseau*, que pour trouver de l'*herbe aux lavemens*. Et si l'on examine à fond l'importance que le gouvernement donnait

les deux mobiles de toutes nos facultés intellectuelles, les deux buts offerts au génie ! C'est ce qu'on appelle *progrès des lumières*, *perfectionnement des sciences*, *conquêtes de l'esprit humain* ; et de tant de belles phrases faites sur cet objet, la plupart ne signifient que cela. Il n'existe presque nulle part, cet intérêt pur de la science pour la science, du perfectionnement et de l'ennoblissement de l'homme en lui-même, il a été étouffé par celui de la dissipation et du lucre.

Quoi donc d'étrange, si au milieu de cette fermentation générale, de ces vues très-solides d'un côté, et frivoles à l'excès de l'autre, la philosophie et sur-tout la métaphysique n'ont pas trouvé un seul recoin où elles pussent prospérer et fructifier à l'aise ? le terrible *à quoi bon ?* les poursuivait et les honnissait, dans un pays où chacun répétait, à l'égard des plus hauts problèmes du savoir humain, la scène plaisante du *monsieur Josse de Molière* ; où enfin le premier mérite d'un livre était d'être *bien écrit*, et où celui qui était *mal écrit* était

aux matières de religion, la protection qu'il accordait aux rites religieux, on verra que ses motifs n'étaient qu'une affaire de police. *La religion est un frein pour le peuple* ; telle était la noble fonction qu'on attribuait à cet élan de l'âme vertueuse vers son maître et vers le bien.

chargé d'un arrêt irrévocable de réprobation.

De cette manière finit la période des cartésiens, qui avait duré depuis le milieu du dix-septième siècle jusqu'aux premières années du dix-huitième, et commença cette période inphilosophique, que par rapport à la raison spéculative et aux sciences on pourrait nommer la barbarie du bel-esprit. Le raisonnement n'osa plus se montrer; l'homme méditatif passa pour un songe-creux, le métaphysicien pour un adepte du grand-œuvre. — *Poussière de l'école, galimatias, ergotisme!* devinrent les cris foudroyans dont on accueillit quiconque hasardait de mettre un peu d'exactitude dans ses argumens, de profondeur dans ses spéculations. Tout ce qui était inintelligible était de la *métaphysique*; ce qui ne se lisait pas tout courant comme une historiette était *abstrait* [1]. Les termes n'avaient plus de valeur; on ignorait qu'ils en avaient eu une; la philosophie était réduite au néant; et s'il fallait désigner par une dénomi-

---

[1] Qui n'a pas entendu accuser d'être *trop métaphysiques* d'innocens écrits dont les auteurs étaient bien surpris de ce reproche, des odes, des romans, des discours en vers? Si le *Cuisinier français* s'était avisé de s'étendre un peu sur les propriétés des épices qu'il mettait en œuvre, on aurait jeté la pierre au cuisinier français, comme métaphysicien.

nation précise l'état où la plupart des esprits étaient tombés à son égard, on n'en pourrait trouver d'autre que l'*indifférentisme*.

Cependant l'indifférentisme ne peut être universel ni de longue durée. La raison, qui même après les plus pénibles efforts, répugne à se reposer dans l'ataraxie des sceptiques, ne peut renier sa propre nature au point de se refuser tout essai de ses facultés pour la solution des grands problèmes qui forment comme son essence. Il fallait une philosophie, il fallait une métaphysique, mais une métaphysique adaptée à la disposition générale, légère, facile à saisir, et qui n'exigeât pas grande contention d'esprit. *Locke* avait écrit ses *Essais sur l'entendement humain*, ouvrage très-estimable sous un certain point de vue, où quelques questions de psychologie et de théorie du langage étaient supérieurement traitées, mais où l'auteur n'abordait sérieusement aucune des questions de la métaphysique. *Locke* devint donc le prophète du jour. Il avait assigné pour élémens et premiers principes de nos connaissances, la *sensation* et la *réflexion*. De là naissaient des *idées simples* que l'homme combinait, et il s'élevait par ce moyen à la connaissance de toute la nature. Il n'y avait de certitude que dans nos sensations, et les réflexions que nous faisions sur elles; ensuite la manière la plus infaillible de ne pas nous égarer dans la combinaison de nos idées, était de les représenter par des termes clairs, auxquels on adjoignît un sens précis, de manière qu'on n'en puisse jamais abuser. — Cette philosophie, en tant qu'elle ne prétend pas remplir l'office d'une métaphysique, offre sans contredit d'excellentes vues; elle s'oppose à tout vagabondage de l'esprit dans la région des idées pures, mais n'y oppose qu'une défense négative et qui n'éclaire point. Elle retient l'homme sur le terrain salutaire de l'expérience et de l'observation, mais elle l'y laisse dans les ténèbres, et sans lui découvrir la nature de ce terrain. Elle enseigne qu'il n'y a de certitude que dans l'expérience, mais elle n'apprend pas pourquoi dans l'expérience, il y a de la certitude, et d'où procède cette certitude de l'expérience [1].

Telle qu'elle était cependant, cette philosophie semblait encore trop forte et trop intellectuelle, trop *métaphysique* pour le public français; il y avait là une *réflexion* donnée pour une

---

[1] Voyez à la fin du volume, l'*Appendice*, n.o I, où l'empirisme de *Locke* est exposé en abrégé, avec une courte réfutation.

des sources de nos connaissances, et qui effarouchait bien des gens. On élimina cette importune réflexion, et la sensation resta seule en pleine possession de la source, du principe et du mode de nos connaissances. C'est la sensation *transformée* qui devint *idée, entendement, attention, réflexion, imagination, comparaison, jugement, passion*, et toutes les facultés de l'ame. Le *Lockianisme* dut cette réforme sur-tout à l'abbé de *Condillac*, qui crut avoir fait une très-grande découverte [1]. La doctrine de *Locke* et

---

[1] Il est difficile à qui lit sans prévention les œuvres philosophiques de l'abbé de *Condillac*, d'y trouver un plan quelconque et une unité de doctrine. On ne sait trop où il tend, ni ce qu'il est. En général on voit qu'il n'a jamais été bien d'accord avec lui-même, et n'a jamais eu un avis arrêté définitivement. Il nomme constamment *métaphysique* et *logique* tout ce qui n'est que de la psychologie expérimentale ; il ne recherche pas comment nous sommes constitués pour connaître, mais comment nous agissons en connaissant ; non pas quelles sont les règles formelles du raisonnement, mais ce que nous faisons en raisonnant. De la sorte il ne s'élève jamais au-dessus du fait, et ne peut en expliquer, ni la possibilité, ni l'origine, ni les lois. Il s'avise cependant quelquefois, pour un instant, de vouloir être métaphysicien tout de bon ; c'est alors qu'on perd tout-à-fait le fil, et que sa véritable opinion en métaphysique est indéchiffrable. Tantôt il semble incliner pour le matérialisme le plus grossier, tantôt il se montre spiritualiste. Une fois il croit à l'exis-

celle de son disciple fut généralement adoptée. C'est en gros, celle des principaux auteurs de l'*Encyclopédie*, malgré la bigarrure qui se remarque dans les divers articles philosophiques de ce volumineux dictionnaire, où l'un est fait

tence des corps, une autre fois il la révoque en doute, avec celle de l'*étendue* et de la *durée*. Ici il a l'air d'embrasser le parti sceptique, là il se jète dans le dogmatisme. Il va même jusqu'à l'idéalisme et l'égoïsme. « *Soit*, dit-il, *que nous nous élevions jusques dans les cieux, soit que nous descendions dans les abymes, nous ne sortons point de nous-mêmes; et ce n'est jamais que notre propre pensée que nous apercevons* ». Cette opinion lui rit tellement, qu'il l'énonce, presque dans les mêmes termes, en tête de deux de ses plus importans traités, l'*Essai sur l'origine des connaissances humaines*, et l'*Art de penser*. Il dit de même dans le *Traité des sensations* (chap. 8) : « *Mais quelle est la certitude de mes connaissances ? Je ne vois proprement que moi, je ne jouis que de moi, car je ne vois que mes manières d'être* ». On trouve fréquemment chez lui des éclairs semblables de métaphysique, qui ne partent visiblement d'aucune conviction, ni d'aucune doctrine liée. On aurait beaucoup de peine à les faire concorder entre eux et avec sa doctrine empirique, à laquelle il revient assez constamment, qui rapporte tout à la sensation, et qui suppose un *sujet* sentant avec des *objets* sentis, ce qui est tout l'opposé de l'égoïsme et du scepticisme. On voit qu'il a continuellement flotté entre *Gassendi* et *Locke* d'un côté, et *Descartes* de l'autre, et que par là-dessus il voulait à toute force paraître original.

par un cartésien, l'autre par un wolfien, celui-ci par un athée, celui-là par un théologien [1]. Cette doctrine, qui fait de quiconque voit et touche un profond métaphysicien, devint bientôt universelle. Bornée, tournant dans un petit cercle de conceptions, très-apte, par la matérialité de son principe, à devenir populaire, à être présentée d'une manière palpable aux esprits les moins capables d'abstraction, elle fit une fortune prodigieuse sous la plume des encyclopédistes, sous celle des *Diderot*, *d'Alembert*, *d'Argens*, *la Mettrie*, *Helvétius*, et surtout sous celle de *Voltaire*, qui tenant à bon droit le sceptre littéraire, avait voix prépondérante dans tout ce qui était ressort de la pensée [2]. Elle fut prônée et exaltée avec ce des-

---

[1] C'est dire assez que par le nom d'*encyclopédistes*, j'entendrai toujours désigner les adhérens d'une certaine secte, et non pas le grand nombre d'écrivains estimables qui travaillèrent à l'*Encyclopédie*, et dont la plupart ne furent point des *encyclopédistes*.

[2] « *Aimant le vrai, se défiant de tout ce qui est profond, cherchant l'utile, et ce qui est plus précieux, le faisant goûter à la foule* ». C'est en ces termes que louait *Voltaire* M. S...., ancien magistrat, dans un discours *sur le progrès des connaissances humaines*, etc. lu à l'Académie de Lyon, en 1781. Voilà un bel éloge pour un philosophe, que *de se défier de tout ce qui est*

potisme qui est le ton dominant des écrits sortis de la secte encyclopédique. Le sarcasme et l'ironie furent le lot de ses adversaires, et cela dans un pays où faire rire c'est presque toujours avoir raison, où les combats littéraires les plus graves se décident le plus souvent à coups de bons-mots. Celui qui est terrassé dans cette lutte a tort aux yeux du public; c'est une espèce de *jugement de Dieu* qui se pratiquera long-tems encore dans l'empire des lettres. La philosophie livrée en France à la classe des beaux-esprits et des écrivains à la mode, perdit donc en profondeur et en consistance tout ce qu'elle gagnait en agrémens et en popularité. Les penseurs de profession se turent, ou même il cessa d'y en avoir. Le nom de la philosophie se rencontra par-tout, et la chose presque nulle part. On osa même donner à cette période de bavardage le

profond, et de savoir faire goûter sa doctrine *à la foule !* Je ne sais si l'interprète de *Newton*, qui a voulu souvent être profond, et qui l'a bien été quelquefois, n'en déplaise à M. S...., eût été fort content de son panégyriste. Mais en quoi ce passage est remarquable, c'est qu'il caractérise à merveille la nouvelle philosophie française, et l'idée que ses propres apôtres avaient d'elle, craignant le *profond*, et visant à la *popularité*, ce qui l'a conduite au fade verbiage, qui a fait depuis lors son essence.

titre de *siècle philosophique*, et dans aucun tems la vraie philosophie n'avait été aussi méconnue.

Je ne pense pas qu'il soit nécessaire d'exposer plus au long ce *sensualisme* étroit qui fait tout le fond de la nouvelle métaphysique française. Assez d'autres ouvrages où cette doctrine est ressassée, nous dispensent de cette tâche fastidieuse. Jetons seulement un coup-d'œil sur la morale qui lui fut associée.

On sait qu'une des principales affaires de la secte qui donna cette philosophie à la France, fut, en retour, de lui ôter sa religion. Ceux que je désigne ici sous la dénomination générale d'encyclopédistes ne réussirent que trop bien à effacer le christianisme de presque tous les cœurs. La haine des prêtres et du culte dominant était en eux plus active que celle des hérétiques ne l'a jamais été chez les inquisiteurs. Quelques abus dans ce que la religion avait d'humain, c'est-à-dire, dans la conduite de ses ministres, leur servirent de levier. Mais toute religion a deux parties essentiellement différentes. L'une qui varie suivant les peuples et les sectes; l'autre qui est la même chez tous les peuples et dans tous les tems. L'une est le dogme *positif*; la forme extérieure du culte; ce qui donne un corps et une vie à une religion, ce qui l'accommode à l'usage de l'homme. L'autre est le dogme *naturel*, le fond intime de toute religion, celui qui a suscité un culte par-tout où il y a eu des hommes ; le sentiment indestructible du juste (quelques bizarres que soient les applications empiriques qu'on en a pu faire), la voix puissante d'un maître que chacun trouve en soi, quand il veut y prêter l'oreille, et qui dit : « *tu dois, il faut agir ainsi !* » Nous appellerons la première *religion* proprement dite, et la seconde *religiosité*. Quelques encyclopédistes tentèrent de sauver la religiosité en étouffant la religion ; mais ces deux choses sont unies dans chaque religion individuelle, comme dans chaque individu la pensée et la vie, comme l'ame et le corps sont unis. L'homme a une forme extérieure et sensible ; il faut que tout ce qui est à son usage, ou qui doit agir sur lui en ait une. Une ame seule ne formerait pas un homme, et des principes seuls ne formeraient pas un institut humain. Il faut que les principes revêtent un corps, une forme positive, sans quoi ils sont dépourvus d'efficace et de vie pratique. Il faut que la religiosité devienne religion, religion positive, rendue visible et palpable ; tout comme il faut que les principes du droit de nature, qui servent de base au droit positif, subissent la forme extérieure d'une constitution civile, d'un gouvernement, etc..... La religiosité ne peut pas plus se passer de temples et de ministres, que la sociabilité ne peut se passer de tribunaux et de juges. Cela posé, l'entreprise de ceux qui crurent, poussés par de petites passions, pouvoir détruire la religion positive et sauver la religiosité, fut une entreprise chimérique. Ils eurent beau lui donner refuge dans des livres et dans des poëmes sous le titre de *religion naturelle*, laquelle devenait contradictoire en soi par la manière dont ils l'entendaient ; une semblable religion naturelle est tout-à-fait contre nature. La voix morte des livres et des principes ne suffit pas au but [1]. On ne détruit pas la religiosité, mais on la rend inefficace, on ôte à l'âme le corps à l'aide duquel elle opérait ; et dans ce monde sensible, il n'est pas d'usage que

---

[1] Sur-tout quand ces principes contrarient dans le fait la doctrine qu'on veut enter sur eux par supplément ; quand ils conduisent l'esprit conséquent au naturalisme, à l'athéisme, et qu'on veut, bon gré malgré, leur associer le déisme. Il en est autrement d'une philosophie vivante, qui s'attache à la conscience de l'homme, sans en être repoussée par sa raison, qui offre des formes précises et systématiques. Une telle philosophie fonde une sorte de religion intérieure, et par là devient plus propre à sauver la religiosité, comme aussi à tenir lieu du positif de la religion.

l'ame agisse toute seule. On ne détruit pas la croyance et l'idée d'un Dieu, mais elle reste croyance et idée infertile et inactive, pur esprit dans le monde des corps. On a une religiosité spéculative, et un athéisme pratique. C'est ce qui résulta en effet des travaux et des beaux raisonnemens des encyclopédistes ; quelques-uns de leurs disciples voulurent être déistes par spéculation, tous furent athées par le fait.

D'autres encyclopédistes plus passionnés, plus conséquens si l'on veut, prêchèrent ouvertement le naturalisme, l'athéisme, et frappèrent sans distinction sur la religion et sur la religiosité. Le *Système de la nature* parut, et une foule d'écrits de la même école qui prêchaient la même doctrine. Ils flattaient d'un côté la hardiesse de l'esprit, de l'autre la corruption du cœur, et ils firent un grand nombre de prosélytes. C'est encore là qu'en est, à-peu-près, la philosophie française par son côté religieux et métaphysique : le *Système de la nature* est son véritable code.

J'ai dit que les encyclopédistes athées étaient les plus conséquens ; et en effet, il est impossible que leur doctrine spéculative les conduise ailleurs qu'à l'athéisme. Ceux qui avec l'empirisme pur et simple ont voulu allier la croyance d'un Dieu, ont fait sur ce point divorce avec leur propre philosophie, et ont tiré leur dogme divin de tout autre part [1]. Mais celui qui veut raisonner et déduire conséquemment, en admettant l'expérience et le fait sensible pour l'unique origine de nos connaissances, ne peut arriver par ce chemin à la connaissance d'un Dieu. En effet, je reconnais dans la nature des lois constantes qui sont les lois de cette nature; j'y vois une machine, dont moi-même je fais partie, et qui se meut suivant des lois nécessaires. L'expérience ni la sensation ne m'apprennent rien sur un être différent de cette nature ; et mes sens, me trouvant que la matière, ne m'enseignent que le matérialisme. Le raisonnement prouve pour Dieu, et prouve contre Dieu avec la même évidence. L'un tire de la contemplation de l'univers l'idée d'ordre, d'intelligence et d'un ouvrier suprême : l'autre n'y trouve que mécanisme, lois de la matière et hazard. Mais pourquoi aller chercher Dieu si loin ? Dieu est plus près de l'homme que cela ; le raisonnement humain ne

---

[1] *Locke* était très-religieux avant sa philosophie, et il est resté ensuite religieux malgré sa philosophie, qui ne devait le mener qu'au matérialisme. Si avec elle il y a des gens qui croyent en Dieu, c'est qu'ils n'y regardent pas de si près, et qu'ils aiment mieux croire en Dieu que d'être conséquens. M. l'évêque du Puis a eu bien raison en démontrant à ces déistes qu'il fallait, ou changer leur symbole philosophique, ou embrasser hautement l'athéisme.

le démontre pas, et il n'a pas besoin des deux prémisses d'un syllogisme pour se tenir debout, comme le colosse de Rhodes appuyé sur ses deux rochers.

Dès qu'on eut placé les *sens* sur le trône de la métaphysique, l'analogie conduisit bientôt à placer l'*intérêt* sur celui de la morale. Ceux qui admettaient le fait et l'expérience pour principe de toutes nos connaissances, ne pouvaient pas aller en morale au-delà du fait ; d'où naîtraient pour eux des conceptions universelles et nécessaires de *devoir*, de *juste*, de *bien* ? Ils ne voient que l'action, et dans l'action que son motif prochain et sensible : et comme il n'est que trop vrai que l'amour de soi et l'attrait du plaisir sont les motifs prochains de presque toutes les actions humaines, nos observateurs scrupuleux de la nature, esclaves de l'expérience, déclarèrent que l'amour de soi, l'attrait du bien-être étaient les seuls principes des actions humaines, les bases de toute moralité. Mais on voit évidemment qu'en ceci, ils déclaraient ce que l'homme faisait communément, non ce qu'il devait faire ; qu'ils étaient les historiens, non les législateurs de nos actions ; et qu'est-ce qu'une morale qui n'est pas législatrice, qui ne nous trace pas des *devoirs ?* — Ils étaient de plus mauvais historiens, et mauvais observateurs ; car s'ils eussent bien observé, ils auraient découvert grand nombre d'actions que nul motif d'intérêt n'avait déterminées. Mais le parti était pris, et la morale d'*Epicure* une fois adoptée devait être soutenue, alambiquée et appliquée à tous les cas. *Helvétius*, l'un de ceux qui a le plus contribué à l'étendre, rapportait tellement tout à l'intérêt, qu'il ose dire, « que les hommes » nieraient la vérité des démonstrations géomé- » triques, s'ils avaient intérêt à la nier [1]. » Cette absurde assertion a été répétée. Ce n'est donc que faute d'intérêt à soutenir le contraire, qu'on accorde *que deux et deux font quatre, et que la ligne droite est le plus court chemin d'un point à un autre !* Je ne crois pas que le délire

---

[1] *Hobbes* avait dit, pour donner un exemple de ce que la malice et la corruption d'esprit dans l'homme peut entreprendre, que cette dépravation pourrait même le porter à nier la vérité des mathématiques ; mais *nier* signifie chez *Hobbes*, nier de bouche, parler exprès et par malice, contre le sentiment de l'évidence. Chez *Helvétius*, qui l'avait mal compris, et qui le défigurait en l'outrant, *nier* signifie prouver contre, être convaincu et vouloir convaincre les autres du contraire. Il établit sérieusement, et en principe, ce qui chez *Hobbes* n'était qu'un exemple ironique. Ce dernier était mathématicien, et se serait bien gardé de débiter de pareilles sottises.

dogmatique

dogmatique puisse aller plus loin. En général la scholastique n'a jamais été plus ingénieuse en sophismes, plus abondante en subtilités, que l'encyclopédisme ne l'a été pour soutenir son insipide et funeste doctrine.

Dès que l'intérêt, l'attrait du bien-être sont reconnus pour les mobiles légitimes des actions humaines, pour les bases de nos devoirs, il faut renoncer à toute idée de moralité et d'honnêteté publique [1]. Quand cette fausse philoso-

[1] N'y eût-il dans l'histoire des hommes qu'un seul trait de conservé semblable au suivant, il suffirait pour annihiler cette opinion de la morale fondée sur l'intérêt. *Thémistocle* annonce dans l'assemblée du peuple qu'il a une proposition avantageuse à faire pour la république, mais qu'elle doit rester secrète. On désigne *Aristide* pour l'entendre, et en faire son rapport. *Aristide* revient, et dit : « *Ce que propose Thémistocle serait en effet très-avantageux, mais injuste.* — *Nous n'en voulons donc point !* s'écrie avec indignation tout ce peuple, qui ne connaissait pas encore la merveilleuse morale des encyclopédistes. — « *L'homme bon* (dit *Sénèque*, et voici son plus bel apophtègme) *l'homme bon fait le bien, quoique pénible ; il le fait, quoique préjudiciable ; il le fait, quoique périlleux.... Aucune crainte ne l'écartera du bien, aucun calcul ne l'incitera au mal* ». On se sent tout autrement content d'être homme avec une telle doctrine, ce sentiment est plus profond, il est d'une plus grande importance qu'on ne le croit. — *Préjugé !* dira tel moraliste. Oui, c'est bien un *préjugé* en effet, c'est-à-dire, que la

Tome I. 11

phie pratique est encore soutenue et renforcée par une métaphysique liberticide, qui ôte à l'homme le choix, la délibération libre dans ses chose est toute jugée d'avance, avant qu'on puisse raisonner sur elle, et l'étouffer par des sophismes. Préjugé sublime et ineffaçable, qui constitue la nature de l'homme, en tant qu'être doué de *volonté* et d'*action*. — Encore quelques mots de *Jacobi*, philosophe qu'on ne doit pas craindre de citer après *Sénèque* : « En disant que la jus-
» tice n'est que l'*intérêt bien entendu*, on établit que
» l'intérêt est le principe de la justice, par conséquent
» qu'il lui fait la loi, et que s'il était possible dans un
» cas donné, que notre intérêt le mieux entendu nous
» conseillât l'injustice, non-seulement nous oserions nous
» la permettre, mais nous y serions obligés en conscience,
» nous la commettrions par *devoir*. — Quelqu'explication
» qu'on donne à ces mots : *Intérêt bien entendu*, la pro-
» position énoncera toujours une soumission de la justice
» à quelque chose qui n'est pas elle ; l'intérêt l'adopte
» comme un *moyen* pour arriver à ses fins, il se la con-
» seille, et la justice par elle-même ne serait rien, si
» l'intérêt ne la conseillait pas : toute son autorité, elle
» l'emprunte de l'intérêt, ce n'est qu'en lui obéissant
» qu'elle peut se faire obéir. — En établissant un intérêt
» *bien* et un intérêt *mal* entendu, on ne met pas en
» opposition deux *intérêts différens* ; au contraire, on
» pose en fait qu'il n'y a qu'un intérêt *unique*, que
» l'homme juste et l'homme injuste ont également en vue,
» et qu'il n'y a entre eux que cette différence, que le
» juste est l'homme d'esprit, et l'injuste un imbécille.
» L'un et l'autre ont le même cœur, ils désirent la même
» chose ; seulement l'un arrive au but, et l'autre n'y

actions, qui en fait une machine vivante, contrainte d'obéir à une force prépondérante et étrangère; dès-lors on a paralysé la conscience de l'homme; on a engourdi son sens moral (car nos facultés intellectuelles se dessèchent et dépérissent dans l'inaction comme une main qui resterait enveloppée dans des langes); on l'a dépouillé de la honte et de la pudeur, ces liens précieux de toute société (car de quoi une machine qui obéit à son mécanisme pourrait-elle avoir à rougir ?); on a levé la digue intérieure qui s'oppose immédiatement aux passions dévastatrices ; on a dégradé l'homme ; on a étouffé la voix de son premier juge, la voix divine qui parlait en lui. Les maux réels qui résultent de telles opinions sont incalculables. On en a vu depuis plus d'un demi-siècle une épreuve funeste dans les mœurs publiques et privées de quelques nations européennes, dès l'instant où sur les débris de la philosophie rationnelle, de la religion, de la moralité, on eût publié chez elles LA MÉTAPHYSIQUE DES SENS, et LA MORALE DES PASSIONS !

———————

De ces deux doctrines si bien en harmonie

» arrive pas, il n'y pas d'autre différence...., etc. »…. Il est donc clair que dans le dictionnaire moral des encyclopédistes, au lieu de *justice*, *vertu*, *grandeur d'ame*, il faut mettre : *prudence*, *habileté*, *savoir-faire*.

entr'elles, mais si opposées à l'esprit de toute saine philosophie, s'est composé le corps monstreux de ce qu'on a appelé *philosophie moderne*, doctrine superficielle et niaise qui n'eût jamais de réponse à donner aux problèmes les plus importans de la spéculation. Elle ne se tire des difficultés que par un scepticisme ignare et tranchant, produit de l'orgueil et de la paresse d'esprit, qu'elle soutient au moyen d'une battologie puérile, et en mettant l'indifférence à la place de la méditation. Elle affecta quelquefois, soit conviction, soit hypocrisie, de postuler l'existence d'un Dieu, mais d'un Dieu oisif, sans communication avec l'homme, à qui il ne fallait ni culte, ni prêtres, ni autels. Et encore cette théologie, qui ne semblait mise en avant que pour masquer la secte, était-elle abandonnée sans peine à ceux qui entreprenaient sa facile défaite. Audacieuse, ennemie par sa nature de toute autorité, de toute institution divine et humaine, la soi-disant philophie dut tendre constamment à établir l'empire des sens et des passions. Son dernier période ne put être que le jacobinisme, lequel en était un corollaire indispensable [1]. Le jacobinisme

[1] Qu'une révolution, semblable à la nôtre dans ses principes, ait eu une autre marche, ait produit d'autres évènemens chez une nation dont la culture philosophique, dont la morale eût été autre qu'en France, c'est ce que

naquit le jour où l'encyclopédisme osa se produire. On a vaincu le jacobinisme par la vigueur, il faut vaincre l'encyclopédisme par la raison. Fantôme imposant au dehors, méprisable au dedans, il porta le nom de la vertu sur son front, et alimenta de la substance tous les vices [1]. Quoi personne ne peut révoquer en doute. Il fallait pour produire tous les crimes de la révolution française, dans un siècle qui se vantait de ses lumières et de sa douceur, qu'une partie considérable de la nation fût avilie, démoralisée et rabaissée au-dessous de l'humanité.

[1] Sa doctrine seule a pu donner en France au libertinage qu'elle sanctionnait, l'effronterie indicible avec laquelle il se montrait publiquement, et faisait parade de ses trophées. La littérature italienne du seizième siècle rougit encore de son *Arétin* et du petit nombre de ses rimes obscènes. Quel terme inventerons-nous pour exprimer l'ignominie immense qui déshonore la littérature française dans la dernière moitié du dix-huitième siècle? Qu'on lise dans un des derniers volumes du *Lycée* de *Laharpe*, son éloquente sortie à l'occasion d'un poëme trop connu de *Voltaire*. Aucun tems n'a produit un ramas aussi ordurier de livres, dont une plume honnête ne saurait même transcrire les titres. L'ame de la jeunesse s'est repu de ces poisons, et la génération actuelle en porte les flétrissures. Période de boue, d'impiété et d'inhumanité, d'où devaient résulter tous nos maux! Limon infect où devait prendre naissance le *Python* jacobin! — Mais respirons; celui qui devait le terrasser a paru. Les mœurs, la pudeur et les chastes muses retrouvent en lui leur soutien, et l'antique *Apollon* de l'art, arrivé au même tems, semble n'être qu'un symbole dans la capitale de la France.

donc d'étrange, si tous ceux que cette philosophie moderne menaçait, ceux qui par devoir ou par conviction s'opposèrent à elle, firent éclater une indignation et une haîne égale à l'indignation et à la haîne avec laquelle on les accueillait? Quoi d'étrange, si dans l'ignorance où l'on était tombé de toute autre philosophie, ce nom sacré fut honni, méprisé, exécré? Elles avaient raison de maudire la philosophie, ces victimes de l'immoralité, de l'irréligion et de l'égoïsme. Ainsi les innocens Mexicains, égorgés par des scélérats qui se disaient chrétiens, abhorraient le christianisme de leurs bourreaux, et frémissaient au nom du baptême.

Enfin une époque est venue où l'on peut annoncer une doctrine plus salutaire : le despotisme des faux philosophes est passé avec le despotisme des jacobins. Le sang répandu au dehors par des héros dans l'exercice de la vertu guerrière, a lavé la honte de tant de sang versé par des monstres dans l'exercice de tous les crimes. Il importe maintenant de déraciner ces opinions pernicieuses et impies qui favorisent le crime, ou qui du moins ne s'y opposent pas avec efficacité. Il importe à la nation entière, à ceux qui la gouvernent, qu'on lui rende des mœurs, des vertus, sans lesquelles il n'est point de liberté, de lois, de république, sans lesquelles le fruit de tant de courage et de travaux deviendrait bientôt nul. Il faut ramener l'homme au respect de lui-même, au sentiment de sa dignité, à la crainte de sa conscience, à ses ineffaçables devoirs. Il faut éveiller, provoquer, affermir le sens moral de la génération qui s'élève aujourd'hui, qui sera la nation demain, et qui ayant passé ses jeunes années dans le tumulte des orages politiques, n'a pu recevoir d'instructions, de culture, ni scientifique ni morale. C'est pour elle surtout qu'il faut une philosophie neuve, substantielle, sévère, qui l'invite à la méditation et à la vie de l'homme avec l'homme. — Et qu'on y fasse une sérieuse attention! Nous ne pouvons nous dissimuler que l'ancienne religion de l'état, la seule religion positive qui donna jadis une forme et une consistance nécessaire à la religiosité, est effacée de bien des cœurs. Avec elle, comme nous l'avons déjà dit, a disparu cette religiosité, qui a sa base dans la morale. Peut-on faire renaître ces formes positives, cette croyance des chrétiens? Si cela est possible, qu'on les rappelle dans leur pureté, et elles seront un grand bienfait. Mais si le positif de la religion révélée ne doit pas, au moins de sitôt, être rétabli dans tous les esprits avec l'efficace de la foi qui seule leur imprime la sanction, offrons du moins un refuge, dans les formes précises d'une philosophie savante et pure, à la religiosité et à la morale. Il y va du salut de tous ; il y va de la gloire et du bonheur de la nation ; de la paix et du bonheur de toutes les familles. — N'est-il plus de moyen de faire renaître universellement une religion positive ? la nouvelle philosophie y suppléera (autant que la raison peut suppléer à la révélation). Est-il un moyen de la faire renaître ? c'est par la nouvelle philosophie ; c'est quand celle-ci lui aura préparé les voies, et qu'elle les aura nettoyé de toutes les inconséquences et les impiétés du matérialisme. Sans doute qu'elle ne rendra pas tout-à-coup tant d'hommes corrompus bons et justes, qu'elle ne déracinera pas en entier l'avidité, la vengeance, l'égoïsme (et quelle religion pourrait opérer ces miracles ?), mais elle en ramènera quelques-uns, et en préservera quelques autres. Le genre humain sera long-tems encore rangé par étages qui vont de la divinité jusqu'à la brute ; mais attirons le plus d'hommes que nous pourrons vers les étages supérieurs. Sur le plus élevé de tous, il y aurait place pour l'humanité entière. Eh ! qui peut pénétrer dans les secrets d'une providence qui veille sur sa créature ? Qui sait si, à une époque où les esprits se sont ouverts à des idées grandes et libérales, où presque toutes les ames se sont retrempées dans le malheur, où un nouvel ordre de choses sort du chaos des révolutions pour régénérer l'ordre civil, qui sait si la providence n'a pas suscité quelques puissans génies pour créer une philosophie régénératrice, qui restaure l'ordre moral et y rétablisse le beau et l'honnête sur de plus solides bases ? Au milieu d'une guerre sanglante et longue entre tous les peuples cultivés du globe, une seule nation, une nation douce, méditative reste en paix, cultive sa raison et les sciences où elle a toujours brillé ; elle discute, éclaircit, résout quelques-unes des grandes questions spéculatives et pratiques qui importent le plus à l'humanité. Et cette nation, quand les autres sont revenues de leur frénésie, ne serait pas leur institutrice ? elle n'aurait rien de neuf et de grand à leur apprendre ? et le repos dont elle aurait joui n'annoncerait pas des vues cachées et puissantes ? graces du moins soient rendues à ce cours des choses, de quelque part il nous vienne ; et puisse la fureur des partis respecter toujours cette ligne de neutralité, qui a ménagé sur le sol européen un asile à la philosophie, aux sciences et aux arts !

Dans cette esquisse rapide de l'état de la

morale pendant la période encyclopédique, chacun sentira aisément que j'ai voulu peindre l'esprit dominant, et non pas l'esprit universel. Je proteste contre toute expression échappée à ma plume et qui pourrait être interprétée autrement. Il faudrait désespérer d'une nation où nulle ombre de vertu ne se serait conservée. Si la noblesse originaire de l'homme était tout-à-fait éteinte dans l'ame dégradée des tyrans populaires, et dans celles des lâches qui les servaient, elle vivait pure et entière dans celle de tant de victimes que la paix de leur conscience accompagnait et consolait sur l'échafaud ou dans la captivité. Elle vivait dans le dévouement héroïque d'un million de guerriers, d'hommes simples, qui se sont succédé dans les armées ; elle vivait encore dans la résignation religieuse de presque tous ces proscrits exilés, qui assaillis par la misère, par le mépris qui naît d'elle et qui est plus insupportable qu'elle, par la perte de leurs foyers, de leurs familles chéries, se fortifiaient de ce seul sentiment sublime, qu'ils avaient fait ce qu'ils croyaient être leur devoir ; car l'homme est plus responsable de la droiture de ses motifs que de la justesse de ses opinions. Il sera facile enfin de réveiller le bon sens et l'humanité dans l'esprit de cette jeune génération, qui n'a reçu encore ni la doctrine sensualiste, ni les vices raisonnés des encyclopédistes. C'est sur elle, sur tout, que je compte en annonçant à ma nation la doctrine et la morale de la raison : car il faut bien s'attendre à une opiniâtre opposition de la part de quelques vieilles têtes de fer, à qui il est impossible de rien changer de leur tendance et de leur organisation ; s'il en était autrement, ce serait le premier évangile qui n'aurait pas eu ses scribes et son sanhédrin.

Il serait même injuste de refuser à cette période toute espèce de mérite philosophique. Elle a produit quelques bons ouvrages, elle a vu quelques bons esprits qui ont eu des idées et une morale plus saines, mais qui n'ont pu réussir à détourner le cours dominant de l'opinion, et qui n'ont eu presqu'aucune influence sur leur siècle [1]. Peu d'entre eux avaient d'ailleurs pé-

---

[1] Ce sera un paradoxe que d'appliquer ceci à J. J. *Rousseau*. Soit : Il est certain que ses livres ont été autant lus que ceux des encyclopédistes, qu'ils contenaient une toute autre doctrine, et qu'ils ont peu influé sur la métaphysique et la morale du siècle. J. J. était bien au-dessus de ses frivoles contemporains, mais sa doctrine était trop peu soutenue, les raisonnemens étaient trop souvent contredits par des raisonnemens contraires ; on trouvait trop souvent détruit sur une page, ce qui en avait

nétré profondément dans l'homme. Quand on veut lire en français de la métaphysique supportable, il faut recourir aux livres des cartésiens, ou de *Bayle* et autres qui ont écrit pendant la période cartésienne ; et quant à la morale, à ceux de *Nicole*, de *Fénélon*, et de tous ces philosophes chrétiens en général, chez lesquels une certaine forme mystique rebute les lecteurs superficiels, mais qui offrent aux autres beaucoup à penser, par la pure religiosité et l'humanité qui sont au fond de leurs écrits.

D'un autre côté, tandis que la philosophie proprement dite, se négligeait, rétrogradait et devenait plus confuse chaque jour, les autres sciences faisaient sur leur domaine un usage assez heureux de son application aux objets de l'expérience. La psychologie empirique, et comme on a dit souvent *l'histoire naturelle de l'ame*, a été cultivée avec succès, ainsi que la

coûté dix à établir. Une tournure trop poétique d'ailleurs, trop d'exagération et d'exaltation, empêchaient le lecteur de prendre les choses au pied de la lettre. En politique, en éducation, son influence a été plus marquée. — Je ne nomme pas ici d'autres moralistes estimables que tout le monde connaît. Plusieurs même de ceux qui, par une erreur d'esprit, ont prêché une doctrine pernicieuse, étaient personnellement de vertueux citoyens, des hommes estimables. *Helvétius* en est un exemple : et combien de mal n'ont pas causé ses livres !

philosophie du langage [1]. La connaissance du cœur humain, de ses replis, de ses faiblesses, celle de l'homme social, de ses passions, de ses

---

[1] Ces recherches sur la philosophie du langage, qui d'abord avaient offert pour la discipline des langues quelques résultats satisfaisans, ont bientôt dégénéré en puériles sophismes, dès qu'on a voulu y ramener toute la métaphysique. Un des caractères les plus distinctifs de la nouvelle philosophie française, est cette manie de transformer toutes les difficultés théorétiques en simples disputes de mots, et de prétendre résoudre tous les problèmes métaphysiques par des analyses grammaticales ; preuve que ces difficultés et ces problèmes n'étaient pas même soupçonnés. C'est *Condillac* qui donna le premier signal de cette confusion. On eût dit dès-lors que la pensée dépendait uniquement de la parole, ainsi que les matérialistes font consister l'ame dans l'organisation matérielle dont elle est revêtue. On devait imaginer d'après cela que les sciences dites *exactes*, n'étaient redevables de leur exactitude qu'à la perfection de leur langage, et qu'en perfectionnant de même celui des autres sciences, on les rendrait susceptibles d'une semblable exactitude et de démonstrations mathématiques. Mais l'état des choses est tout inverse de celui que cette opinion présuppose. Le langage des mathématiques n'est ce qu'il est, que parce qu'il est modelé sur des conceptions dont l'exactitude est rendue sensible chaque fois dans une construction ; et le langage des autres sciences n'est si vague, que parce que les conceptions dont se composent ces sciences, sont et restent intellectuelles, sans pouvoir se rendre sensibles et visibles dans aucune construction. Les mathématiques considèrent les *grandeurs*

ridicules, de ses plaisirs etc.... a été poussée très-loin. Les mathématiques appliquées, la cosmologie, la géogénie, l'histoire de la nature, la chimie sur-tout [1] ont été traitées très-philosophiquement, et ont fait des pas qu'elles n'ont pu faire qu'à l'aide d'un esprit philosophique beaucoup meilleur que celui qui respirait dans les écrits des soi-disant philosophes

dans la *quantité*, les autres n'y considèrent que les *degrés* ; la philosophie serait sujette à erreur, en raisonnant par $a + b$, comme la géométrie serait éternellement exempte d'erreur en se servant du langage le plus imparfait et le plus diffus. Je ne puis m'étendre ici davantage sur cet objet, et je prie le lecteur de se rappeler un paragraphe de l'Article II, où j'ai touché en passant une distinction essentielle des mathématiques pures et de la philosophie. *Kant* a tiré entre ces deux classes de connaissances une ligne de démarcation, que j'espère mieux faire connaître par la suite, et qui interdit absolument tout rapprochement et toute tentative ultérieure. Si l'*Institut national* de France eût été informé de ce que la philosophie critique enseignait tout près de nous, et depuis quinze ans, sur cet objet, ce corps respectable n'aurait pas énoncé, ainsi qu'il l'a fait, la question que la *Classe des sciences politiques et morales* proposa pour sujet du prix de l'an six, sur l'*influence des signes*, etc.

[1] Je n'ai pas besoin de nommer ici tous ceux qui ont fait la gloire des lettres françaises pendant la dernière partie du dix-huitième siècle. Leur nom et les services qu'ils ont rendus aux sciences, sont assez connus.

de la nation. Cette philosophie plus saine animait les savans de profession, comme à leur insu et sans qu'ils s'en rendissent compte d'une manière concrète. Elle est un résultat d'une certaine tendance dans l'esprit général de l'Europe, et des progrès universels qu'ont fait les sciences. Il est tems de rendre son rang parmi elles à la philosophie, de la tirer des mains du bel-esprit et des amateurs, où elle était tombée en décadence, et de la rendre en dépôt à l'esprit méditatif, aux vrais *artistes de la raison;* d'opposer le sérieux d'une école à la frivolité du monde, de faire revivre l'intérêt pour la spéculation et la méthode systématique, et enfin de nous mettre au-dessus du reproche de niaiserie et de superficialité, que les étrangers, tout en nous rendant justice sur d'autres points, n'ont que trop de raison de nous faire sur tout ce qui concerne purement la pensée, sur la théorie de l'entendement humain, des lois de la nature, de la morale et des arts.

VIII.

Insuffisance de l'empirisme et des analyses données jusqu'ici de l'entendement. — Nécessité d'en revenir à la méthode critique, et à un point de vue transcendental.

Condorcet, élevé dans l'empirisme, et connaissant à fond tous les essais tentés jusqu'à lui par cette philosophie pour disséquer l'entendement humain, écrivait peu avant que de mourir : « *Il est aisé de voir combien l'analyse des facultés intellectuelles et morales de l'homme est encore imparfaite* [1] ». C'était avec connaissance de cause, après *Locke*, *Condillac* et tous leurs adhérens, que *Condorcet* parlait de la sorte et leur refusait son assentiment. *Condorcet* était penseur et mathématicien ; dans cette science rationnelle pure il avait dû tomber fréquemment sur des questions spéculatives, sur ces questions préalables de possibilité, où la métaphysique de la sensation n'avait pu lui

---

[1] *Esquisse d'un tableau historique des progrès de l'esprit humain* (page 359) ouvrage posthume de Condorcet.

donner de réponse. Je vais en exposer ici au hasard quelques-unes.

Le *point* est le premier élément, l'être absolu sans lequel il n'est point de géométrie; toutes les lignes, et par conséquent toutes les terminaisons de figures, sont formées par le *point* répété; et cependant le *point* n'est rien; il ne doit avoir nulle étendue en longueur, largeur, ni profondeur; c'est la vraie *monade* de *Leibnitz* ; et comment ce qui n'a nulle étendue, peut-il faire des *lignes* étendues, ensuite des surfaces et des corps [1] ?

Le second être absolu que la géométrie pure suppose nécessairement, c'est l'*infini*. Elle flotte entre ces deux extrêmes; elle s'appuie sur deux infinis : l'infiniment petit et l'infiniment grand. Pour assurer que *deux lignes droites parallèles*

---

[1] Si je donne de l'étendue au *point*, n'eût-il, comme on dit, *infiniment peu* ; il est divisible en deux, en quatre, en cent mille millions. Ce n'est plus un *point*; c'est tout un monde. Dès-lors il n'est *plus vrai que deux lignes droites qui se rencontrent ne se coupent qu'en un seul point*, elles se coupent en cent mille millions de points, ou plutôt il n'y a plus de lignes, plus d'angles opposés par le sommet, plus de géométrie. Pas de milieu entre le point *mathématique* et le point *physique* : or la sensation ne peut donner que le point *physique*, et avec lui il ne peut exister de géométrie. Que l'empirisme se tire de là ; il est entre deux absurdités.

prolongées jusqu'à l'infini ne se rencontreront jamais, il faut bien avoir une notion distincte et positive de l'infini, car on ne peut rien affirmer et sur-tout avec une pareille certitude, de ce que l'on ne connaît pas. « L'*hyperbole* s'approche continuellement de son *asymptote*, et cependant, prolongée à l'*infini*, elle ne la *rencontrera jamais.* » D'où vient la certitude de ce prodige géométrique, contre lequel les sens (renforcés du *sens-commun*) réclament si fort ? Et j'assure une telle chose de l'*infini ?* Je connais donc mieux l'*infini* que le monde que je vois et touche journellement, où tout ce qui s'approche et qui ne s'éloigne point ensuite, finit par se rencontrer ?

Et qui a vu, cependant, qui a touché, entendu ou flairé le *point* et l'*infini ?* par laquelle de nos sensations avons-nous acquis ces idées ? Puisque, selon l'empirisme, nous n'en avons que d'*acquises*, et qui plus est d'*acquises* par les sens, il serait assez curieux de savoir par quelle porte le *point* géométrique et l'*infini* sont entrés chez nous [1].

---

[1] Ils y sont entrés masqués, répondra-t-on. Ce sont des *abstractions*, voire, des *négations !* Nous examinerons cela bientôt. En attendant, il est assez curieux que la science la plus réelle de toutes, se trouve ainsi tout d'un coup fondée sur des *abstractions*, et que tant de vérités

Demandez à un géomètre de vous démontrer les propriétés d'un polygone régulier de 999 côtés, et celles d'un polygone régulier de 1000 côtés. Il vous dira de suite et sans balancer, de combien de degrés sont les angles intérieurs et extérieurs, de combien l'angle au centre, quel rapport dans chacun du côté au rayon, il ne se trompera pas d'une tierce, et ne confondra jamais l'une des deux figures avec l'autre. Cependant, il ne les a, sans doute, jamais vues; ou s'il les voit, il ne pourra discerner l'une de l'autre avec sûreté. Jamais il ne distinguera la sensation que lui cause la figure de 999 côtés, de la sensation que lui cause celle de 1000. Passât-il toute sa vie à pâlir sur ces deux figures et à les étudier, montrez-les lui inopinément toutes deux, il en recevra la même sensation, et ne pourra apercevoir entr'elles aucune différence. Mais son entendement les distingue à merveille, se les représente dans un type inaltérable, et ne les confond jamais; il y a donc dans son entendement quelque chose qui n'y est pas venu par sensation [1].

positives jaillissent d'une *négation!* Et d'où viennent donc ces *abstractions* qui sont munies d'une conviction aussi irrésistible, tandis que tant d'autres *abstractions* sont absurdes et risibles? D'où vient qu'il y a ainsi *abstraction* et *abstraction?* Il y a là-dessous quelque chose de dure digestion pour l'empirisme.

[1] En général, comment peut-on penser que des hommes

Le point géométrique étant l'élément de toute ligne, il est aisé de démontrer qu'il ne peut y avoir de lignes droites plus grandes ni plus petites que d'autres ; ou bien, si l'on veut que deux lignes droites ; l'une d'*un pouce*, et l'autre d'*un pied*, sont tout-à-fait égales entr'elles. En effet si de celle d'un pied je fais la base d'un triangle,

aient tracé des lignes droites, des perpendiculaires, des circonférences, des triangles équilatéraux, etc..... avant que d'avoir trouvé dans leur esprit les types originaires de ces choses, qui certes n'y ont pu venir du dehors ? Quand le sauvage coupe des solives pour s'en faire une hutte, il a déjà vu la figure circulaire suivant laquelle il placera le pied de ses solives sur le terrain, il a déjà vu le cône que ces solives formeront quand elles se réuniront par le haut. Avant toute expérience et toute sensation, le cercle et le cône existent dans son entendement, tels qu'il les verra dans la réalité. C'est que les lois de son imaginative antérieure sont les mêmes que celles selon lesquelles il voit les objets. Les *produits* de son imaginative et les objets doivent donc lui apparaître avec la même configuration. Il en est ainsi de toute la géométrie. *Newton*, qui mérite peut-être qu'on le cite dans cette matière, et qui en saisissait le fort et le faible aussi bien que *Condorcet*, disait que Dieu même avait gravé la géométrie dans nos ames. *Geometriam animis Deus impressit.* Par la même vue *Platon* nommait Dieu l'*éternel géomètre*. Mais un empiriste, avec sa *sensation*, en sait plus que *Platon, Newton, Descartes, Leibnitz, Kant* et *Condorcet*. On entendra mieux ceci par la suite.

et que je place celle d'un pouce (parallèlement ou non à la base) de manière qu'elle s'appuie par ses deux extrémités aux deux côtés qui forment l'angle opposé à la base ; qu'alors je conçoive autant de lignes droites tirées du sommet à la base, que cette base renferme de points (une infinité si l'on veut), il est évident que toutes ces lignes traverseront celle d'un pouce, et la couperont chacune en un point : celle-ci a donc un même nombre de points et de parties intégrantes que celle d'un pied ; elle lui est donc rigoureusement égale. On démontrerait ainsi que la distance de la terre au soleil est moindre qu'un pouce, qu'une ligne, etc. ...

Traçons deux circonférences concentriques. Du centre commun menons des rayons à tous les points de la plus grande ; ils passeront tous sur la petite, qui aura par conséquent autant de points, et sera aussi longue que la grande. Il est aisé de prouver de cette manière que la circonférence de la terre n'est pas plus grande que celle d'une orange : qu'une philosophie empirique de la géométrie dise là-dessus quelque chose de satisfaisant [1] !

---

[1] Le géomètre arpenteur répondra que ce sont là des subtilités et des chicaneries qui ne lui importent guères. Bon ; je parle au géomètre philosophe à qui cela importe, qui veut savoir le pourquoi du pourquoi dans tout ce qui

Deux triangles sphériques, ayant la même base sur un grand cercle, et placés dans deux hémisphères différens, sont reconnus pour être parfaitement égaux; on assure de l'un tout ce qu'on assure de l'autre, mêmes surfaces, mêmes angles, mêmes

concerne les fondemens et la possibilité de sa science, qui ne souffre pas avec plaisir des argumens qui la minent sous œuvre. C'est ce géomètre que *Platon* avait en vue dans l'inscription de son auditoire. Je ne m'adresse point ici aux manœuvres non philosophes, encore moins au bel-esprit philosophe soi-disant, qui se soucie beaucoup de faire de belles phrases, mais à qui le maintien de tous les axiomes du monde est très-indifférent. Au reste une partie de ces objections et beaucoup d'autres ont déjà été faites, et de fort ancienne date, contre l'empirisme. *Bayle* en a exposé de très-graves, particulièrement dans son *Dictionnaire*, aux articles *Zénon*, *Pyrrhon*, etc. . . . . Mais des objections sont toujours neuves en philosophie, tant qu'elles n'ont pas été valablement réfutées. Il est vrai que *Bayle* les tourne à l'avantage du *scepticisme* qu'il favorisait ; mais elles sont tout aussi concluantes pour le *criticisme* ; car (ainsi qu'on l'a vu plus haut) il est un point jusqu'auquel le *sceptique* et le *critique* marchent en se tenant par la main. J'en dirai autant des deux idéalistes (divergens entre eux, mais convergens dans ces principes), *Leibnitz* et *Berkeley*. Les *Essais* du premier, et les *Dialogues* du second n'ont point encore été, ne seront jamais réfutés par l'empirisme, et ne peuvent l'être par lui. Je renvoie, pour ce qui concerne les objections, à ces ouvrages que les empiristes ne lisent point, ou bien qu'ils ne comprennent point.

propriétés. Il est cependant, comme chacun le conçoit, de toute impossibilité d'appliquer jamais ces deux triangles l'un sur l'autre, de mettre jamais l'un à la place de l'autre, et de démontrer à l'œil leur congruence [1]. Voilà encore un cas où la sensation ni l'expérience ne peuvent absolument rien nous apprendre sur un fait éminemment vrai.

Kant, en citant dans ses *Prolégomènes* cet exemple, l'assimile à celui de l'image de sa main droite que quelqu'un regarde dans un miroir. On croit que rien n'est plus semblable à la main que l'image qu'on en voit dans la glace, et cependant rien n'est plus dissemblable. On montre une main droite, et l'image est une main gauche, qui ne peut convenir étant appliquée sur la droite, qui ne pourrait revêtir le même gant, et qui la contrarie dans tous les sens.

Condorcet enfin s'était aperçu que l'expérience étant admise pour l'unique source de la certitude et de l'évidence, les mathématiques

---

[1] On sait que l'*application* est une des manières de démontrer l'égalité des figures géométriques, et cette manière est la seule où la sensation ait quelque chose à démêler ; il est toujours d'autres moyens purement rationnels à employer ; dans ce cas-ci, par exemple, la connaissance de l'égalité parfaite s'acquiert sans le concours de la sensation, et même comme en dépit de cette sensation, qui se trouve déroutée par l'incongruence des deux figures.

pures, qui ne font point d'expériences, et qui décident sur tout, avec la plus intime certitude, avant l'expérience, rentraient dans la classe des chimères et des êtres de raison. Si la métaphysique des empiristes doit se soutenir, la géométrie doit tomber; il est clair aussi d'après cela qui si la géométrie doit se soutenir, l'empirisme doit tomber; si jusqu'ici tous deux se sont maintenus ensemble, c'est par une de ces inconséquences trop communes dans un état de choses où l'on raisonne peu; on ne s'est jamais avisé de les mettre en contact, ni de les essayer l'une à l'autre [1].

———

Le point cardinal de cet empirisme nouveau, c'est que toutes nos opérations, facultés

---

[1] Non-seulement il ne peut y avoir de mathématiques pures avec l'empirisme, si, comme cela se doit, l'on pousse à la rigueur ses principes et leurs conséquences indispensables, mais il n'y a en général aucune science possible, parce qu'il ne peut y avoir avec lui de propositions nécessaires et universelles; on n'aurait tout au plus que des *histoires*, des recueils d'observations, des aggrégats de faits, dont il ne résulterait jamais une *doctrine*. Aussi les empiristes, qui sentent cela confusément, crient à tort et à travers contre ce qu'ils appellent *principes abstraits*, tâchent de décréditer l'*esprit de système*, et ils soutiennent eux-mêmes le plus misérable de tous les systèmes!

intellectuelles et morales, l'*idée*, la *pensée*, la *comparaison*, l'*abstraction*, l'*attention*, la *réflexion*, l'*imagination*, le *jugement*, la *volonté*, l'*entendement*, le *plaisir*, la *douleur*, toutes les *passions*, toutes les *affections de l'ame*, ne sont que la SENSATION TRANSFORMÉE ! Il est certain que la sensation se filtre dans l'exercice actuel de la plupart de ces opérations, qu'elle est une des matières sur lesquelles s'exercent ces facultés ; mais qu'elle soit ces opérations et ces facultés-là mêmes, c'est ce qui est un peu difficile à prouver. Il vaudrait autant dire, parce qu'on trouve de l'eau dans toutes les plantes, que toutes les plantes avec leurs tiges, leurs feuilles, leurs fleurs et leurs fruits, aussi bien même que les formes plastiques et les propriétés distinctives de chacune, ne sont que de l'*eau transformée* ; ou bien que notre chyle, notre sang, et tout notre corps, qui se sustente et se répare en partie par les alimens, ne sont absolument rien que ces alimens *transformés*. — La *sensation transformée !* dit-on. Mais qu'on nous apprenne au moins d'où vient cette *transformation ?* Comment elle s'opère ? en vertu de quelle force, de quelle loi, de quel principe ? quel est l'agent *transformateur ?* la vertu active et spontanée qui exécute cette opération ? quelles règles, quel mode d'action en détermine le procédé ? quelle *forme* prend enfin cette *sensation* en se transmuant d'une manière si prodigieuse ? Il y a un abyme là-dessous, et je ne vois pas qu'on se soit occupé de le sonder, encore moins d'y jeter un pont [1]. Qu'est donc cette *sensation* qui nous

---

[1] Il y a si peu de gens qui sentent le besoin de n'admettre en spéculation que sur preuves ! Toutes nos *opérations intellectuelles et morales, toutes nos facultés ne sont que la sensation*; cela est plus expéditif, plus palpable. On a là, sans se creuser la tête, un joli petit système tout fait au bout de ses doigts ; tout est ramené à l'unité, à la simplicité, tout est sublime. Il n'est plus besoin de ces distinctions pédantesques de facultés sensibles, de facultés logiques, de facultés morales, etc.... *Barbarie* que tout cela, *jargon de l'école !* Tout l'homme intellectuel est dans la *sensation*.—N'est-il pas dommage que l'homme physique ne puisse se réduire de même à une si belle simplicité ? Si le corps n'était aussi visible et aussi palpable que par malheur il l'est ; si l'anatomie n'y eut trouvé diverses opérations et facultés très-différentes qui ont chacune leur district ; une digestion et une nutrition, une respiration et une circulation, un estomac, un système lymphatique, un tissu cellulaire, etc...... organes très-actifs, qui concourent au même but, mais qui restent très-distincts, s'il n'était connu que l'air, la la lumière, l'oxigène, l'hydrogène, le calorique, et autres ingrédiens sont, autant que la nourriture, nécessaires à ce corps, nous le mettrions sur le même pied que l'ame : ce serait une façon de *quodlibet* qui recevrait de l'*aliment*, et cet *aliment transformé* (Dieu sait par qui et comment !) ferait tout, serait tout, fournirait à tout. Au

donne connaissance des objets, et en laquelle réside toute certitude ? est-ce l'impression produite par quelque chose qu'envoient les objets, et reviendrons-nous au système des *émanations* et des petits *simulacres voltigeans* ? D'où vient que nous accordons une foi si entière à cette sensation, et jusqu'où sommes-nous fondés à lui attribuer de la réalité ? n'y mettons-nous rien du nôtre ? Il me semble que voilà des questions assez importantes pour qui veut sérieusement philosopher et savoir le dernier pourquoi des pourquoi, le dernier comment des comment sur l'origine et la nature de ses connaissances. C'est de faire une réponse satisfaisante à ces questions que s'occupe la philosophie critique. Lorsque par elle on saura à quoi s'en tenir sur l'expérience, on expérimentera sans doute avec plus de sûreté et de profit.

Condillac dit dans son *Traité des sensations* :
« Y a-t-il dans les objets des sons, des sa-
» veurs, des odeurs, des couleurs ? qui peut
» nous en assurer ? y a-t-il au moins de l'éten-
» due ?... Mais le toucher n'est pas plus croya-

moyen de cette *ingénieuse* découverte, l'étude de l'anatomie se trouverait prodigieusement simplifiée, évidente et sur-tout philosophique ; tout un chacun deviendrait anatomiste, ce qui manifesterait clairement les grands progrès des lumières et de l'esprit humain.

» ble que les autres sens [1] : et puisqu'on re-
» connaît que les sons, les saveurs, les odeurs
» et les couleurs n'existent pas dans les objets,
» il se pourrait que l'étendue ne s'y trouvât pas
» davantage.... Je ne dis pas qu'il n'y a point
» d'*étendue*, je dis seulement que nous ne l'a-
» percevons que dans nos propres sensations.
» D'où il s'ensuit que nous ne voyons point les
» corps en eux-mêmes,.... et j'attends qu'on
» ait prouvé qu'ils sont ce qu'ils nous parais-
» sent, ou qu'ils sont toute autre chose. » On
ne peut que rendre justice en cet endroit à la
pénétration et au grand sens de l'abbé de Condillac. Mais que penser de lui, quand un peu après il ajoute ? « Les idées se divisent en deux
» espèces : j'appelle les unes *sensibles*, les autres
» *intellectuelles*. Les idées sensibles nous repré-
» sentent les objets qui agissent actuellement
» sur nos sens ; les idées intellectuelles nous re-
» présentent ceux qui ont disparu après avoir
» fait leur impression : ces idées ne diffèrent les
» unes des autres, que comme le souvenir dif-

---

[1] *Condillac* croyait que c'est par le *toucher* que nous acquérons l'idée de l'*étendue* ; mais l'idée du *toucher* et son mécanisme suppose déjà de l'*étendue*, des surfaces hors les unes des autres. Or s'il faut avoir l'idée de l'*étendue* avant que celle du *toucher* soit possible, il n'est donc pas vrai que l'idée de l'*étendue* vienne du *toucher*.

» fère de la sensation. » Voilà le métaphysicien (qui naguères s'était dégagé de la sensation, était parvenu à un scepticisme raisonnable et même à un point de vue transcendental) retombé dans l'empirisme et le dogmatisme le plus grossier [1]. La sensation produit les *idées sensibles* qui nous *représentent les objets*. Les *idées intellectuelles* ne sont que la *réminiscence* et la mémoire des *objets qui ont disparu après avoir fait leur impression!* — Nous voilà bien déchus. Je demanderais volontiers au philosophe qui admet une telle genèse de nos idées et de nos connaissances, où il a vu le *point géométrique ?* où l'*hyperbole* et son *asymptote prolongées à l'infini ?* où la figure de 1000 côtés

---

[1] On le voit, *Condillac* était né penseur ; il a des vues qui le placent au rang des plus forts métaphysiciens. Mais ce ne sont que des aperçus, des éclairs ; il a tourné autour de grandes vérités, il en a soupçonné, entrevu, mais il n'a jamais osé les aborder sérieusement. Il se sentait effrayé dès qu'il posait un pied sur le sol transcendental, et s'en retirait bien vite pour rentrer dans son lockianisme *réformé*, qui vaut encore beaucoup moins que le lockianisme *orthodoxe*. Il n'a jamais pu arrêter ses comptes, et se mettre au net sur ce qu'il devait croire ou ne pas croire ; il est tout rempli de ces disparates. Mais néanmoins il faut bien le distinguer de la tourbe de ses imitateurs, et de tous ceux qui ont amplifié sur l'empirisme après lui et d'après lui.

et celle de 999 ? si le *souvenir* de ces *objets* est encore bien vif en lui ? et depuis quand ils ont *disparu* après avoir fait *leur impression* ? Je lui demanderai, où est cet archétype absolu du triangle dont les trois angles égalent 180 degrés, propriété qui n'est celle de chaque triangle individuel que parce qu'elle est démontrée, par l'entendement, de l'archétype idéal ? — Je lui demanderai encore (et je serai inépuisable dans mes questions) où il a vu un objet qui s'appelle l'*espace*, le *vide*, le *plein*, le *tems*, l'*absolu*, l'*inconditionnel*, l'*infini*, le *même* et le *non-même*, le *plus* et le *moins*, la *quantité*, la *qualité* ? un *objet* qui soit une *cause*, un *effet*, une *dépendance*, une *réciprocité*, un *devoir*, une *vertu*, etc.... etc..... ? sans doute, puisque toutes ces idées intellectuelles ne diffèrent des idées sensibles *que comme le souvenir diffère de la sensation*, sans doute que notre philosophe pourra au moins retrouver le *souvenir* distinct de ces objets *qui ont disparu après avoir fait leur impression* ? J'aime à m'instruire, et je suis très-impatient d'apprendre par lequel de nos organes ces objets se sont introduits ? l'*identité*, la *durée*, la *cause*, la *vertu*, etc.. ont-elles été palpées, ou vues, ou goûtées, ou entendues ? Il y a de quoi faire là un beau traité bien solide et bien instructif, dans le goût de ceux qui sont à la mode en France depuis trente ou quarante années.

Sérieusement parlant, vouloir connaître par la sensation et l'impression ce qui ne peut être l'objet d'aucune sensation, la cause efficace d'aucune impression, cela est contradictoire et absurde. Si l'on dit que ce sont des idées que nous formons à l'occasion de la sensation et de l'expérience ; bon ! nous serons d'accord ; il ne s'agira plus que d'étudier sérieusement comment nous les formons, d'où elles viennent, quelle est leur valeur quant à nous, leur compétence quant aux choses ? en un mot il ne s'agira plus que de soumettre notre faculté de connaître au plus sévère examen, c'est-à-dire, de passer à une théorie de notre cognition *en elle-même*, ou si l'on veut à une critique de la raison pure. Tant que nous attribuerons à nos sensations l'unique origine de nos connaissances, il sera très-embarrassant, et même contradictoire, d'admettre en nous des idées intellectuelles. L'embarras et la contradiction s'évanouissent, en reconnaissant encore une autre source de nos connaissances dans la propre nature de notre entendement.

Nous avons, parmi nos connaissances, certaines

vérités universelles, nécessaires, que nous ne pouvons renier, qui ont une force égale à celle du sentiment de notre existence. Telles sont les propositions des *mathématiques pures*, le principe de la *contradiction*, celui de la *raison suffisante*, celui *que tout ce qui arrive doit être produit par une cause*, etc.... etc.... A l'aide de ces axiomes universels et nécessaires, je décide avec une certitude absolue, et je prononce d'avance sur des choses que je n'ai jamais vues ni expérimentées, qui sont même impossibles à être vues ou expérimentées. Or l'expérience, le fait, la sensation peuvent m'apprendre seulement que la chose (qui est maintenant devant moi) est de telle ou telle façon; mais c'est tout: le fait ne renferme que le fait, et rien au-delà; l'expérience présente m'enseigne ce que je vois présentement; elle ne m'enseigne, ni ne peut m'enseigner ce que je verrai dans tout autre fait et toute autre expérience. Je prévois cependant de la sorte, à l'aide des axiomes susdits; ils ne proviennent donc pas de l'expérience, ils sont donc au-dessus d'elle [1]. Ce qui peut varier

---

[1] Quoi, ce ne serait que parce que j'en ai fait l'expérience, que je sais que 2 et 2 font 4 ? Et qui est-ce qui me répond que l'expérience aura toujours le même résultat ? qu'un jour 2 et 2 ne feront pas 5 ? Un pommier a porté l'an dernier 60 pommes, et 70 cette année. Expli-

peut

peut dépendre de l'impression extérieure et de la nature des choses qui est variable ; ce qui est invariable ne peut provenir que de notre propre nature, qui seule ne varie point dans nos observations diverses.

Nous formons des jugemens qui ont entre eux une différence intrinsèque et totale. Les uns sont vrais, mais non nécessaires. I. *L'odeur de la rose est agréable : le bois est combustible*, etc.... Nous pouvons trouver des roses qui aient une odeur désagréable, des sortes de bois qui résistent au feu, etc.... Il n'y a rien là qui répugne à notre raison et à notre conviction intime. — Les autres sont vrais et absolus, ne souffrent ni exceptions, ni restrictions. II. *Les objets que nous percevons par nos sens extérieurs doivent être étendus, doivent oc-*

quez-moi la différence de certitude qui naît de ces deux choses, en vous en tenant au fait et à l'expérience ! D'où provient même le nombre *deux* dans cette expérience ? d'où provient un nombre quelconque ? Assurément ce n'est pas de l'expérience. Il n'y a pas de *deux*, il n'y a pas de *nombre* dans la nature. Il y a là *quelque chose*, et ici *quelque chose* ; le fait ne m'en donne pas davantage. Qui réunit ce *quelque chose* avec ce *quelque chose* en un ensemble systématique pour en faire *deux*, pour en faire un nombre ? Qui ? Mon entendement, qui ordonne tout, suivant ses propres vues, ses propres lois, qui crée l'unité, les nombres et l'arithmétique.

cuper un lieu dans l'espace : deux lignes droites ne peuvent se couper qu'en un seul point, etc... Ces deux classes de jugemens, si essentiellement divers, naissent-ils également de la sensation et de l'expérience ? S'ils en naissent également, d'où vient leur prodigieuse différence ? D'où vient que dans un cas je ne suis sûr de rien, qu'on m'ôterait ma conviction avec la même facilité que je l'avais acquise ? et que dans l'autre on m'anéantirait, on m'ôterait mille fois la vie avant que je pusse rien changer à ma conviction ? N'est-il pas absurde d'attribuer la même origine et la même nature à des choses si opposées ? L'absurdité cesse en reconnaissant deux sources très-différentes de ces jugemens. Les premiers naissent de l'expérience, ils sont empiriques ; les seconds naissent de notre propre nature, sont la manifestation de notre mode de connaître, ils sont transcendentaux. L'expérience règle les uns ; les autres règlent l'expérience [1].

On voit donc que l'empirisme ne peut expliquer le système de nos connaissances exactes et nécessaires, qu'il est pourtant bien forcé d'admettre, et qu'il faut pour cela recourir au transcendentalisme.

[1] Il sera traité de cet objet dans l'article suivant.

Il est bon de rappeler au lecteur que l'empirisme n'est insuffisant et superficiel, qu'en tant qu'il voudrait donner la sensation pour l'unique et réelle base de nos connaissances, en tant qu'il voudrait par-là se constituer *métaphysique*. Dans le fertile et utile champ de l'expérience, où il y a tant à cultiver et à recueillir, on ne peut trop encourager le philosophe observateur et expérimental; mais que chacun reste dans son domaine. L'empiriste veut faire usage de l'expérience, et le transcendentaliste veut expliquer l'expérience; ils n'ont rien de commun. Ils partent tous deux de la ligne de l'expérience, mais l'un se tient au-dessus et l'autre plonge au-dessous; l'un tapisse le palais de la science, l'autre en assure les fondemens. L'empiriste, qui avec sa doctrine n'a pas la prétention d'être parvenu au dernier pourquoi des pourquoi, peut être du meilleur accord avec le transcendentaliste. — Voici ce que disait déjà sur ce même sujet un philosophe qui écrivait à la fin de l'époque cartésienne, lors de la naissance de l'encyclopédisme et de l'adoption que fit celui-ci de l'empirisme de *Locke* : « [1] Je n'ai garde de
» réfuter ce que disent aujourd'hui les philo-
» sophes sur la question des *idées*. Je ne suis

---

[1] *Kéranflech*, SUITE *de l'Essai sur la raison*. A Rennes, *chez Vatar*, 1765, *in-12*.

» pas moins persuadé qu'eux de la meilleure
» partie de ce qu'ils disent ; et la différence qui
» est entre nous n'empêche pas que nos pré-
» tentions ne puissent être vraies de part et
» d'autre. Lorsqu'ils ont analysé l'usage des *sen-*
» *sations* et des *réflexions*, pour *éclairer* l'es-
» prit, ils n'ont pas touché à la nature de la
» lumière en elle-même. Ces messieurs ne traitent
» que des moyens qui excitent naturellement les
» idées, des causes qui occasionnent directe-
» ment ou indirectement la présence des idées :
» ils n'examinent en aucune manière ce que les
» idées peuvent être. Ainsi ce qu'ils soutiennent
» est très-vrai, les sens, les expériences.....
» font naître des idées ; la réflexion, l'éducation
» et autres occasions les font distinguer, com-
» combiner, analyser, multiplier, etc...., c'est-
» à-dire, que voilà autant de voies d'ouvrir l'es-
» prit, de l'agrandir, d'étendre ses vues, de
» le former, de le perfectionner. — Mais il
» n'y a ni cartésiens, ni mallebranchiste qui
» ne prétende la même chose ; en tout sys-
» tème cela est vrai ; les *sens* et la *réflexion*
» sont deux causes occasionnelles de la lumière ;
» mais cela ne dit pas de quelle nature est cette
» lumière qui nous éclaire. Encore un coup,
» les sens et la réflexion nous occasionnent,
» nous procurent des *idées ;* voilà ce qu'on ex-

» plique aujourd'hui. Mais *que sont ces idées...?*
» voilà ce qu'on n'explique pas. La principale
» difficulté demeure toujours la même, elle con-
» siste à déterminer *la nature des idées :* et
» c'est ce que ces messieurs n'examinent point.
» Pourquoi donc réfuter ce qui n'est pas contre
» moi ? mon système étant démontré, le leur
» subsiste, et le leur étant démontré, le mien
» subsiste aussi. La différence qui est entre
» nous ne consiste point à penser différemment
» sur la même chose; mais *en ce que nous*
» *n'examinons pas la même chose.* Ils analysent
» ce qui occasionne directement ou indirecte-
» ment la présence des idées; et moi je tâche
» de découvrir ce que sont les idées en elles-
» mêmes; nous sommes à cent lieues les uns
» des autres..... En un mot, ce qu'on dit à
» présent touchant la question des idées, donne
» à côté, et ne regarde la nature des idées ni
» de près ni de loin. Le grand livre de *Locke*
» fait remarquer par quels moyens on obtient
» la lumière, quand et à quelles occasions nous
» sommes éclairés; il rend compte des démarches
» et des opérations de l'esprit et de ce qu'il faut
» faire pour bien voir.—*Ouvrez les yeux*, dit-il,
» *et vous verrez ; quand vous aurez beaucoup*
» *vu, réfléchissez, méditez attentivement, et*
» *vous obtiendrez la connaissance de tout ce*

» *qu'il est possible de connaître. Voilà à quelles*
» *conditions nous arrivons à la lumière....*
» Mais qu'est-ce que la lumière en elle-même ?
» C'est une autre chose à découvrir qui n'est pas
» du projet de *Locke* »...

Je suis tout-à-fait de l'avis de ce brave cartésien ; le passage qu'on vient de lire fixe les bornes réciproques, et renferme les conditions auxquelles la philosophie rationnelle et l'empirique doivent vivre en une paix inaltérable. Bien entendu que la première demeure suprême législatrice, et se charge d'exposer les lois fondamentales de nos connaissances. Les empiristes ont répété mille fois : « *Qu'en philosophie on ne devait marcher*
» *qu'appuyé sur le bâton de l'expérience* ». Cela est à merveille ; mais encore s'agit-il de savoir sur quoi s'appuie et porte lui-même ce *bâton* ; il faut bien qu'il pose quelque part, et il n'est pas indifférent de savoir où il pose, jusqu'à quel point on peut se fier au fond sur quoi l'on marche. D'ailleurs qu'est-il à son tour, ce *bâton*, sur lequel on s'appuie si confidemment ? de quoi et de quelle manière est-il construit ? est-ce lui qui doit diriger la main qui s'en sert, ou bien est-ce à la main à le diriger ? jusqu'où peut-il servir sans ployer, sans rompre, etc....? Il est évident qu'ici bâton et terrain doivent être exa-

minés par qui ne veut pas marcher à l'aventure. C'est à quoi les empiristes ne songent pas. Ils ressemblent à l'Indien qui fait porter la terre sur un éléphant, l'éléphant sur une tortue, et qui content d'une base aussi solide, ne s'inquiète guères sur quoi repose la tortue. Demandez à un empiriste où il trouve la garantie de la *sensation* ? il répondra, dans la certitude qui l'accompagne. — Demandez-lui où il trouve la garantie de la certitude ? il répondra dans la *sensation*. Toute sa métaphysique tourne dans ce cercle vicieux. Il parle avec autorité de *l'expérience*, et ne sait pas comment l'expérience se fait, ni ce que c'est que l'expérience, ni de quelle manière elle est possible, ni pourquoi il l'admet comme base de connaissances certaines, ni jusqu'où et en quel sens elle est certaine. Il tient la *sensation*, dit-il, pour *l'élément simple* [1], pour l'étoffe première de nos connaissances, et en cela il ressemble à l'ancien chimiste qui tenait l'*eau* et l'*air* pour des *élémens simples* de tous

---

[1] Ici encore un cercle vicieux : « A quoi reconnaissez-vous la simplicité de ces élémens » ? — *A ce qu'ils sont donnés par la sensation*. — « Et à quoi reconnaissez-vous que la sensation est l'élément de nos connaissances ? » *A sa simplicité*. Ainsi le caractère de la sensation est la simplicité, et celui de la simplicité est la sensation. Méthode parfaite de raisonner et de remonter aux principes !

les corps. Des chimistes plus habiles sont venus qui ont montré les élémens de ces élémens prétendus. Leur découverte était très-belle, elle méritait tous les honneurs qui l'ont accueillie. Mais la parfaite analyse de nos connaissances serait-elle moins digne d'estime? On dirait que nous attachons moins de prix à la connaissance de nous-mêmes qu'à celle des choses qui ne sont pas nous, et que dans toute la nature ce que l'homme a le moins d'intérêt à connaître, c'est l'homme!

Si l'on y réfléchit, on s'apercevra aisément que la métaphysique du sensualisme a une connexion et une ressemblance frappante avec les sciences *mécaniques* qui furent ci-devant régnantes dans le monde savant. Tout était alors mécanique; la médecine parlait de *ressorts*, *du mouvement des humeurs*, *de la résistance des solides*; la physiologie voulait *un fluide nerveux*, des *esprits vitaux*; la chimie décrivait les acides comme de petites *pointes*, les alcalis comme des *gaines*; les phénomènes de l'électricité et de l'aimant étaient attribués par la physique à des courans d'une *matière subtile* qui se mouvaient mécaniquement, etc... etc... C'était là l'enfance des sciences naturelles, qui cherchaient à se revêtir de formes étrangères empruntées de la mécanique; l'empirisme de *Locke* et de *Condillac* convenait peut-être à cet état de choses auquel il se rapporte en entier. Depuis lors les sciences naturelles ont pris un autre aspect ; la chimie des *gaz* et des *affinités* leur a appris à avoir des formes à elles, à chercher des principes dans leur propre sein. Elle a chassé la vieille mécanique et s'est emparé de sa prépondérance. Nous vivons dans la période *chimique*, où l'état des sciences est bien supérieur à l'ancien, où toutes les théories sont plus libérales, plus fermes, plus hardies. La vieille métaphysique mécanique a disparu depuis près de vingt ans en Allemagne ; elle s'est soutenue jusqu'aujourd'hui en France. Il faut qu'elle passe, qu'elle cède sa place à une métaphysique qui marche d'un pas égal avec les autres sciences, une métaphysique plus *chimique*, si je puis m'exprimer ainsi, qui pousse ses analyses plus loin, et qui trouve aussi sur son terrain les élémens des élémens.

L'empirisme qui n'a que des sens, qui ne trouve de réalité que dans la sensation, doit étendre l'idée de *matière* à tout ce qui peut agir sur son sentiment externe, à toute la nature. Si, sur la foi de son sentiment interne, il adopte quelqu'autre substance que la matière, il la nommera esprit, et la mettra avec celle-là en opposition [1]. Une substance matérielle, un

---

[1] L'empirisme n'établit sur aucun principe cette distinc-

univers matériel, une substance spirituelle pour animer cette matière ; voilà le *non plus ultra* de l'empirisme. C'est la métaphysique des enfans, c'est celle des peuples dans l'enfance, c'est celle des sauvages. Il n'est plus permis de professer une doctrine si grossière. L'idée de *matière*, celle d'*esprit*, sont des idées informes qui doivent être rejetées, après avoir été reconnues pour fausse monnaie, des trésors de la métaphysique [1] ; avec elles doivent être appré-

tion de corps et d'esprit ; elle est admise par lui arbitrairement et comme par divination ; elle en est rejetée de même ; en sorte qu'il n'y a aucun moyen possible d'accorder ensemble un empiriste *matérialiste* et un empiriste *spiritualiste*. Delà vient aussi que l'athée et le théologien empiristes n'ont aucune prise l'un sur l'autre. Ils n'ont pas plutôt bâti leurs systèmes, qu'ils leur échappent et s'écroulent. *Sisyphes* de la spéculation, ils roulent sans cesse une pierre qui ne trouve jamais où se poser.

[1] Ces idées de *matière* et d'*esprit*, simples manifestations de notre manière de connaître, et qui n'ont de réalité que pour nous, étant transportées dans la théorie des choses telles qu'elles doivent être en soi, y jettent la confusion et en arrêtent tous les progrès. Qu'est-ce qu'une force, par exemple ? Est-ce *matière* ? est-ce *esprit* ? Ce n'est ni l'un ni l'autre. M. *Engel* a publié l'année dernière une ingénieuse dissertation sur la *lumière*, où il démontre que cette substance est dépourvue de l'un des caractères les plus essentiels des choses auxquelles nous attachons l'idée de matière ; que cette idée d'une **matière**

ciées les idées de *divisibilité* et *non-divisibilité à l'infini*, qui menant à des résultats contradictoires, forment un labyrinthe où la raison et l'expérience ne peuvent jamais être d'accord, et s'accusent l'une l'autre d'absurdité [1]. Il faut re-

impénétrable, telle que nous la concevons, est contradictoire avec celle du principe lumineux. Et cependant cette substance fait partie intégrante de l'air que nous respirons, des plantes dont nous nous nourrissons, de notre propre corps et d'autres substances que nous tenons pour impénétrables et matérielles. N'est-il pas tems de rejeter ces dépouilles de la vieille physique, et d'adopter des idées plus vastes et plus saines? Il y a quinze ans que nos voisins discutent de pareils points: la *Physique spéculative* de *Schelling*, quoique conçue dans un sens qui diffère de celui de *Kant*, en ce qu'il l'outre-passe de beaucoup, fera époque dans la philosophie de la nature; mais on dirait qu'un bon livre a plus de peine à passer le Rhin qu'une armée autrichienne.

[1] *La matière est divisible à l'infini*, dit la raison qui manie et analyse l'idée pure de matière, car je ne vois pas un terme où la division pourrait s'arrêter; et tant qu'il reste le plus petit atome de matière, je conçois toujours qu'on peut le couper en deux. On a beau imaginer des termes techniques et des diminutifs, parler d'*atômes*, d'*élémens*, de *molécules*, de *corpuscules*, rien ne peut échapper au scapel de l'entendement, qui trouve toujours une nouvelle division possible. Il n'y a pas moyen de nier cela, et il en résulte que le moindre caillou étant composé d'un nombre infini de parties, je ne devrais pas pouvoir le remuer, ni le tenir dans ma main; car comment

faire *l'entendement humain*, ont dit mille fois les empiristes; nous le répétons avec eux, mais dans un tout autre sens, dans celui qu'indiquait

moi, être fini, puis-je mouvoir et embrasser l'infini ? De même je ne dois pas pouvoir avec mon crayon aller d'un point à un autre ; car la ligne à parcourir entre eux étant composée d'un nombre infini de points, il me faudrait un nombre infini d'instans, une éternité par conséquent, pour aller d'une extrémité à l'autre. — Et ce caillou qui a une infinité de parties ! il est donc aussi grand que le globe de la terre, lequel n'a de même que son infinité d'atômes ; or entre l'infini et l'infini l'on ne peut admettre de différence. Voilà les prétentions de la raison pure, prétentions indestructibles par aucun raisonnement, et qui rompent en visière à l'expérience.

Celle-ci dit, quand à son tour la raison l'adopte pour base (et alors la raison cesse d'être *pure* et devient *empirique*) : « Les prétentions de la raison pure sont absurdes, car elles sont contradictoires à ce qui se manifeste en moi (ce qui, soit dit, en passant, n'est pas très-concluant). — *La matière n'est pas divisible à l'infini*, car les corps étant des composés, il faut bien qu'il y ait des parties composantes, et la matière ne peut être qu'un agrégat de particules matérielles. Ainsi il n'est plus nécessaire que le caillou soit aussi gros que la terre, que la distance entre deux points soit infinie, et chaque chose reste ce qu'elle est. La raison est chimérique quand elle ne s'appuie pas sur moi, et c'est en moi qu'est toute vérité ».

On voit évidemment qu'aucune de ces manières d'argumenter ne détruit l'autre ; que pour la spéculation, la

Condorcet. C'est la science de l'entendement humain, si défigurée par les sensualistes, qu'il s'agit de refaire. Il faut une métaphysique nouvelle et scientifique à la patrie de *Lavoisier*, à celle de *Lalande* et de *Laplace*, au pays qui a produit le génie de *Descartes* ; il faut une nouvelle théorie des arts à ceux qui possèdent aujourd'hui les plus fameux chefs-d'œuvres dont s'honoraient jadis d'autres contrées ; il faut enfin une nouvelle morale, pure comme celle de

divisibilité finie est absurde, comme la divisibilité infinie l'est pour l'expérience. Où est la vérité ? *Dans la raison*, disent les uns, *et l'expérience n'est qu'illusion* (ceux-là deviennent idéalistes). *Dans l'expérience*, disent les autres, *la raison est une fée qui nous trompe* (ceux-là deviennent réalistes). Cette polémique est interminable pour ces deux classes de combattans. Le dernier sentiment conduit à la philosophie corpusculaire d'*Épicure*, et le premier à la monadologie de *Leibnitz*. Celui-ci pour faire transiger la raison avec l'expérience, a fait naître l'étendue et la corporéité en général, de l'agrégation des monades. C'était couper le nœud. Il n'y a qu'une philosophie transcendentale qui puisse offrir un moyen de le délier. Les empiristes français ne s'en inquiètent même plus. La lassitude et le peu de succès de leurs prédécesseurs les ont découragés ; ils laissent le nœud fermé et n'y regardent plus. L'indifférentisme est à cet égard toute leur philosophie ; et ils se consolent avec le *que nous importe ?* spécifique admirable, qui est la *bella-dona* de toute philosophie.

l'Évangile, sévère comme celle du Portique, à une nation qui tend sérieusement à jouir d'une liberté raisonnable, qui ne veut plus chez elle ni libertins, ni terroristes, ni la corruption des cours, ni la férocité des clubs.

IX.

Différence de la certitude analogique et de la certitude apodictique. — D'où peut procéder cette dernière ?

Il a déjà été touché quelque chose, dans plusieurs des articles précédens, de ce qui fait l'objet de celui-ci. Mais il est des conceptions importantes qui ne peuvent se reproduire sous trop de formes dans ces élémens, qui n'y peuvent être établies avec trop de clarté et de solidité.

Nous trouvons en nous ce sentiment intime, cette conscience de certitude qui nous fait juger que la réalité dans les choses ressemble à nos représentations des choses ; nous trouvons, dis-je, en nous la certitude établie de deux manières toutes différentes.

Premièrement, elle peut être établie par la vue d'un fait, par l'expérience quelconque. Je suis certain que la rivière était trouble ce matin, parce que je l'ai vu, ou que d'autres à qui je ne crois pas l'envie de me tromper l'ont vu pour moi. Je suis de même certain que la ville de Rome existe, parce que je l'ai vu, ou que d'autres l'ont vu pour moi ; je suis certain que *Herschel* a découvert *Uranus* et ses huit satellites, qu'*Alexandre* a conquis la Perse, enfin je suis certain qu'il fait maintenant grand jour, ou qu'il fait nuit, chaud, ou froid, etc... Cette certitude est purement *historique*, elle ne va point au-delà du fait, elle suit toujours le fait, d'où vient qu'on la nomme aussi certitude *à posteriori*.

Secondement, la certitude peut se trouver en nous établie avant le fait, avant l'expérience, et n'en être pas moins assurée, ni moins puissante. Je suis certain qu'une pierre que je tiens dans ma main tombera si je la lâche, qu'un amas de poudre détonnera si j'en approche un charbon; etc.... Cette sorte de certitude devient plus philosophique ; le fait ne sert qu'à la confirmer ; elle le précède, le détermine d'avance, ce qui fait dire qu'elle a lieu *à priori*. — Il n'est question ici que de cette dernière.

————

La certitude *à priori* est à son tour, en certains cas, bien différente de ce qu'elle est en d'autres ; sa nature et ses moyens de s'établir ne sont pas les mêmes dans les uns et les autres de ces cas, et sa source ne peut être en conséquence la même.

I. Tantôt elle ne donne qu'une conviction *conditionnelle*,

ditionnelle, sujète à être détruite, à souffrir des exceptions, une conviction *d'induction* et *d'analogie* [1], qui tient de la vraisemblance et de la probabilité. Elle naît alors d'un certain nombre d'expériences répétées, et du penchant que nous avons à croire que l'expérience, dans des suppositions semblables, offrira toujours les mêmes résultats. Nous appellerons cette espèce de certitude *analogique*.

En voici quelques exemples.

Tant que j'ai eu peu d'occasions d'éprouver l'envie et la malice des hommes, je les crois tous bons et généreux. Quand j'ai été souvent exposé aux traits de l'envie et de la malice, je crois tous les hommes envieux et méchans. Dans l'une et l'autre croyance, je n'ai qu'une certitude présumée; une expérience nouvelle peut la détruire; ma certitude n'est ni absolue, ni invariable.

J'ai déjà cité précédemment en plusieurs endroits des exemples de la certitude analogique. Dans le passage des *Essais* de *Leibnitz* inséré vers la fin de l'article V, on a vu quel genre de certitude nous donne pour l'avenir le re-

---

[1] Lorsque *Kant* traite des *analogies*, il prend ce terme dans le sens scientifique; je ne le prends ici que dans l'acception vulgaire, où il signifie la ressemblance qui fait la base d'une induction.

tour alternatif de la lumière et des ténèbres à chaque journée. Cette certitude se trouve fausse pour les zones polaires, et peut se trouver un jour fausse pour tout le globe. Ne serait-il pas possible qu'un accident imprévu ôtât à la terre son mouvement actuel autour de son axe, et qu'elle tournât autour du soleil, comme la lune tourne autour de la terre ; en lui montrant toujours la même face, si bien qu'il n'y aurait que cette seule face qui serait perpétuellement éclairée, tandis que l'autre resterait perpétuellement dans la nuit? Il en est de même quant à l'ordre et à la succession des saisons. Comme depuis plus de six mille années la tradition nous apprend que l'hiver, le printems, l'été, l'automne se sont régulièrement succédés, nous nous croyons fondés à être certains qu'il en sera toujours de même. Cependant il se pourrait qu'un jour l'axe de la terre, qui est oblique aujourd'hui, se redressât et devînt perpendiculaire à l'écliptique. Alors il n'y aurait plus nulle variété de saisons; la zone torride aurait un éternel été, les zones tempérées auraient un éternel printems, et les glaciales un éternel hiver; les jours ne seraient plus inégaux dans les divers tems de l'année, mais constamment égaux aux nuits sur toute la terre, excepté pour les deux pôles qui verraient sans cesse le soleil à leur horizon. L'expérience tant de fois répétée n'a donc pu nous donner sur ces choses une certitude absolue, inconditionnelle, qui entraînât la nécessité et l'universalité des faits en question; la raison ne trouve ni contradiction, ni répugnance à l'affaiblissement de cette certitude.

Les habitans des côtes de l'Océan voient à chaque intervalle de six heures la mer monter ou descendre. Ils l'ont vu toute leur vie, leurs pères l'ont vu; ce phénomène a toujours eu lieu, et cependant s'il cessait par une cause quelconque, on tâcherait de deviner cette cause; mais nulle raison humaine ne trouverait la tranquillité des eaux de la mer absurde ni incroyable. Il y a même de petites mers, comme la Baltique, qui n'ont ni flux ni reflux.

Un nombre presqu'infini de faits, l'observation de tant d'espèces, avait établi la certitude analogique que les animaux ne pouvaient se reproduire qu'au moyen des sexes et de l'accouplement. Vaine certitude, expérience trompeuse! d'autres expériences ont fait connaître d'autres animaux sans sexe, et qui produisent leurs semblables sans accouplement. Le mode de génération des *pucerons* et celui des *polypes* est venu prouver encore ce qui est si clair par soi-même, que l'expérience, répétée des millions de fois, ne peut fonder de règles universelles et nécessaires.

De toutes les expériences, celle qui paraît munie de la plus grande certitude, celle qui semble assurer une fin inévitable à tout ce qui est né, c'est celle qu'on a faite constamment depuis que le monde est monde, de la mort de chaque individu : *Tous les hommes sont mortels.* Des choses que nous apprend l'expérience, aucune ne paraît plus universelle et plus nécessaire ; et si de l'expérience pouvait résulter un jugement qui portât rigoureusement ces caractères, ce serait celui-ci : *Tous les hommes sont mortels.* Cependant il n'est guères de religion où l'on ne trouve établie la croyance de quelques hommes saints qui ne sont pas morts, et qui vivront toujours. Le seul conte populaire du *Juif errant* suffirait pour prouver que rien n'est contradictoire et ne répugne au sens intime qui règle la conviction, dans l'assertion contraire *que tous les hommes ne sont pas mortels. Diderot,* qui certes n'appartenait pas au peuple, ne pensait-il pas qu'un jour l'homme perfectionnerait les sciences à un tel point, qu'il trouverait le secret de ne plus mourir ? Telle est donc la nature de notre certitude dans ce cas, que l'immortalité de l'homme, en son état présent, semble seulement contraire à l'expérience, nullement à la possibilité.

Un nègre qui n'est jamais sorti du cœur de l'Afrique, et qui n'a vu que de ses pareils, croit sans doute fermement que tous les hommes sont noirs, et il a de cette proposition la certitude la plus forte qui puisse dériver du fait et de l'expérience. Un jour il voit des blancs ; l'habitude produit en lui de l'étonnement, mais sa raison ne se révolte en aucune manière ; il voit quelque chose d'inusité, mais il ne voit rien de contradictoire, et il s'accoutume au blanc, comme il s'était accoutumé au noir. Il en serait de même à notre égard, si nous n'avions jamais eu connaissance de l'existence des noirs, et que nous vinssions à les découvrir. Nous sommes certains, ou du moins nous croyons l'être, qu'il n'y a point de peuple de couleur verte. Et cependant qu'y aurait-il d'inadmissible et d'absurde si l'on découvrait quelque jour une île dont les habitans auraient le teint vert ?

Ces exemples me paraissent suffisans pour faire voir que l'expérience ne peut jamais donner qu'une certitude conditionnelle, limitée, conjecturale ; qu'elle ne peut fonder que des inductions, des analogies, des probabilités ; mais que dans aucun cas elle ne peut fonder des principes d'une certitude nécessaire et universelle, des principes qui n'admettent ni modifications, ni exceptions.

Nous en conclurons donc que l'empirie, l'expérience, la sensation (tout comme on voudra l'appeler), ne peut être la source que de connaissances *historiques* ; que les propositions déduites d'elle n'ont qu'une certitude conjecturale, hypothétique, conditionnelle ; que jamais dans une expérience la nécessité de la forme d'une autre expérience n'est donnée, et qu'enfin jamais une certitude absolue, inconditionnelle, nécessaire, ne peut résulter d'elle.

II. Il en est bien autrement de la certitude qui accompagne ces propositions, par exemple : *Deux choses égales à une troisième sont égales entr'elles.* — *Entre deux points on peut toujours tirer une ligne droite* [1], — *et l'on n'en peut tirer qu'une.* — *Trois points sont toujours situés dans un même plan.* — *Par trois points on peut toujours faire passer une circonférence de cercle,* — *et l'on n'en peut faire passer qu'une.* — *Les trois*

[1] Et remarquez bien que le géomètre dit : « *on peut tirer,* » non pas : « *on peut supposer.* » Il dira qu'on peut tirer une ligne droite du centre de la terre à celui du soleil, d'une étoile fixe à l'autre ; en effet, chez le géomètre, c'est l'esprit qui tire des lignes, c'est l'esprit qui construit des archétypes dont ensuite la main fait des représentations grossières avec le crayon, représentations dont on peut à la rigueur fort bien se passer.

angles de tout triangle sont égaux à deux droits.
—Et toutes les autres propositions des mathématiques pures.

De même : *Deux corps ne peuvent occuper le même lieu de l'espace, ne peuvent se pénétrer.* — *Il y a dans tout objet où nous apercevons des changemens* (accidens), *quelque chose qui ne change point* (substance), *mais qui est perdurable et constant* [1]. — *Tout évènement doit être produit par une cause,* — *et tout évènement doit produire un effet.* — *Effet et cause ne peuvent exister ensemble, mais doivent avoir lieu dans des instans différens, de telle sorte que la cause précède toujours, et que l'effet suive toujours, sans que cet ordre puisse changer dans aucun cas.* — *Toutes les choses co-existantes sont entr'elles en une relation de dépendance, c'est-à-dire, d'action et de réaction.*—etc.., etc..
Il est inutile de multiplier davantage les exemples de pareilles propositions ; il en a déjà été donné quelques-uns dans les articles précédens.

Sent-on la puissance irrésistible de conviction avec laquelle ces axiomes se présentent, et se font adopter à l'esprit ? L'autorité despotique

[1] Par exemple : *Le monde varie sans cesse, et tout ce qu'il renferme prend sans cesse de nouvelles formes ; mais la matière, la substance du monde, reste toujours la même en essence et en quantité.*

avec laquelle ils forcent à convenir de leur universalité et de leur nécessité ? sent-on l'absolu et l'inconditionnel qui est caché en eux ? aperçoit-on la lumière qui éclate, dès qu'ils se montrent ? la certitude invariable et *apodictique* avec laquelle ils prononcent sur tous les cas imaginables, et sans restriction, de telle sorte que leur contraire, oui même une simple exception qu'on voudrait y faire, serait une absurdité qui impliquerait contradiction, et qui n'obtiendrait jamais l'assentiment de l'esprit [1] ?

La certitude analogique n'a pu naître que de la multiplicité des cas semblables ; après mille expériences, elle n'est parvenue qu'à des tâtonnemens, qu'à des conjectures : et l'expérience,

---

[1] L'esprit peut admettre un état de choses où la terre n'aurait plus les mêmes mouvemens par rapport au soleil; il peut admettre des hommes qui ne seraient pas mortels, qui auraient le teint vert, etc.... Mais personne ne s'avisera jamais d'imaginer deux lignes droites différentes d'un point à un autre, un triangle dont les trois angles vaudraient plus ou moins que la demi-circonférence, etc., etc..... Il y a plus encore qu'absurdité, il y a impossibilité à imaginer ces choses. D'où naît le sentiment intime dans l'homme, de cette impossibilité ? Est-ce de l'expérience, qui varie sans cesse ? Non ; c'est de sa propre nature, de celle de ses facultés cognitives qui ne changent jamais, et qui impriment ces formes constantes aux objets dont il prend connaissance.

réciproquement, mille fois répétée, n'a pu nous conduire qu'à une vacillante induction. — Au contraire, la certitude *apodictique*, que je trouve dans grand nombre de mes connaissances, d'axiomes et de principes fondamentaux, marche d'un pas ferme, décide avant toute expérience, décide pour tous les cas, sans composition, sans restriction; l'expérience, que je n'ai pas attendu pour me convaincre, s'y conforme et reçoit des lois de ma pensée.

La certitude *analogique* s'est établie chancelante sur un grand nombre d'expériences antécédentes. Elle n'est devenue *à priori* que pour les expériences subséquentes, et elle est de telle nature, qu'une seule expérience qui n'y sera pas conforme, suffit pour la renverser. — La certitude *apodictique* s'est établie d'autorité et inébranlablement par sa propre puissance; elle prescrit les lois et conditions des expériences à venir, lesquelles ne semblent avoir lieu que pour l'affermir. Elle est le véritable *à priori*, l'*à priori* PUR, indépendant de l'expérience, puisqu'aucune expérience ne peut la contredire.

La certitude *apodictique* précède l'expérience; elle ne dérive donc pas de l'expérience.

La certitude *apodictique* porte les caractères d'*universalité* et de *nécessité* absolues : elle ne dérive donc point de l'expérience, qui ne peut établir qu'une certitude *analogique*.

Et puisqu'elle ne dérive point de l'expérience, c'est-à-dire, puisqu'elle ne nous est point donnée du dehors, il faut bien qu'elle ait sa source en nous : cela admis, tout le merveilleux qui s'y manifeste d'abord s'évanouit, car ce qui est en nous y est toujours, y est toujours également, et doit nous apparaître comme universel et nécessaire. C'est la couleur rouge de la *chambre-obscure* dont il a été question dans l'Art. V.

Enfin, cela étant, il faudra convenir que toutes nos connaissances naissent AVEC, mais non pas DE l'expérience, distinction qui est de la plus haute importance.

Remarque première.

Les mathématiques pures, la logique, la philosophie transcendentale, la physique pure, et quelques autres connaissances reposent, quant à leur possibilité, et la plupart quant à leur contenu, sur des principes *à priori* purs, et par conséquent d'une certitude apodictique, qui est accompagnée de nécessité et d'universalité. Sans ces caractères en effet, les principes ne peuvent être certains et invariables; ils ne peuvent offrir aux connaissances qui se fondent sur eux une base vraiment solide et scientifique. On ne peut élever à la dignité de science, dans toute la rigueur de ce terme, que les sciences *rationnelles*, qui renferment des principes *à priori* purs.

Quant aux autres connaissances, elles ne sont pas fondées sur des principes *purs*, mais elles livrent en résultat des principes empiriques, qui ne donnent pour les cas futurs qu'une certitude conjecturale, une certitude d'analogie et de probabilité. On ne peut pas accorder que les connaissances empiriques soient des sciences proprement dites; elles ne s'élèveront à ce rang que quand le génie leur aura trouvé des principes podictiques. De ce nombre est sur-tout la *médecine*, simple empirisme, qui ne repose que sur des faits, que d'autres faits peuvent contredire, et qui n'a pour doctrine que des aphorismes d'induction, dépourvus de toute certitude apodictique [1].

[1] L'anglais *Brown* a tenté de fonder la médecine sur des principes purs *à priori*, et par-là de l'élever au rang des sciences proprement dites. Je ne puis décider s'il y a réussi, mais tout penseur ne peut qu'applaudir à son but et à l'idée qu'il a éveillée, idée belle et solide qui fructifiera indubitablement quelque jour, et qui tirera la médecine de l'état de confusion et d'incertitude où elle est encore. C'est un essai pareil que *Lavoisier* a tenté pour la chimie, et par-là il en est devenu le grand réformateur. La logique a dû à *Aristote* d'être devenu une science pure *à priori* ; la géométrie a dû le même avantage à *Thalès*, ou, quel que soit son nom, à celui qui a vu le premier que l'entendement devait construire avant la main. *Verulam*, *Galilée*, *Toricelli*, *Sthal* ont posé les fondemens d'une physique pure ; *Keppler* ceux de l'astronomie ; *Kant* ceux d'une philosophie scientifique. Il n'y a que les têtes systématiques qui soient capables de tirer ce parti de l'expérience, et de l'attacher à un fil qui conduise avec sûreté dans le labyrinthe. Les systèmes trompent souvent (et l'on verra pourquoi et comment), mais hors d'eux point de salut pour les sciences. Un faiseur d'expérience est le maçon qui travaille en aveugle au bâtiment dont le génie systématique est l'architecte. Sans doute qu'il faut bien aligner des pierres et remuer du mortier pour bâtir un édifice, mais il faut que la pensée de l'architecte ait précédé et réglé la place des matériaux.

Remarque seconde.

AFFIRMER, c'est juger. La certitude, quelle qu'elle soit, se manifeste toujours en nous par un jugement. Or nous jugeons de deux manières.

1.° Nous affirmons d'une chose ce qui est déjà renfermé dans la représentation que nous avons de cette chose, comme quand nous disons : *Un corps est étendu. — Un triangle a trois côtés. — Un cercle est rond. — Une perpendiculaire ne penche ni à droite ni à gauche. — Un animal est un être vivant. —* etc.... Les jugemens de cette espèce se nomment *analytiques*, parce qu'on n'a qu'à analyser un objet pour les trouver. Ils sont toujours *à priori*, car on n'a pas besoin d'en faire l'expérience, pour savoir que ce qui est renfermé dans l'idée d'un objet peut être affirmé de cet objet. Ils sont d'une certitude absolue, et fondés sur le principe de la *contradiction* [1]. Ils servent à classer, à rendre plus claires nos connaissances des objets, mais ils ne peuvent évidemment jamais servir à les étendre, à en acquérir de nouvelles.

---

[1] C'est-à-dire, on ne peut découvrir par l'analyse dans un objet, et l'on ne peut assurer de cet objet, que ce qui ne lui est pas contradictoire.

2.° Pour acquérir des connaissances nouvelles des objets, il nous faut leur attribuer des qualités, des rapports qui ne se trouvent pas encore renfermés dans la représentation que nous avons d'eux, et qui soient pris tout-à-fait en dehors de cette représentation. Dans ce cas, les jugemens sont synthétiques, c'est-à-dire, additionnels. On a eu long-tems l'idée de l'air, sans rien savoir de sa pesanteur, de sa couleur bleue, de son élasticité, de sa composition d'oxigène et d'azote; à chaque fois qu'on lui a découvert ces nouveaux attributs, on a formé des jugemens synthétiques. Or, quant à la source de ces jugemens, il s'offre deux considérations auxquelles il est indispensable de s'arrêter.

A. *Jugemens synthétiques qui suivent l'expérience.* Ils ont lieu quand je dis : *L'or est ductile. — La rose est odorante. — Pierre est malade. — Le feu brûle.* — etc. ... Je vois, je perçois ces attributs que je donne à l'or, à la rose, etc. .., ils ont pour moi la réalité du fait; l'expérience est le moyen sûr et compréhensible par où je parviens à les former; ils naissent d'elle, et conformément à elle, c'est-à-dire, qu'ils sont *à posteriori*. La source et la possibilité des jugemens synthétiques *à posteriori* est donc évidente, et n'a pas besoin de plus profondes recherches.

B. *Jugemens synthétiques qui précèdent l'expérience.* Ils ont lieu quand je dis : *La ligne droite est le plus court chemin d'un point à un autre.* — *Tout ce qui arrive dans la nature doit avoir une cause.* — *Le monde est éternel* — ou, *n'est pas éternel.* — *Le monde est infini* — ou, *il est fini.* — *L'ame est un être simple* — *elle est immortelle*, et mille autres de cette nature, vrais ou faux, mais auxquels l'expérience ne peut m'avoir conduit, et qui par conséquent sont des jugemens synthétiques *à priori*.

Ils sont *à priori*, car l'expérience me confirme bien, mais ne peut m'apprendre s'il n'y a pas un chemin plus court que la ligne droite [1] ; elle ne peut me faire voir *tout* ce qui arrive dans la nature, ni la nécessité que tout ait une *cause* ; elle ne peut me donner l'idée d'un monde *éternel*, *infini*, ni d'un être *simple*. Ces jugemens ne sont donc le résultat d'aucune expérience qu'on ait faite, c'est-à-dire, qu'ils sont *à priori*.

[1] Elle m'apprend seulement que la ligne droite est le chemin le plus court que j'aie trouvé jusqu'ici par expérience ; mais qu'un autre plus court soit d'*absolue impossibilité*, c'est ce qui ne résulterait pas de cent millions d'expériences, et c'est pourtant ce que je sais ; je le sais donc d'autre part que de l'expérience.

Ils sont *synthétiques*, c'est-à-dire, qu'ils attachent aux choses des attributs, lesquels ne sont pas renfermés nécessairement et comme parties intégrantes dans la représentation de ces choses. Qu'une *ligne droite* me soit donnée entre deux points, j'ai beau analyser et disséquer en mille manières l'idée d'une *ligne*, suite de points, et l'idée de *rectitude*, je n'y trouve nullement celle de *plus court* ou de *plus long* : *droit* est une *qualité*, dont jamais nulle idée de *quantité* ni de grandeur ne peut résulter. *Plus courte* est donc un attribut pris tout-à-fait en dehors de l'idée d'une ligne droite, mais que je me trouve fondé à lui adjoindre *à priori*. De même quant à ce principe *à priori*, *que tout ce qui arrive doit avoir une cause, et doit produire un effet*, je ne trouve dans l'idée d'un fait, d'un évènement donné, avec toutes les ressources de la plus subtile analyse, rien que ce qui concerne ce fait, ce *quelque chose qui arrive* ; je n'y trouve point l'idée de quelqu'autre chose qui a dû nécessairement précéder, ni d'une autre chose qui devra nécessairement suivre. La loi de *causalité* que nous transportons à toute la nature, et que nous posons comme base à toutes nos observations, est donc une représentation *à priori* que nous attribuons par synthèse aux objets.

objets [1]. Sans donc considérer ici le degré de valeur de ces jugemens synthétiques *à priori* que nous portons en certains cas, il suffit de reconnaître que nous en portons en effet de cette espèce. N'y en eût-il qu'un seul dans tout notre entendement, ce serait une apparition assez remarquable pour nous inspirer le désir de remonter à sa source; mais nous trouvons de ces jugemens mêlés à toutes nos connaissances. Leur justification est positivement le plus haut problème d'une philosophie transcendantale. Cette question première, reproduite déjà précédemment sous plusieurs formes, peut donc se poser ici sous cette formule plus précise : COMMENT

---

[1] Le sceptique *Hume* (dans ses *Essais philosophiques concernant l'entendement humain*) avait déjà vu et démontré que la relation de *cause* et d'*effet* ne pouvait appartenir aux choses en elles-mêmes, et comme il n'admettait rien *à priori* dans l'entendement, il avait conclu que cette *causalité* était une simple fantaisie de notre part, une sorte d'habitude acquise qui nous portait à voir les choses ainsi. C'était résoudre fort mal une difficulté aperçue par la plus subtile pénétration. Si la *causalité* n'est pas dans les choses, comment contracterions-nous par expérience l'habitude de l'y voir? *Kant* a adopté les prémisses de *Hume*, mais il a conclu autrement : la loi de la *causalité*, dit-il, n'est pas dans les *choses observées*, donc elle est dans l'*observateur*. Elle n'est point *objective*, donc elle est *subjective* ; il n'y a point de milieu.

SONT POSSIBLES DES JUGEMENS SYNTHÉTIQUES *à priori* ? Je crois avoir amené mon lecteur au point d'apercevoir que la solution de ce problème doit livrer la clé de tout le savoir humain. *Kant*, qui a saisi ce problème mieux que tous les philosophes qui l'avaient précédé, qui l'a exprimé d'une manière plus précise et plus scientifique, en a livré aussi la solution la plus belle qui ait paru jusqu'à lui, dans sa *Critique de la raison pure.*

X.

Distinction de deux sortes de connaissances, que l'on confond d'ordinaire sous le nom commun d'abstraction.

Ceux qui n'observent pas nos connaissances dans leurs premiers élémens et dans leur mode originaire de formation, se contentent de les prendre toutes formées, telles qu'elles sont, et de les analyser, ou décomposer en cet état. Ils peuvent, à l'aide de cette analyse, en distinguer quelques élémens, mais ils ne peuvent apprendre d'elle la nature diverse de ces élémens, ni d'où ils proviennent, ni même s'ils sont de vrais élémens.

Ils voient, en premier lieu, que nous avons des connaissances qui se bornent à un seul être, à un individu, *tel homme, telle plante, tel corps coloré*, etc... et ils les appellent *réalités, idées individuelles*. Ils voient ensuite d'autres connaissances où l'entendement fait abstraction de toute individualité sensible, *homme* en général, *plante, corps, couleurs*, etc.... et ils rangent celles-ci sous une même classe, celle des *idées abstraites*, ou des *abstractions*. Arrêtons-nous à ces dernières.

Tout ce qui n'a donc nul objet individuel et sensible, est appellé par les nouveaux analystes une *abstraction* ; et cela sans distinction, sans recherche de la différence totale qu'il peut y avoir entre abstraction et abstraction.

Homme, métal, livre, arbre, rivière, etc. — *Espace, tems, substance, point géométrique, cause, effet, existence, infini, devoir,* etc.... sont également pour eux des idées abstraites.

« Comme j'ai pu abstraire toutes ces idées
» des objets, il est clair, dit l'empiriste, qu'el-
» les me sont données ou suggérées par ces ob-
» jets ; et comme c'est la sensation qui me fait
» connaître les objets, il est clair encore que
» c'est de la sensation que me viennent les idées
» abstraites. » — Admirable manière de raisonner !

Notre *chambre obscure* de l'article V conclurait absolument de même si elle disait : « j'ana-
» lyse plusieurs des objets que je vois, ils ont
» des *rameaux*, des *feuilles*, du *rouge* ; j'en
» déduis donc les idées abstraites de *rameau*,
» *feuille, rouge*, et ce sont les objets qui me
» fournissent ces idées. »

Quant au *rouge*, il est bien évident que notre analyste se tromperait. A la vérité si elle ne voyait pas d'objets du tout (s'il faisait nuit, par exemple), elle ne verrait pas de *rouge*; mais cependant ce rouge ne vient pas des objets, il vient de sa propre nature ; et si elle *l'abstrait* des objets, ce n'est qu'après l'avoir *adjoint elle-même* à ces objets.

Examinons donc un peu plus scrupuleusement toute cette famille d'*idées* abstraites, et voyons si leur soi-disant arbre généalogique ne serait pas en effet divisible en deux troncs fort distincts l'un de l'autre ?

J'y trouve au premier coup-d'œil deux caractères absolument dissemblables, lesquels ne peuvent convenir à des idées qui auraient la même origine. L'un de ces caractères exclut l'autre, et ils me servent à séparer nos abstractions en deux classes très-différentes.

I. Les unes sont telles, *que leur objet peut sur-le-champ s'individualiser et être reconnu pour tel objet sensible, un individu qu'on a vu, palpé*, etc... Voilà le premier caractère. Telles sont les abstractions : *homme, pierre, livre, arbre, rivière*, etc... Je dis *un homme, une pierre, un livre*, etc..., et j'ai eu la perception sensible de ces objets *in concreto* ; je sais où les prendre, et où ils existent.

II. Les autres au contraire sont telles, *ou que leur objet ne peut jamais s'individualiser, ou* que du moins, il ne peut être jamais reconnu pour tel objet sensible, pour tel individu qu'on a vu, palpé, etc. ... Voilà le second caractère. Telles sont les abstractions; *Espace, tems, substance, point géométrique, premier, second, nombre, le même, l'autre, plus, moins, cause, effet, existence, devoir,* etc. ... Je ne saurais indiquer hors de moi un individu qui s'apellât *espace, tems, substance, point géométrique, cause, infini,* etc. ... dont j'aie eu la perception sensible. L'objet individuel ne peut ici se montrer seul, nu, sans secours d'autrui dans une sensation; je ne sais où prendre hors de moi ces choses; je n'ai jamais rien vu ni palpé de pareil; elles restent *in abstracto.*

Je le crois bien! Notre chambre obscure aurait bien de la peine aussi à me montrer hors d'elle un objet qui fût *un rouge.* Elle voit du rouge par-tout, elle peut l'abstraire, si bon lui semble, de tout; mais il n'est pas venu dans les objets par la même voie que le reste.

———

Je demanderai donc à un analyste empirique où il a vu, palpé, senti, etc. l'*espace* pur, le *tems* pur, le *point géométrique,* le *nombre,* l'*identité,* la *cause?* Il me répondra que ce ne sont point là des *sensations,* mais des *abstrac-*

tions. — Fort-bien ! c'est-à-dire, que la méthode par où je parviens à me représenter la conception pure de l'espace, du tems, de la substance, du point, de la cause, etc.... c'est l'abstraction. Nous avons cette faculté d'abstraire, de séparer dans les objets les différentes choses qui les composent ; mais au moyen de cette faculté, nous parvenons à abstraire des objets des choses qui ne peuvent être l'objet d'aucune sensation ; oui, même nous parvenons à abstraire de la sensation des choses qui ne sont pas sensibles, qui ne sont pas sensation ! — Cela mérite bien qu'on y réfléchisse ; s'il y a dans les objets sensibles quelque chose qui n'est pas lui-même un objet, qui n'est pas *objectif*, il faut bien que ce quelque chose soit *subjectif*. S'il y a dans la sensation quelque chose qui n'est pas sensation, il faut bien le chercher ailleurs que dans l'objet senti ; et ce pourrait bien être le rouge de la chambre obscure.

Condillac et ses disciples qui se piquent d'analyse, admettent la sensation pour le principe, pour l'*élément* simple de toutes nos connaissances. Il est probable que nous ne sommes pas éloignés de découvrir les élémens de ces élémens, et d'analyser leur analyse.

En effet, je reconnais, que des objets tout *façonnés* et tels qu'ils m'apparaissent, je puis abstraire deux sortes d'élémens : les uns objectifs, qui peuvent se rendre individuellement visibles dans une sensation; les autres nullement objectifs, nullement percevables dans aucune sensation. — Il entre donc dans la *façon* des objets certaines parties constituantes lesquelles ne peuvent être rencontrées nulle part dans l'*objectif*, et qu'en conséquence il faut bien chercher dans le *subjectif*.

Concluons enfin qu'il y a abstraction et abstraction, que les empiristes, qui aiment tant les *idées claires*, et qui dissertent à perdre haleine sur le rapport des signes avec la pensée, ne devraient pas confondre des conceptions si différentes à cause d'un nom qui leur est mal-à-propos commun ; enfin que les conceptions *générales* d'*espèce*, de *classe*, etc. qui reposent sur des individus, sont d'une toute autre nature, et ont une toute autre source que les conceptions *universelles*, primitives et fondamentales, qui ne peuvent reposer sur aucun rapport d'individus.

Remarque première.

Condillac a écrit un *Essai sur l'origine des connaissances humaines.* Quand on a lu cet ouvrage avec l'attention qui convient à ces sortes de matières et la plume à la main, qu'on a extrait, analysé, rapproché, on trouve en résultat les notions les plus contradictoires et le chaos le plus ténébreux sur l'objet principal de l'*Essai*; on ne peut deviner ce que l'auteur a voulu dire par ces mots: l'*origine* de nos connaissances.

Il distingue d'abord *deux sortes de métaphysique* : « *L'une*, dit-il, *ambitieuse, veut percer tous les mystères, la nature, l'essence des êtres, les causes les plus cachées....* » (Ambitieuse ou non, je ne vois pas trop quel autre but pourrait avoir une métaphysique, ni comment on pourrait appeler métaphysique des recherches qui n'auraient pas un tel but. Rien n'est, par exemple, plus *mystérieux* et plus *caché* que l'origine de nos connaissances, et c'est pourtant ce que Condillac lui-même assure qu'il veut rechercher). « *L'autre, ne cherchant à voir les choses que comme elles sont en effet, est aussi simple que la vérité même* ».

Voir les choses *comme elles sont en effet !* mais c'est-là précisément la grande difficulté ; c'est là le nœud gordien de toutes les métaphysiques, et rien n'est plus *ambitieux* que cette *simplicité* et cette *vérité*-là. *Condillac* voulait peut-être dire : *Voir les choses comme elles nous semblent être en effet ?* mais pour les voir ainsi, on n'a nul besoin de métaphysique, ni de première, ni de seconde qualité ; et sur ce chemin l'on ne parvient sûrement pas à *l'origine* de nos connaissances.

« *Nous ne découvrirons point une manière sûre de conduire nos pensées, tant que nous ne saurons point comment elles sont formées* ». Sans doute, découvrir le mode de *formation* de nos pensées, c'est déjà beaucoup, mais ce n'est pas encore leur *origine*, et bien sûrement *Condillac* n'a découvert ni l'un ni l'autre.

« *Nous ne devons aspirer*, poursuit-il, *qu'à découvrir une première expérience.... Elle doit montrer sensiblement quelle est la source de nos connaissances, quels en sont les matériaux, par quels principes ils sont mis en œuvre, quels instrumens on y emploie*, etc.... » Voilà une expérience bien fertile : mais je doute fort que tout cela s'y trouve. Car enfin il s'agit de savoir comment naît l'expérience elle-même, comment l'homme parvient à faire une expérience ; et pour me servir des expressions de l'auteur, il s'agit de découvrir les *matériaux*, les *principes*, les *instrumens* qui s'emploient à la confection d'une expérience humaine? Or, comment découvrirai-je ces choses, si je commence à une expérience toute façonnée et parfaite. C'est comme si quelqu'un voulait deviner et découvrir les procédés du métier de l'orfèvre, d'après un ouvrage d'orfèvrerie qu'il aurait entre les mains. Apprendrait-il ainsi d'où a été tiré ce métal, dans quel état il se trouvait au sortir de la mine, quel degré de feu et quelles manipulations il lui a fallu subir, quelles règles l'ouvrier a suivi, quels outils il a employé? Nullement, il faut pour cela aller à la mine, à l'atelier, remonter plus haut que le fait et l'expérience.

« *J'ai, ce me semble, trouvé la solution de ce problème*, ajoute l'auteur, *dans la liaison des idées, soit avec les signes, soit entr'elles.... On voit que mon dessein est de rappeler à un seul principe tout ce qui concerne l'entendement humain, et que ce principe sera une expérience constante, dont toutes les conséquences seront confirmées par de nouvelles expériences* ».

Voilà qu'il ne s'agit plus des *sources* ni des *matériaux* de nos connaissances, c'est une expérience, c'est-à-dire, une connaissance qui fournit à tout cela; c'est *une expérience* qui est le *principe* premier et unique de l'expérience en général ; c'est la *liaison des idées* qui expliquera *l'origine* des idées ; comme si avant de *lier* des choses entr'elles, il ne fallait pas d'abord que ces choses fussent là, et par conséquent qu'elles aient une origine antérieure ! D'où me vient telle idée ? — *De ce que je la lie à une autre.* Et d'où vient cette autre ? et d'où vient que je les lie ? Dans ce procédé philosophique de fonder toute expérience possible sur une première expérience, et celle-ci sur rien, je reconnais encore une fois le procédé cosmologique de mon brave Indou qui fonde la terre sur un éléphant, l'éléphant sur une tortue, et celle-ci sur le vide. Voilà cependant ce qu'on appelle en France depuis trente ou quarante ans de la métaphysique *lumineuse*.

Laissons là cette lumière, et examinons en peu de mots les différens points de vue de l'origine de nos connaissances.

Premier point de vue. La première de toutes les conditions pour que des connaissances aient lieu, c'est qu'un être capable de connaissance, un être cognitif soit posé. Ce cognitif absolu, étant encore seul, ne se trouve pas de bornes ; il ne connaîtra que quand il sera déterminé, fixé, quand il percevra un objet, c'est-à-dire, une limite. Son état primitif est donc illimité, indéterminé. Sa première connaissance est celle de son propre être ; cette aperception qu'a le moi de lui-même, est la seconde condition indispensable à l'acquisition d'autres connaissances : car comment le *cognitif* dirait-il *je connais*, s'il ne disait *je*, ou *je suis* ? il faut que la conscience de lui-même accompagne toutes ses connaissances, sans quoi il ne saurait pas que c'est lui qui connaît. Le *cognitif* se perçoit donc ; il n'y a là encore ni variété d'objet, ni multiple, ni divisibilité ; cet acte est simple, l'état de l'être cognitif est donc l'infini : la conscience qu'il a de lui-même est le point mathématique. Tout ce qui pourra l'affecter, ne l'affectera que dans ce sentiment de lui-même et ne sera par conséquent non plus qu'un point mathématique [1]. Qui étend ce point pour en faire une ligne ? pour en faire une surface, un corps ? Qui suscite dans ce cognitif uniforme, un multiforme et une diversité ? qui y trace le triangle, le cercle, le cube, et y place toute la géométrie ? Qui limite le *moi* primitif, l'entoure d'un *non-moi* actif, puis-

---

[1] Comme cette doctrine, qui n'aura pas lieu de reparaître dans le reste de cet ouvrage, puisqu'elle appartient à une métaphysique transcendente, pourrait ici paraître obscure, je prie le lecteur de recourir à la fin du volume, au second *Appendice*, lequel n'y est placé que pour donner quelqu'éclaircissement sur cette matière.

sant? Qui a posé le *moi?* qui pose le *non-moi?* enfin quel est le fond réel, le principe efficient de nos connaissances?——Voilà un des sens dans lequel on peut entendre la question de leur origine. *Origine* signifie dans ce cas, *fond réel, base primitive et fondamentale.* Cette question est du ressort d'une métaphysique ou onthologie *transcendente.*

Second point de vue. L'être *cognitif* étant posé, la possibilité de ses connaissances étant posée aussi, il s'agit de rechercher le *mode* suivant lequel cette possibilité est mise en exécution; c'est-à-dire, qu'il s'agit de rechercher les lois fondées dans la nature de l'être cognitif, suivant lesquelles s'exercera et se développera son action dans l'acquisition des connaissances. De cette recherche, il résultera que nous saurons discerner, si dans les connaissances acquises par l'être cognitif il y a des choses qui lui sont données par une impression étrangère, s'il y en a d'autres qui viennent de sa propre nature, de sa constitution, et des lois d'action qui reposaient en lui pour s'y développer dès que l'action aurait lieu. Nous apprendrons à discerner, en un mot, ce qui vient de l'objet *connu,* ou du sujet *connaissant.*——Sous ce point de vue nous avons à considérer la source de nos connaissances en tant qu'elle peut être *objective* ou *subjective ;* nous avons à considérer les lois ré-. gulatrices, le principe coordonnant de leur naissance et de leur développement. *Origine* signifie dans ce cas : *source* (objective ou subjective), *base formelle, principe coordonnant* de nos connaissances. Sa recherche appartient à une philosophie *transcendentale.*

Troisième point de vue. Ceci ne concerne plus le *fond réel,* plus le *fond formel* de nos connaissances, mais seulement le fait de leur acquisition individuelle, leur génération et leur naissance dans le tems. A tel moment, à telle occasion, j'ai acquis telle idée ; voilà son *origine.* Cela ne signifie que l'instant où on l'a acquise, l'accident de sa naissance effective. Les empiristes, qui s'en tiennent strictement au fait, et ne remontent jamais au-delà de l'expérience et du fait, ne peuvent admettre une autre *origine* de nos connaissances. Voilà pourquoi *Condillac* trouve ses idées toutes faites, et que sa première opération est de les *lier entre elles et avec des signes.* Delà il résulte aussi que n'admettant pour nos idées aucun élément antérieur à la conscience de l'idée, l'empiriste s'imagine que tout ce qui se trouve dans l'analyse d'une idée est également acquis, et donné par l'objet de cette idée. Il ne lui tombe pas en pensée de faire aucune distinction ; et fidèle à son adage, *nihil esse in intellectu quod non fuerit in sensu,* « que rien n'est dans l'intellect qui n'ait passé par les sens », il ne recherche pas d'où l'idée provient, quelle est sa nature et le mode originaire de sa formation. *Origine* signifie donc, dans ce dernier cas, l'instant de l'acquisition accidentelle, et les circonstances qui l'accompagnent. Ces recherches appartiennent à la psychologie *empirique*.

On peut reconnaître par cette explication si les métaphysiciens empiristes sont sur le chemin de la vraie *origine* de nos connaissances, si la direction, la tendance de leur philosophie les y conduit, et si le premier pas à faire pour trouver un meilleur chemin, n'est pas de donner à nos recherches une direction transcendentale ?

Remarque

Remarque seconde.

On dit tous les jours : le soleil se lève, le soleil se couche ; et cependant tout le monde sait bien que le soleil ne bouge de sa place ; il n'y a pas à cela de réalité objective ; il n'y a qu'une réalité subjective ; c'est nous qui nous levons et qui nous couchons. Mais qu'importe ? Le phénomène visible se passe ainsi ; tout le monde voit réellement lever et coucher le soleil ; la réalité phénoménale est là pour tous les hommes ; et dans ce sens, le soleil se lève et se couche bien réellement.

On dit encore : le soleil est chaud, le soleil brûle ; et cependant on sait qu'en cela la réalité objective est nulle. Le soleil est un corps opaque et froid comme notre terre, et peut-être encore plus froid. Plus on s'en rapproche, et plus on gèle ; les plus hautes montagnes sont couvertes de glaces et de neiges éternelles ; les aéronautes ne peuvent supporter la froidure des régions supérieures ; la chaleur est la plus grande dans les vallées profondes, et elle n'est qu'un phénomène produit par le mélange de la lumière avec certains gaz terrestres. Mais la réalité phénoménale et apparente subsiste ; les hommes doivent s'y tenir.

La plupart des physiciens et même des gens un peu instruits, ne doutent plus que quand on dit d'un objet, qu'il est rouge, ou verd, ou jaune, etc. ce rouge, ce verd, ce jaune n'existe en effet que dans l'œil du spectateur ; ils sont convaincus de la subjectivité et de l'idéalité des couleurs, aussi bien que de celle des sons, des odeurs, etc.... cependant la réalité phénoménale l'emporte et doit l'emporter. On dira toujours, et avec le meilleur droit imaginable, qu'une rose est rouge, ou blanche, qu'elle exhale un doux parfum, etc....

Notre chambre obscure de l'article V, qui vient souvent à mon secours, voit tous les objets rouges, et ils sont rouges en effet pour elle. Rien de mieux fondé et de plus solide que le jugement qu'elle en porte, et elle doit s'en tenir à la réalité qui se manifeste à elle.

Mais cette réalité subjective et phénoménale, qui est effective, absolue, valable, n'est effective, absolue et valable que pour le sujet et dans le sujet: hors de là, et si on veut la faire objective, elle n'a plus de sens, elle devient fantôme, rien.

Si notre chambre obscure veut raisonner sur ce rouge comme appartenant aux objets hors d'elle, et tels qu'ils sont en eux-mêmes, elle trouvera sans doute des raisons pour expliquer ce rouge dans les objets par la disposition des parties, par la réfraction de la lumière, et cent autres belles choses, que d'autres chambres obscures de sa sorte pourraient admirer, mais dont une chambre obscure un peu transcendentale se moquerait.

Il en arriverait de même à un physicien qui voudrait donner aujourd'hui une réalité objective aux couleurs, aux sons, etc.... et expliquer comment ces choses résident dans les objets, et comment de là elles se détachent, voyagent par l'air et se manifestent à nous au moyen de nos organes.

Le soleil échauffe, brûle même quelquefois, il est ardent, je le vois, je le soutiens; et quand j'aurai froid, j'irai tant que je pourrai me mettre au soleil pour me réchauffer: tout cela est vrai pour moi et pour mes pareils; cela est vrai en nous et dans nos sensations d'une réalité subjective et phénoménale. Mais hors de là, c'est toute une autre affaire; je me garderai bien de faire de ma réalité subjective et humaine, une réalité objective et solaire. C'est ce que faisaient encore naguères les physiciens, et même notre grand et immortel *Buffon*, que je révère d'ailleurs. Ils transportaient au soleil ce qui se passait en eux, et raisonnaient d'après cette vue. Le soleil était un océan de flamme, un corps bouillonnant et en fusion, qui de tems en tems absorbait des comètes pour entretenir le feu. Aujourd'hui le soleil n'est plus si terrible, et plus si magnifique pour les poëtes, il ne dévore plus de comètes, ne brûle plus, et son nouvel état obscur et froid dément tous les beaux raisonnemens faits pour expliquer sa fusion et sa combustion [1].

Quand est-ce donc qu'on ne se trompe pas ? quand on reste dans les bornes de la réalité subjective et phénoménale ;

Quand on ne transporte pas aux choses, et hors de nous, ce qui n'est réel que pour nous et en nous ;

Quand on ne croit pas par expérience, et par observation des faits, parvenir à une réalité objective.

[1] Le premier, à ce que je crois, qui ait donné sur la nature du soleil et sur son atmosphère lumineux, des idées plus saines et plus justes, est un savant et modeste académicien de Metz, M. *Cattand*, qui, dans un discours lu à sa société en 1790 ou 1791, établit la théorie alors nouvelle et paradoxale du soleil comme corps obscur. Sa démonstration était physico-chimique, et *à priori*. Les plus célèbres astronomes ont adopté cette opinion ; mais je ne sache pas qu'aucun l'ait eue avant M. *Cattand*, ni qu'on lui ait fait honneur de la découverte.

En effet nos sensations, nos expériences ne sont que nos manières d'être affecté. Et d'où vient que nous attribuons nos manières d'être affectés aux choses qui ne sont pas nous ? d'où vient que nous raisonnons là-dessus, et croyons trouver la vérité sur ce chemin ?

Nos sensations, nos expériences se passent dans nous, dans le sujet : elles sont donc subjectives :

Or subjectif et idéal, c'est tout un. Le système entier de nos connaissances n'est donc qu'un pur système d'*idéalisme* ; c'est là tout notre avoir et savoir.

Mais cet *idéalisme* devient infailliblement et toujours, et dans tous les cas pour nous un *réalisme* pratique ; nous ne sentons, ne pensons qu'en nous, et nous établissons d'autorité et invinciblement un *hors de nous* que nous sentons et que nous pensons. — Par quelle magie s'opère ce miracle [1] ? — C'est ce que nous tâ-

---

[1] On sent bien qu'ici *système* ne veut pas dire *opinion* ; ni *idéalisme* une doctrine. Système d'*idéalisme* signifie ici que tout l'ensemble de nos connaissances naissant et se développant en nous, cet ensemble est un pur *idéal*, dont nous faisons pourtant quelque chose de *réel* à notre insu, et sans pouvoir nous en empêcher ; voilà ce que veut dire *réalisme* en cet endroit. Au reste, la question ici projetée est à peu près la même que celle proposée par

cherons de faire voir. —— Et jusqu'où peut-on se fier à ce *réalisme ?* —— C'est ce que nous nous efforcerons aussi de faire voir.

En attendant, qu'on saisisse bien la parenté intime de ces expressions, ou si l'on veut de ces idées : *subjectif*, *phénoménal*, *connaissable*, —— Et de celles-ci : *objectif*, *réel en soi*, *inconnaissable*.

Les empiristes veulent faire concorder ces deux choses séparées par le chaos ; ils concluent du subjectif et du phénoménal, à l'objectif et à l'impercevable. Ils disent que le soleil brûle et flambe, parce qu'ils ont en eux, à l'aspect du soleil, la sensation du chaud : c'est ainsi qu'ils nient Dieu, parce qu'ils trouvent en eux l'idée creuse d'une machine à ressorts, qu'ils la transportent au monde, et qu'ils y établissent de leur autorité des rouages, au lieu d'une intelligence !

Celui qui parvient à ne rien croire de tout cela, a déjà fait un pas vers le transcendental.

Il est donc *deux réalités*, entre lesquelles il y a un abyme, que la sensation et l'expérience si prisées ne franchissent point ; mais en de-

---

d'*Alembert* dans le passage cité ci-dessus, à la fin de l'art. IV : « *L'examen de l'opération de l'esprit qui consiste à passer de nos sensations aux objets extérieurs, est évidemment le premier...... Comment concluons-nous de nos sensations l'existence des objets ?.... etc.* ».

meurant sur leur terrain, elles y sont des guides sûrs.

Que l'homme reste donc dans l'étroite loge que son créateur lui a donnée : sa réalité humaine et phénoménale y est bonne, valable, suffisante à tous ses besoins. Dans le soleil, elle n'a plus de cours, elle n'est plus qu'illusion.

N'oublions plus cette antithèse précise des deux réalités : 1.° RÉALITÉ *humaine, subjective, phénoménale, immanente*, comme on voudra ; vrai patrimoine et monde de l'homme : objet de la spéculation *transcendentale*.

2.° RÉALITÉ *des choses en soi, objective, noumènale, absolue, réalité des réalités* ; champ interdit à l'homme, valeur inconnue, x dans son équation intellectuelle : objet de la métaphysique *transcendente*.

Là où l'homme devient complètement risible, c'est quand de la première réalité, il veut faire la seconde, quand il veut donner son réel subjectif, relatif à lui, pour le réel objectif, le réel absolu. — Alors naissent ces doctrines spéculatives de matérialisme et d'idéalisme, qui tendent vers le *transcendent*, vers le réel absolu, mais qui planant sur l'abyme, et ne trouvant pas où se poser, se consument en vains efforts. C'est dans ce vol ambitieux sur les ailes des *idées* pures, que la raison spéculative, entraînée par ses propres illusions, attendant tout de ses propres forces, s'irrite d'être attachée à des sens et à des perceptions qui entravent son essor : ainsi la légère colombe, qui fend l'air d'un vol rapide, pourrait se plaindre aussi de la résistance que lui oppose l'élément qui la soutient, et croire que, gênée par lui, elle volerait bien mieux dans le vide. Cette comparaison, aussi juste que gracieuse, est de *Kant*, qui s'en sert à l'égard de *Platon*.

1.° La spéculation transcendentale, qui ne veut expliquer que le savoir *humain*, et en tant qu'il est humain, dit :

« Qu'est-ce, dans l'homme, que la représentation d'une chose ? »

« Comment expliquer la nature (*perçue et vue par l'homme*) ? »

Réponse. « Par les lois de la perception et de la cognition de l'homme. »

2.° La spéculation transcendente, au contraire, dit :

« Qu'est-ce qu'une chose en elle-même ? »

« Comment expliquer la nature (*en elle-même, et telle qu'elle est, indépendamment de l'homme*) ? »

La première est fondée dans le sujet même qui philosophe, dans l'*auton* ; la seconde cherche son fondement au-dehors, dans l'*heteron*.

C'est là-dessus que *Bouterwek*, dans son excellent livre intitulé *Idée d'une apodictique*, a fondé sa distinction et ses dénominations de réalité *autothétique*, et de réalité *hétérothétique*. La science de l'une est, selon lui, la métaphysique *autothétique* (la même que nous appelons transcendentale), science des apparences, du monde sensible : c'est le savoir humain. La science de l'autre est la métaphysique *hétérothétique* (la même que nous appelons transcendente), science des choses absolues, du monde réel en soi : c'est le savoir divin, à jamais interdit à l'homme. Ces dénominations semblent fort convenables : mais sur-tout il convenait ici de rendre cette distinction des deux réalités sensible, et de la présenter sous toutes les formes.

PHILOSOPHIE DE KANT.

SECONDE PARTIE.

DOCTRINE CRITIQUE.

EXPOSITION

DES

PRINCIPES FONDAMENTAUX

DE

LA PHILOSOPHIE

TRANSCENDENTALE.

XI.

Facultés intellectuelles de l'homme ; d'où les diverses branches de la philosophie critique.

L'INTELLIGENCE de l'homme n'est qu'une, ainsi que sa vie. Mais cette proposition est une simple vue de notre esprit, lequel peut considérer la même chose, ou les mêmes choses, tour-à-tour sous les vues d'unité ou de pluralité. Sans doute que l'homme moral n'est qu'un, dans le même sens que l'homme physique. Cependant on distingue dans celui-ci des organes, des forces particulières, et l'on admet une grande diversité dans cette unité de l'homme physique. Chaque fonction qu'on lui reconnaît autorise à lui attribuer une faculté correspondante. Il respire, et on lui attribue une respiration, un organe respiratif ; il digère, et l'on convient que c'est au moyen d'une faculté digestive ; on lui donne un système nerveux, un système lymphatique, un système sanguin, et ainsi du reste. On en agit de même à bon droit envers l'homme intellectuel. Il connaît, donc il a une faculté de connaître, une *cognition* ; il veut, il se détermine, donc il a une *volition*, une faculté pratique de vouloir et de se déterminer. Les facultés de l'organisation physique sont soumises dans leur exercice à des lois vitales constantes, lois virtuelles qui règlent et modulent cet exercice. L'étude attentive et l'examen les font reconnaître au physiologiste. Les facultés intellectuelles ont de même leurs lois, leurs formes virtuelles qui en modulent aussi l'exercice. Ces lois peuvent devenir à leur tour, pour le philosophe, l'objet d'une étude, d'un examen, c'est-à-dire, d'une *critique*.

Ainsi les deux destinations principales de l'homme étant de *savoir* et d'*agir*, ou en d'autres termes, de *connaître* et de *vouloir*, l'examen de ces deux facultés majeures nous livrera une *critique de la cognition*, et une *critique de la volition* ; c'est-à-dire, une recherche des principes fondamentaux suivant lesquels doivent s'exercer la faculté de connaître et la faculté de vouloir.

Il est une troisième faculté majeure de l'homme intellectuel : c'est celle de juger, c'est-à-dire, de ranger l'individuel sous l'universel à qui il appartient, d'apprécier le beau, le degré de plaisir ou de peine, le but et la fin des choses et de l'homme. Telles sont les fonctions principales qu'exerce le *jugement*. Cette faculté est spéculative, et cependant elle n'est pas la cognition ; elle porte des arrêts qui dirigent la pratique, qui déterminent le vouloir, et cependant elle n'est pas la volition. Elle gît entre les deux, dont elle fait comme le lien et le supplément. Peut-être est-elle l'une et l'autre, et devrait-on la classer en partie dans le spéculatif et en partie dans le pratique. Ainsi *Newton* a mis le violet au rang des couleurs primitives, tandis que d'autres opticiens n'y voient qu'un contact du pourpre et de l'indigo. Quoi qu'il en soit, cette faculté est ; elle a ses limites, ses lois, ses formes pures, et par conséquent son examen est aussi susceptible de la méthode scientifique, et doit devenir une *critique du jugement*.

Kant a nommé sa critique de la cognition, *critique de la raison pure.*

Celle de la volition, *critique de la raison pratique.*

L'auteur du présent ouvrage s'est particulièrement proposé de donner un précis de la seule critique de la raison pure spéculative, et c'est par elle que doit commencer l'étude de la nouvelle philosophie. Il devait éviter dans un premier essai d'être trop volumineux, et ménager la grande majorité des lecteurs français, qui se rebutent facilement quand on les veut contraindre à méditer et à réfléchir trop longuement. Cependant comme *Kant* lui-même a donné, vers la fin de sa première Critique, un aperçu de la partie morale de sa philosophie, on en fera de même ici, se réservant par la suite, si quelqu'autre écrivain ne le fait pas d'une manière satisfaisante, de donner au long une exposition de cette morale, de ses sublimes développemens, et de la polémique savante dans laquelle, avant d'établir son propre système, *Kant* passe en revue ceux des principaux moralistes, de *Zénon*, des *Chrétiens*, d'*Epicure*, de *Hutcheson*, de *Montagne* et de *Mandeville*. Il les classe ainsi selon la méthode qu'il adopte et qu'il expose, et à ceux-ci se rapportent secondairement tous les autres.

L'auteur se réserve encore de donner une exposition de la critique du jugement, dans laquelle se trouve une philosophie neuve et profonde du *goût* dans les arts, du *beau*, du *sublime*, et une *téléologie*, c'est-à-dire, une théorie de la *finalité* dans les choses et dans l'homme.

———

Puisque nous commençons ici par l'examen ou critique de la cognition, il convient d'abord de classer nos connaissances ou représentations des choses, afin de fixer les facultés inférieures dans lesquelles se sous-divise la faculté générale de connaître.

Le premier coup-d'œil que nous jetons sur la masse de nos représentations, nous en fait discerner de trois sortes distinctes, qui exigent trois facultés à part pour leur acquisition.

Premièrement, nos perceptions sensibles, ou *intuitions*, *vues*, *visions* d'objets sensibles, le *hors de nous* dans lequel se trouvent transportées ces perceptions, qui cependant n'ont lieu qu'en nous. Ainsi nous avons d'abord connaissance de l'*espace* et des objets étendus. Et outre cette perception extérieure qui se rapporte aux objets, nous en avons encore une intérieure, qui nous donne connaissance de nos différentes modifications et manières d'être, qui nous donne la conscience de nous-mêmes, de nos sensations, de nos pensées, de nos impressions quelconques, et que nous plaçons dès qu'elles se présentent dans un ordre successif, dans un *tems*. L'espace et le tems sont les deux fonds, les deux grandes toiles sur lesquelles se dessinent toutes nos représentations des objets. Or la faculté d'avoir de telles *intuitions*, c'est-à-dire, la faculté de percevoir des objets sensibles dans l'espace et dans le tems, se nomme en général *sensibilité* ; en particulier, quant aux objets autres que nous-mêmes, sensibilité, ou sens *externe* ; et quant à nous-mêmes et à nos propres impressions, sensibilité, ou sens *interne* [1].

Secondement, nous pensons ces objets donnés par la sensibilité, c'est-à-dire, que nous

---

[1] Les yeux, les oreilles, le palais, etc..... ne sont pas la sensibilité de l'homme. Ils n'en sont que les organes. Eux-mêmes sont des objets extérieurs vus, perçus par la sensibilité. Il y a derrière eux un sens plus élevé qu'eux, dont ils ne sont que les ministres, un *sensorium commune*, qui réunit, qui absorbe, fond en un tout leurs impressions partielles, qui nous dit que cette couleur, cette forme, cette pesanteur, cette saveur, etc. appartiennent à un même objet. C'est à ce *sensorium* que nous avons ici à faire. L'œil, la main, l'oreille, sont des objets étendus, perçus comme tous les autres par ce *sensorium*, et qui demandent, comme eux, à être expliqués dans une théorie de la sensibilité pure.

classons, nous ordonnons nos perceptions des objets, nous les mesurons, nous établissons entre elles des liaisons, leur attribuons des rapports de cause, d'effet, de plus grand, de plus petit, d'égal, de différent, de nombre, de substance, d'accident; en un mot, nous reconnaissons à l'ensemble des objets certaines lois constantes et nécessaires auxquelles ils doivent se conformer [1]; tel est l'office de la pensée, ou de *l'entendement*. Chacune de ses représentations se nomme une *conception*. Dès qu'une loi, qu'une liaison entre les objets est reconnue, nous ne disons plus que nous avons une perception, mais une *concep-*

---

[1] Nous avons déjà remarqué qu'il n'y a pas d'objet perçu par les sens qui soit une *cause*; cause est une pensée, une conception que nous ajoutons à tel objet, mais qui ne nous est donnée par aucune perception. Il en est de même de *plus*, de *moins*; je vois là un bâton, et là un autre bâton; voilà tout ce que me donne la sensation; le rapport que j'établis entre eux, en disant : celui-là est *plus grand*, celui-là est *plus petit*, n'est pas dans eux; c'est une conception de mon entendement. Ainsi des nombres, de l'unité, etc.... Je vois *Mars*, je vois *Jupiter*; voilà la sensation; mon entendement survient et dit : *deux* corps célestes. Où est ce *deux* ? Il n'est ni dans *Mars*, ni dans *Jupiter*; il est dans ma pensée. Où *Mars* et *Jupiter* font-ils un ensemble que je puisse appeler *deux* ? Dans ma pensée, dans mon entendement. Où font-ils avec toutes les autres planètes *un* système planétaire ? Dans mon entendement, qui les réunit et leur prête cette forme, etc., etc.

tion des objets : ceux-ci commencent par être perçus, vus par nous ; leur second état, relativement à la connaissance que nous en prenons, est d'être conçus.

Troisièmement enfin : notre cognition a tenu jusqu'ici aux objets, immédiatement par les intuitions de la sensibilité, et médiatement par les conceptions de l'entendement, qui s'attachent aux intuitions. Mais nous avons des représentations qui se détachent du sensible, et forment une nouvelle et troisième classe ; nous combinons, lions les conceptions de l'entendement (comme celui-ci avait combiné, lié les intuitions de la sensibilité), nous en tirons des conclusions, des analogies, et l'idée d'objets sur lesquels la sensibilité ne peut nous donner de connaissances, sur lesquels même nous ne lui demandons nul conseil ; nous nous sentons entraînés vers l'absolu, l'infini ; nous nous faisons des représentations d'objets purement intellectuels, dont le monde sensible ne peut fournir d'exemplaire réel et palpable, l'*éternité*, *Dieu*, l'*ame*, etc..... Nous nommerons particulièrement ces représentations, *idées* (suivant le sens de *Platon*[1], qui le pre-

[1] On aurait dû conserver à ce mot sa signification primitive, bien plus précise et plus philosophique que celle que nous lui avons attribuée. Les philosophes grecs appelaient *ectype* ce que nous entendons ordinairement par *idée*, ou image.

mier, mit ce mot en vogue dans la philosophie), et la faculté des idées, *raison*.

Notre cognition est donc une triple faculté, ou l'ensemble de trois facultés :

1.º Celle des impressions, perceptions, *intuitions*, (SENSIBILITÉ).

2.º Celle des notions, jugemens, *conceptions*, (ENTENDEMENT).

3.º Celle des conclusions, des notions supersensibles, des *idées*, (RAISON).

Et en tant que notre but est de rechercher les lois primitives de l'exercice de ces trois facultés, les dispositions qui résident dans leur nature et leur constitution indépendamment de tous objets donnés, nous les considérerons comme *pures* ; si bien que la théorie générale de la cognition pure se partagera en trois branches :

Théorie de la SENSIBILITÉ *pure.*
*Théorie de l'*ENTENDEMENT *pur.*
Théorie de la RAISON *pure.*

Il ne faut pas perdre de vue que sous ces trois facultés de l'être cognitif, sous leurs lois et leur nature particulières, repose nécessairement la loi et la nature de l'être cognitif lui-même, qui est la loi fondamentale commune, et comme l'ame de toute la cognition. Cette loi consiste en ce que l'être cognitif est essentiellement UN, d'une unité de simplicité, de cohérence, d'une unité systématique, et par opposition à *multiple*, à *divers*, à *confusion*, à *agrégat*. Tel est, ainsi que je l'ai déjà fait voir, le caractère absolu du sentiment qu'a de lui-même l'être cognitif, le moi. Ce sentiment fondamental, sans lequel aucun autre n'aurait lieu, donne nécessairement sa forme à toutes les connaissances de l'être cognitif. Il faut que tout ce qui survient en lui, tout ce qu'il *accepte* ou qu'il *produit*, devienne *un* d'une unité systématique, un seul *tout*, un seul *ensemble*. N'importe la forme, la modification particulière de cet ensemble. Sous toutes les formes, sous toutes les modifications, on reconnaîtra cette unité rassemblante, ou *synthétique* ; on la verra active dans la sensibilité, dans l'entendement et la raison, dirigeant et ramenant à elle l'action de chacune de ces facultés. Cette force *synthétique* de l'unité fondamentale, est le ressort actif de la cognition, c'est le principe subjectif qui la met en jeu. C'est elle qui est continuellement et sans relâche occupée à saisir toute l'immense multiplicité de nos représentations, la diversité de tant de sensations individuelles ; à ramasser, à rassembler, à mettre de la liaison ; à faire d'un complexe vague, dépourvu de rapports et de manière d'être, un simple, une chose maintenue et liée dans toutes ses parties par un rapport, par une loi ; à convertir ce qui est donné comme agrégat confus, en régularité et en système. Ainsi de l'amas infini de sensations diverses, la *sensibilité* fait *une* sensation, *un* objet ; de l'amas d'objets isolés, sans connexion, l'*entendement* fait *une* suite liée par la loi de cause et d'effet ; la multitude des causes est enfin rangée par la *raison* sous la forme générale de la nécessité d'*une* cause commune, d'*une cause première* et absolue. Sans cette tendance efficace à l'unité d'ensemble, notre savoir serait le chaos ; c'est elle qui y apporte l'ordre et la lumière. Elle est la forme nécessaire de la conscience intime de l'être cognitif, et par-là de tout ce qui est saisi par lui [1].

Reconnaissons encore ici ce que nous avons déjà touché plus haut ; c'est que la synthèse précède dans notre esprit l'analyse, qu'il faut bien que nous composions avant que d'avoir un objet à décomposer ; et que notre esprit ne peut décomposer que ce qu'il a composé lui-même.

L'être cognitif est un, simple. Pour qu'il connaisse, il faut que dans ce simple un multiple soit donné. Voilà la première condition d'une

---

[1] Cette force active de la synthèse qui fait vivre et jouer toute notre cognition, est ce que *Kant* appelle l'*imagination transcendentale*.

connaissance effective. (Voyez la seconde *Remarque* de l'article précédent).

Après le donné du multiple, la première opération de l'être qui connaît est la synthèse, la liaison. C'est l'exposition des divers modes de cette synthèse, qui va nous occuper.

Notre sensibilité reçoit des impressions, et en cela elle est passive, elle est douée de *réceptivité*. Notre entendement s'empare de ces impressions par son action propre, il les élabore, les porte à l'état de conceptions et de connaissances ; il est doué de *spontanéité*.

XII.

Théorie de la sensibilité pure. — Mode de génération des objets sensibles, de l'espace et du tems.

Nos sensations, nos perceptions ont lieu en nous, sans quoi elles ne seraient pas nos sensations, nos perceptions : comment deviennent-elles des objets *hors* de nous ? Tous ces objets sont perçus par le même être cognitif, perçus dans le même point, dans la même *conscience* : d'où vient sont-ils les uns hors des autres ? Ma sensation, ma perception est un sentiment en moi, une manière dont ce sentiment est modifié : comment mon sentiment devient-il étendu, corporel au dehors de moi ? comment devient-il rond, quarré, triangulaire, exagone, cubique, surface, corps, etc...?

Je vois différens corps, chacun d'eux occupe un lieu dans l'espace ; je ne puis imaginer aucun corps qu'à l'aide de l'espace, et dans l'espace. Si je fais abstraction de l'espace, tous les corps disparaissent, et même avec lui disparaît toute possibilité qu'il y ait des corps. Au contraire, que je fasse, tant que je voudrai, abstraction de tous les corps, que j'en fasse disparaître jusqu'à la trace, l'espace me reste toujours, l'espace absolu, indéterminé, infini. Dès que je veux penser quelqu'autre chose sensible que le *moi*, l'espace est là, et se présente malgré moi, sans que je puisse le repousser, ni en faire abstraction.

Il résulte delà que l'espace est une condition nécessaire et indispensable de la possibilité des corps, et que les corps ne sont nullement nécessaires à la possibilité de l'espace.

Cet espace est étendu en long, en large, en haut, telle est sa nature; je ne puis me le représenter autrement; tous les corps doivent avoir ces mêmes trois dimensions; il est impossible que je perçoive hors de moi un objet qui ne les aurait pas. D'où vient que tous les objets sont contraints d'adopter cette propriété fondamentale de l'espace, propriété qui fait son essence? d'où vient que tous les objets doivent être des corps, d'où vient qu'ils doivent, sans exception, revêtir les formes d'un être, lequel nous apparaît comme possible sans eux, mais sans lequel aucun d'eux n'est possible?

Cette singulière représentation de l'espace, que je puis séparer et purger de tous objets extérieurs, tandis que je ne puis le séparer, le détacher de la représentation d'aucuns de ces objets, mérite bien d'être examinée rigoureusement; elle me semble être la représentation fondamentale, la représentation matrice de toutes mes représentations extérieures.

D'où me vient-elle? l'ai-je acquise du dehors? ou bien repose-t-elle en moi? est-elle dans les objets? ou bien est-elle une condition nécessaire, un mode de ma propre sensibilité?

Par où l'aurais-je acquise? par quelle porte serait-elle parvenue jusqu'à cet être cognitif qui perçoit derrière les organes du corps, au *sensorium commune?* — Il n'y a en nous que cinq de ces portes; tout ce qui me vient du dehors doit avoir été *vu*, ou *entendu*, ou *goûté*, ou *flairé*, ou *touché*. Les quatre premières voies ne peuvent me rien transmettre qui ressemble à l'étendue, ni à l'espace; cela a été démontré fort ingénieusement par *Condillac;* mais *Condillac* ajoute que c'est du *tact* que naît pour nous la représentation de l'espace, *alors que notre main parcourt une surface.* Ici j'arrête *Condillac*, il suppose déjà une surface, une main qui se meut, c'est-à-dire, qui va d'un lieu en un autre; l'espace est déjà là avant tout ce mécanisme, et avant son explication. Expliquer notre connaissance de l'espace, par un espace déjà tout connu; expliquer la sensation primitive de *corps*, par d'autres corps qui sont là, c'est une pétition de principes, une tautologie intolérable.

Je demande comment vient au sentiment intime, qui n'est pas étendu, la représentation d'un corps étendu, qui est hors de lui ? Dès qu'on me parle d'une main, d'un œil, d'une bouche, on a sauté à pieds joints par-dessus ma question ; voilà des corps et de l'espace. Nous sommes enfermés dans le cercle vicieux.

Les impressions du tact, de la vue, de l'ouïe, du goût, de l'odorat, se manifestent à ma faculté de sentir, comme sentiment, comme sensation ; tout cela n'apporte aucune autre chose en moi qu'une impression sur ma sensibilité : quel rapport possible y a-t-il d'un sentiment, d'une impression, à de l'étendue, à des corps pourvus de trois dimensions [1] ?

De plus, je n'ai pas acquis cette représentation générale de l'espace par *abstraction*. Abstraction supposerait que l'espace est une simple qualité que j'ai perçue dans les objets ; or, 1.° on vient de voir que je n'ai pu percevoir l'espace ; 2.° il n'est point une simple qualité, il est la base, l'essence de tous les corps, la condition sans laquelle il n'y a point de corps.

Quand j'ai vu souvent des objets qui ont entr'eux une analogie, un rapport quelconque, je m'en fais par abstraction une représentation générale, qui est le résultat du rapprochement

---

[1] Il serait bon de relire ici l'Appendice n.° 2.

de plusieurs individus ; ainsi j'acquiers la représentation générale d'homme, de couleur, de fluide, pour avoir vu divers hommes, diverses couleurs, divers fluides [1], etc.... Un homme en général, une couleur, un fluide en général, et pris absolument, n'existent pas pour moi.

Mais ma représentation de l'espace est vraiment celle d'un être particulier; je n'ai jamais vu qu'un seul espace, toujours le même, c'est un être absolu, d'une pièce, dont j'ai la conscience bien claire, que je puis me représenter vide de tous objets. — Et pourtant où est l'objet precevable hors de moi qui puisse agir sur ma sensibilité et s'y manifester en qualité d'espace? Dans cet espace absolu, qui est, indépendamment de tout autre objet, j'assigne un lieu à chaque corps : mais ce n'est pas la vue de ces corps qui a été partie intégrante de l'espace, de l'espace qui doit être là, avant qu'il soit possible qu'il y ait un seul corps. Ce serait impliquer contradiction que de dire que nous tirons la représentation de l'espace de celle des corps, car celle-ci présuppose de toute nécessité la première. Dès que l'enfant qui naît perçoit un corps, pose un *hors de moi*, il n'a pu le faire qu'à l'aide de l'espace qui se glisse sous sa per-

---

[1] Voyez ci-dessus l'article X.

ception ; sa première sensation est dans l'espace ; l'espace a donc été pour lui avant sa sensation.

« Mais, opposera-t-on, si nous n'avions jamais de sensation, nous n'apercevrions jamais d'espace » ! Soit ; l'espace naît *à l'occasion* de la sensation, *avec* la sensation de ce qui n'est pas nous ; mais il ne suit pas de là que l'espace soit donné par la sensation ; en accordant que sa représentation s'élève et naît en même-tems que la première de nos sensations, on n'accorde pas pour cela que l'une naisse de l'autre [1].

L'espace est UN : il n'est point formé du rapiécement de plusieurs espaces ; ses parties, les *lieux* qu'occupent les divers corps, sont des limitations, des découpures dans le grand tout ; mais ce grand tout, l'espace pur n'a point été construit de ces parties ; il fallait au contraire qu'il fût là pour qu'il offrît des lieux, des parties ; nous ne le percevons donc point en détail. Il est pour nous une représentation infinie, sans bornes. Au-delà des corps, au-delà de tous les mondes et de toutes les sphères que nous pouvons concevoir, nous sommes toujours forcés de nous représenter l'espace, et toujours le même espace, unique, sans division, rigoureusement *continu*. D'où naît en nous cette représentation

[1] Voyez la *Remarque* première de l'article **X**.

nécessaire de l'infini ? nous viendrait-elle d'une sensation, d'une expérience que nous en aurions faite ?

Si l'étendue enfin était une qualité que l'expérience nous ait fait reconnaître dans les corps, nous en pourrions conclure seulement, que tous les objets que nous avons aperçus jusqu'ici, sont étendus ; rien ne nous garantirait avec certitude, qu'un jour nous ne percevrions pas quelqu'objet hors de nous dépourvu de cette qualité et qui n'occuperait aucun lieu de l'espace. Mais il est hors de notre puissance, hors de toute possibilité que nous jugions ainsi. Toute la nature percevable par notre sens externe doit être étendue, ainsi que toute la nature visible de la chambre obscure ci-dessus, doit être rouge.

L'espace est donc une représentation qui porte rigoureusement les caractères d'*universalité* et de *nécessité* absolues. Elle est la base indispensable de tous les objets que nous percevons par notre sens extérieur. Faire abstraction des corps, ce n'est pas faire abstraction de l'espace, il reste : faire abstraction de l'espace, c'est anéantir pour nous tous les corps et la possibilité de toute perception extérieure. Nous en conclurons donc que l'espace est simplement une condition subjective de notre faculté de connaître, la *forme* dont notre sens externe revêt par sa nature toutes ses impressions [1].

Dès-lors que l'espace est subjectif et *à priori* pour nous, dès-lors qu'il est un de nos modes de voir, et la forme dont notre sens externe revêt toutes ses impressions, il est aisé de reconnaître comment la sensation qui est en nous, devient un objet *hors de nous* ; car *hors* ou *dans un autre lieu de l'espace*, signifie la même chose.

Dès-lors il est aisé de reconnaître comment tous les corps doivent être *les uns hors des autres* ; car chaque sensation étant revêtue de sa portion d'étendue, une sensation ne peut devenir l'autre ; d'où il suit que la première portion d'étendue ne peut devenir la seconde, et que l'impénétrabilité doit nous paraître une loi générale de tous les objets qui sont dans l'espace. Il est facile de déduire ainsi toutes les propriétés universelles et nécessaires des corps, des propriétés de notre propre faculté de percevoir et de sentir.

Dès-lors la certitude apodictique et infaillible de la géométrie est clairement établie. La géométrie est la science des propriétés extensives de l'espace pur. Elle est également vraie pour tous les hommes, puisque l'espace pur est la forme du sens externe de tous les hommes ; elle

---

[1] Voyez ci-dessous, l'article VI.

est vraie *idéalement* et dans l'être cognitif, parce qu'elle est un produit de la nature de cet être; elle est vraie *réellement* et dans les objets tels qu'il les voit hors de lui, parce qu'elle est attachée à la manière dont il voit ces objets, et qu'il ne peut les voir autrement [1].

Au moyen de l'espace pur et subjectif, nous avons donc trouvé la possibilité d'un *hors de nous*, celle d'un *corps* en général, et de la perception d'un corps, celle des propriétés de la matière, et de la certitude géométrique.

———

Passons au sens *interne*, ou à la seconde faculté de notre sensibilité, qui consiste à percevoir notre propre manière d'être, nos diverses impressions, les changemens qui ont lieu en nous.

La sensibilité externe n'étant plus ici notre instrument, sa forme n'aura plus d'influence sur ce nouvel ordre de perceptions; nous ne plaçons plus nos pensées, nos sentimens, nos affections dans l'espace; les perceptions que nous avons de ces objets ne nous paraissent plus des corps.

[1] On sent bien que je prends ici et ailleurs *voir* dans le sens général d'apercevoir, de percevoir, qui revient au latin *intueri*, et qui ne se rapporte pas particulièrement à la vue corporelle, mais au *sensorium commune*. Aussi le mot d'*intuition* est-il le plus convenable.

Cependant elles ont aussi une forme qui établit un ordre entr'elles : cette forme, c'est le tems ; le tems se marie à elles dès qu'elles affectent notre sens interne, et elles nous apparaissent dans un ordre de suite, de succession.

Il faut que toutes nos affections internes nous apparaissent comme existantes ensemble, ou l'une après l'autre ; c'est-à-dire, dans la même partie du tems, ou dans des parties consécutives du tems.

Je puis faire abstraction de toute perception de moi-même, de mes pensées, de mes affections, et le tems reste. Que je fasse abstraction du tems, je ne puis plus me percevoir moi-même ; il ne se passe plus rien en moi que je puisse sentir. Le tems est donc absolument nécessaire à l'existence des perceptions que j'ai de moi-même ; tandis que ces perceptions ne sont pas nécessaires à l'existence du tems. Le tems est là indépendamment d'elles.

Par lequel de mes organes extérieurs aurais-je acquis la connaissance du tems ? où est un objet que j'aie perçu, et qui soit le tems ?

Je n'ai pas acquis non plus cette connaissance par *abstraction*, car le tems n'est pas un composé, un résultat de la perception de plusieurs individus ; il n'y a pour moi qu'un seul tems, qui embrasse tout, dans lequel se placent toutes mes affections internes, qui est leur support, leur contenant, mais qui ne se forme pas d'elles, puisqu'il faut que lui-même soit là pour qu'elles soient possibles.

La conformité du tems avec l'espace enfin est entière sur tout ce qui peut établir sa subjectivité, et l'on peut lui appliquer tous les argumens qu'on a employés à l'égard de l'espace. Le tems est une représentation qui porte rigoureusement les caractères d'*universalité* et de *nécessité*; elle est la base indispensable de tous les objets que nous percevons par notre sens intérieur : nous conclurons donc de même, que le tems est simplement une condition subjective de notre faculté de connaître, la forme dont notre sens interne revêt par sa nature toutes ses impressions.

Mais il s'offre pour le tems une considération de plus que pour l'espace.

Nous percevons les objets étrangers à nous, que nous revêtons de la forme de l'espace ; mais il faut encore que nous ayons la conscience, le sentiment de ces perceptions ; il faut que nous percevions nos propres modifications, nos manières d'être à la vue de ces objets, sans quoi nous ne saurions pas que nous les voyons.

Or cette perception interne revêt, comme toutes les autres, la forme du tems. Le tems devient de cette manière, la forme commune de toutes nos perceptions (ou plus exactement *intuitions*) tant internes qu'externes ; des premières immédiatement, des secondes médiatement.

Dès-lors que le tems est subjectif et *à priori* en nous, dès-lors qu'il est notre propre mode de voir toutes nos affections, et la forme de notre sens interne, il est aisé de comprendre comment toutes nos pensées, actions, comment les objets extérieurs mêmes, nous apparaissent dans un ordre de succession.

Le tems n'a qu'une seule dimension, il n'est susceptible d'autre variété, que de parties égales, ou inégales, toutes sur une même direction. On peut l'assimiler à une ligne droite.

Le tems seul rend possible la répétition successive de la même perception, de la même chose : il est donc le support et le générateur du *nombre* : c'est sur lui et sur ses propriétés que se fonde la certitude apodictique de la science des nombres, ou arithmétique.

L'espace nous fournit la base de la coexistence l'un *hors* de l'autre ; le tems nous fournit celle de la succession l'un *après* l'autre ; ainsi naît la représentation de *l'un près de l'autre* ; ainsi naît celle *d'avant* et *d'après*. La loi fondamentale de l'être cognitif, l'unité systématique en un ensemble qui se réduise à une conscience unique, se fait sentir ici d'une manière évidente; car le sens extérieur range tous ses objets dans *un* seul et même espace, et le sens intérieur les siens dans *un* seul et même tems. Rien ne peut être morcelé de ce qui se rapporte immédiatement à notre conscience intime. Il peut y avoir une grande quantité et diversité d'objets, mais il faut toujours que de quelque manière cette diversité se trouve liée et réunie en un faisceau.

Si nous n'avions que l'espace, nous n'aurions qu'une géométrie bornée et stagnante : c'est l'application du tems à l'espace qui apporte unité, nombre et génération dans les figures étendues; qui donne la possibilité de parcourir successivement, c'est-à-dire, de nombrer les parties d'une ligne, les degrés d'une circonférence, les cubes contenus dans un autre cube, de tirer des lignes, de construire, etc.

Avec la représentation de l'espace, naît celle de ses trois dimensions; or une dimension, c'est une ligne droite; la ligne droite, et le point qui la termine, sont donc donnés dans la représentation pure de l'espace, et avec eux toute la géométrie. Ce n'est que de cette ligne pure, archétype, que les propriétés géométriques de la ligne sont vraies ; car si l'on y mêle ce qui est donné par la sensation extérieure, on n'a plus le point pur mathématique, la ligne pure ; on a le point physique, la ligne matérielle ; on a un *objet* (par conséquent une chose déjà pourvue d'étendue en trois dimensions), et l'on n'a plus une *dimension*, une propriété de l'étendue. Cette dimension isolée ne peut jamais se représenter dans un objet ; car la forme que notre sensibilité donne aux objets dans l'espace, ce n'est pas d'être *longs* seulement, c'est d'être *étendus*, c'est-à-dire, d'avoir les trois dimensions.

Voilà ce que n'ont pas considéré ceux qui ont voulu contester à la géométrie pure ses objets et sa validité. Ils n'ont pas senti qu'il était un autre *point* que le point physique, une autre *ligne* que la ligne matérielle, etc.... Or avec le point physique, avec la ligne matérielle, point de géométrie possible.

C'est cependant à quoi l'on en est réduit, si l'on admet l'*expérience*, la *sensation*, et les objets donnés par elle, pour l'élément unique et la source de toutes nos connaissances. Dès qu'on tient l'espace et le tems pour des objets hors de nous, ou pour des qualités des objets, toute possibilité, toute certitude apodictique est enlevée aux mathématiques pures. Un empiriste conséquent (mais il y en a peu qui le soient) ne peut croire à la vérité des propositions géométriques.

Ces propositions cependant sont vraies, ainsi que celles de l'arithmétique, d'une vérité apodictique, et portent les caractères évidens d'universalité et de nécessité. Il ne faudrait que cette seule considération pour reconnaître qu'elles sont fondées dans la nature même du sujet, et non dans celles des objets. — Or, comme les premières de ces propositions (les géométriques) n'ont lieu qu'au moyen de l'espace, et les secondes (les arithmétiques) qu'au moyen du tems, cela seul suffirait aussi pour faire conclure que l'espace et le tems eux-mêmes sont fondés, non dans la nature des objets, mais dans celle du sujet connaissant, dans l'homme.

La possibilité et la certitude des propositions de la *statique*, de la *mécanique*, aussi bien que de la *physique rationnelle*, se fondent sur la réunion des propriétés de l'espace et du tems.

―――――

Le premier résultat de nos recherches transcendentales est donc la subjectivité et l'*à priorité* pure de l'espace et du tems; ils sont les deux formes originaires et virtuelles de notre sensibilité; ils sont les produits de notre *sensorium*, comme les couleurs sont les produits de l'œil, les sons celui de l'oreille, les saveurs celui du palais. Pour nous, et dans les objets en tant que perçus par nous, ils ont toute réalité. Hors de là, ils n'en ont aucune, et quand on veut les transporter aux objets en eux-mêmes, ils deviennent illusion, fantôme, rien [1].

Les objets perçus par nous, et revêtus ainsi des formes de l'espace et du tems, s'appellent objets, apparences sensibles, *phénomènes*. Nous ne connaîtrons jamais dans notre état présent ce qu'ils peuvent être en eux-mêmes, et indépendamment de notre manière de les apercevoir : nous ne connaîtrons jamais les *choses en soi*, que *Kant* appelle *noumènes*. Un noumène qui se manifeste à notre sensibilité, est aussitôt revêtu des formes nécessaires de l'espace et du tems, et devient par conséquent pour nous un phénomène, état qui n'a plus de ressemblance avec son premier état, lequel par conséquent est inapercevable pour nous.

Malgré la hardiesse de cette théorie, et sa nouveauté pour la plupart de mes lecteurs, j'ai lieu de présumer que ceux qui auront lu avec attention et compris les articles précédens, ne trouveront pas grande difficulté à la saisir. Elle exige, sans doute, un esprit accoutumé à méditer et exercé aux abstractions. Mais on ne peut devenir métaphysicien que par l'étude ; l'étude

---

[1] Voyez l'Appendice, n.° 3.

et la méditation sont des conditions indispensables à l'acquisition de tous les genres de connaissances.

Kant a nommé cette théorie de la sensibilité, *œsthétique* transcendentale, d'un mot grec qui veut dire sensible : comme il a nommé *logique* transcendentale les deux théories suivantes de l'entendement et de la raison.

On voit sans peine, d'après cette irréfragable œsthétique, que les distinctions faites jusqu'ici de la matière et de l'esprit, de l'ame et du corps, ne portent sur rien de réel, ni d'existant en effet hors de nous dans les choses ;

Que le matérialisme repose par conséquent sur une base illusoire, faisant objectif ce qui est purement subjectif, et qu'il n'est qu'une opinion radicalement dépourvue de sens.

Que les questions tant débattues « *si la matière peut penser ?* si notre *ame* est *matière ?* si *Dieu* est *matière*, etc. ? » sont de même illusoires et dépourvues de sens ;

Que celle du *plein* et du *vide* dans l'espace, n'a pas plus de consistance. L'espace pur et *à priori* est vide ; l'espace empirique et appliqué aux objets sensibles, ne peut nous apparaître que comme plein.

XIII.

Théorie de l'ENTENDEMENT pur. — Mode de génération des lois universelles qui règlent les objets sensibles. — Catégories, ou formes de la pensée. — Schématisme. — Réflexion transcendentale. — Nature [1].

Nous avons les deux élémens subjectifs des objets sensibles, l'étendue et la durée; nous savons comment une intuition devient un corps, devient matière; nous savons comment tous les objets se placent les uns hors des autres dans les divers lieux de l'espace, comment ils se placent les uns après les autres dans les divers instans du tems. Toute la variété infinie des objets sensibles, tels que nous les percevons, est là. L'espace et le tems sont parsemés de leur multitude. Mais qui viendra leur assigner des rapports, des lois? qui leur donnera une signification? ils sont tous rassemblés, en tant qu'ils sont dans

---

[1] *Kant* a nommé cette première partie de sa logique transcendentale *Analytique*, parce qu'elle consiste dans une analyse des fonctions de l'entendement.

un espace et dans *un* tems ; mais il faut encore qu'ils soient liés, ordonnés entre eux ; la cohérence et la connexion doivent s'introduire entre toutes les parties isolées de cette multitude, sans quoi elle restera un agrégat irrégulier ; il faut une organisation aux objets épars de l'espace et du tems, sans quoi il n'en résultera jamais une *nature*. C'est au verbe de l'entendement à venir débrouiller ce chaos des sens. — Plusieurs milliers de caractères donnés ne constituent pas un livre. Il faut que, suivant certaines règles et certaines formes, le compositeur établisse entre eux des rapports, les réunisse, les range de manière à former d'abord des touts, des ensembles partiels, et de ceux-ci un ensemble général. Ainsi pour composer le grand livre de la nature, ce n'est pas assez de la foule des objets sensibles qui nous sont donnés ; il faut que ces caractères, insignifians par eux-mêmes, soient réunis en mots, en phrases, en paragraphes, en un grand tout enfin qui termine et constitue l'ensemble.

« Alors seulement je puis dire que je *connais*; jusqu'alors je n'ai fait que *voir*, sans intermède de l'intelligence. *Comprendre, concevoir, connaître*, marquent assez, par la seule étymologie, que l'acte de la pensée qu'on a voulu exprimer à leur aide, offre l'idée fondamentale de réution, de composition. L'intuition, la simple vue d'un objet n'en livre pas une vraie connaissance; elle n'en livre tout au plus qu'une connaissance sans ame et sans vie. Pour que la connaissance et l'expérience aient vraiment lieu, il faut que je détermine ce que c'est que cet objet par rapport à lui-même, par rapport aux autres objets, et par rapport à moi. Tel est l'office de la pensée, ou de l'*entendement*, lequel intervient comme fonction seconde et supérieure de ma faculté générale de connaître.

———

Déterminer ce qu'est un objet, c'est reconnaître que je suis fondé à lui attribuer telle ou telle manière d'être, c'est *juger*. L'exercice de ma faculté de penser, ou de concevoir, a donc lieu par des jugemens. Je conçois, je pense que le soleil échauffe une muraille, parce que j'ai jugé que le soleil était la *cause* de la chaleur que j'apercevais dans la muraille. Nous saurons donc quels sont les modes fondamentaux de nos conceptions ou pensées, quand nous saurons quels sont les différens modes de nos jugemens.

Or la logique générale, qui traite des formes nécessaires de la pensée dans la fonction du raisonnement, et qui depuis long-tems a acquis la régularité et la solidité d'une science, nous indique

indique quatre formes nécessaires de tous nos jugemens. Sans nous arrêter à la manière dont la logique doit les exposer relativement à son but, qui est la rectitude des conclusions, nous allons les rapporter sous le point de vue de la philosophie transcendentale.

I. Ou nous considérons ce qui nous affecte comme ne faisant qu'un seul ensemble, comme pouvant être vu et saisi tout à la fois, sans égard de parties, et alors nous jugeons l'objet comme *un*. — Ou nous le jugeons comme *plusieurs*. — Ou enfin, réunissant ces deux manières de juger, et considérant *plusieurs* dans *un* ensemble, nous jugeons celui-ci comme *tout* [1].

---

[1] *Un* homme, *un* objet en général ! quelle multitude de perceptions, toutes diverses, a déjà réuni notre entendement pour pouvoir dire *un* ! Quand par sa force de composition il a réduit plusieurs de ses perceptions à former *un* tout, *un* objet, il faut de rechef qu'il convertisse plusieurs de ses touts en un nouveau tout, au moyen duquel il les lie ensemble; sans quoi il en resterait perpétuellement à la conception d'*un*, *un*, *un*, etc. répétés, mais nullement unis. L'entendement dit donc : je vous réunis dans un tout commun et vous serez *plusieurs*, en général : ou en particulier, *toi*, *toi* et *toi*, isolés en vous-mêmes, serez réunis par moi, et je vous constitue *trois* ; ainsi de suite pour tous les individus qui peuvent être appelés *plusieurs*. C'est de la sorte que l'entendement crée les nombres qui ne sont nullement donnés par la sensation. *Un*, *deux*,

Exemples : 1. *Un* homme ; 2. *plusieurs* hommes ; 3. *tous* les hommes. Il n'y a pas moyen d'imaginer une quatrième classe pour les jugemens de QUANTITÉ.

II. Ou nous considérons un objet comme ayant réellement une certaine qualité, que l'on peut affirmer de lui, et nous jugeons qu'*il est ainsi*. — Ou comme privé de telle qualité, et nous jugeons qu'*il n'est pas ainsi* — ou enfin,

trois, *quatre*, etc. sont des jugemens que nous transportons hors de nous dans les objets, des manières de les lier dans la connaissance que nous prenons d'eux ; il n'y a ni *deux*, ni *trois*, ni *quatre*, etc. dans la nature. *Fénélon* a fait sentir parfaitement cette vérité dans son *Traité de l'existence de Dieu* : « Le nombre de deux n'est que deux unités ; le nombre de quatre se réduit à *un* répété quatre fois. On ne peut concevoir aucun nombre, c'est-à-dire, aucune répétition d'unité, sans concevoir l'unité même qui est le fondement essentiel de tout nombre..... Mais par où est-ce que je puis connaître quelqu'unité réelle ? Je n'en ai jamais vu, ni même imaginé par le rapport de mes sens. Que je prenne le plus subtil atôme : il faut qu'il ait une figure, une longueur, une largeur et une profondeur, un dessus, un dessous, un côté gauche, un autre droit, et le dessus n'est point le dessous ; un côté n'est point l'autre. Cet atôme n'est donc pas véritablement un ; il est composé de parties. Or ce composé est une multitude d'êtres. Ce n'est point une unité réelle : c'est un assemblage d'êtres, dont l'un n'est pas l'autre. — Je n'ai donc appris ni par mes yeux, ni par mes oreilles, réunissant ces deux manières de juger, nous considérons l'objet comme étant d'une certaine manière où il n'a pas telle qualité, et nous jugeons qu'*il est d'une manière différente de certains autres* ; ce qui établit dans l'universalité des objets une *limite*, une séparation, d'un côté de laquelle les objets *ont* une telle qualité, tandis que de l'autre ils *n'ont pas* cette qualité.

Exemples : 1. L'or *est* ductile ; 2. il *n'est pas* cassant ; 3. il *est* non-diaphane (c'est-à-dire, qu'il appartient à la classe des objets non-diaphanes ; ce qui pose par conséquent une classe d'objets diaphanes). Il n'est pas une quatrième forme possible pour les jugemens de QUALITÉ.

III. Ou nous considérons plusieurs objets en relation entre eux, tellement que les uns sont immuables et persistans, tandis que les autres varient et changent continuellement, de manière

ni par mes mains, qu'il y ait dans la nature aucune telle unité ; au contraire, mes sens et mon imagination ne me présentent jamais rien que de composé, rien qui ne soit une *multitude*. Toute unité m'échappe sans cesse ; elle me fuit comme par une espèce d'enchantement. Mais puisqu'elle m'échappe dans toutes les divisions des corps de la nature, il s'ensuit clairement que je ne l'ai jamais connue par le canal de mes sens. Voilà donc une idée qui est en moi indépendamment des sens et des impressions des corps ». (*Partie 1.re, Article* 61).

3.

que les premiers sont jugés par nous être comme le *fond* et le *support* des seconds. — Ou dans une relation telle qu'ils se suivent et se déterminent entre eux, et nous jugeons que les uns *produisent* les autres. — Ou enfin, réunissant la perdurabilité et l'existence dans un même tems propre aux premiers, ainsi que l'influence réciproque propre aux seconds, nous jugeons que les objets qui existent ensemble, sont entre eux dans une relation de mutuelle dépendance, ou de *réciprocité d'action*.

Exemples : 1. Malgré les diverses formes données à un fer, qu'on le rougisse, qu'on le mette en fusion, qu'on le calcine, la matière première n'est pas anéantie, la *substance reste*, les apparences, les *accidens ont seuls changé* ; de même malgré les transmutations, les accidens qui surviennent dans la nature, la quantité de matière, la *substance persiste et reste la même* ; 2. la chaleur *fait* monter le thermomètre, elle est la *cause*, et l'ascension du thermomètre est l'*effet* ; 3.° un corps qui frappe un autre corps en est repoussé, il y a entre eux *action* et *réaction*. Telles sont les trois seules formes des jugemens de RELATION.

IV. Ou (considérant un objet, suivant le degré de réalité que nous nous trouvons fondés à lui attribuer, c'est-à-dire, suivant sa manière d'être à l'égard de notre sentiment intime) nous jugeons qu'un objet est *possible*, au cas où cet objet concorde avec les conditions de notre entendement ; — ou qu'il est *effectif* et *réel*, s'il concorde avec les conditions de notre sensibilité ; — ou enfin, réunissant l'un et l'autre, si l'objet concorde tout à la fois avec les conditions de notre entendement, et avec celles de nos intuitions sensibles, nous jugeons qu'il est *nécessaire*.

Exemples : 1. Une figure régulière de mille côtés est *possible* ; une montagne d'or est *possible*. — Un espace fermé par deux lignes droites ; un effet sans cause, sont *impossibles* ; 2. l'arbre que je vois devant moi est effectif, *il existe*. — La montagne d'or n'est point effective, elle *n'existe point* ; 5.° la clarté est *nécessaire* dès que le soleil est présent ; — il n'est pas nécessaire qu'il pleuve aujourd'hui, cela n'est que *contingent*. Telles sont les trois seules manières d'être des choses par rapport à notre cognition, c'est-à-dire, qu'il ne peut y avoir que ces trois formes pour les jugemens de la MODALITÉ.

Nous jugeons donc tout à la fois dans les objets leur *quantité*, leur *qualité*, leur *relation* et leur *modalité*. Chacun de nos jugemens est déterminé nécessairement sous ces quatre formes, et nous ne connaissons un objet que quand la conception que nous nous formons de lui a reçu l'empreinte de ces quatre jugemens fondamentaux. Par exemple: *Plusieurs corps célestes sont errans.*—QUANTITÉ : *plusieurs* corps célestes. QUALITÉ: plusieurs *sont errans*. RELATION: *corps célestes* sont la chose persistante, la *substance*, et *errans* est la variété, l'*accident*. MODALITÉ : plusieurs corps célestes *sont* ; ils sont là en effet, ils *existent*. Au moyen de ces quatre points, le jugement est définitif, complet ; il en résulte ce que nous appellons l'expérience, la connaissance que nous prenons d'une chose.

Ces quatre formes de nos jugemens, aussi bien que les trois variétés de chacune, naissent d'un pareil nombre de conceptions fondamentales qui constituent la nature même de notre entendement. Nous allons exposer ici, réduite à sa plus simple expression, la table de ces conceptions pures, formes nécessaires de toutes nos conceptions empiriques. *Kant* les appelle *Catégories*, à l'instar d'*Aristote*, qui a désigné sous ce nom les dix pensées capitales, selon lui, sous lesquelles il croyait qu'on pouvait classer toutes les autres ;

Table des Catégories :

I.

De Quantité : 1. *Unité*, 2. *Pluralité*, 3. *Totalité.*

II.

De Qualité : 4. *Affirmation*, ou *réalité*, 5. *Négation*, ou *privation*, 6. *Limitation.*

III.

De Relation : 7. *Substance* et *Accident*, 8. *Causalité*, ou loi de *cause* et d'*effet*, 9. *Communauté*, ou loi d'*action* et de *réaction*.

IV.

De Modalité : 10. *Possibilité* et *Impossibilité*, 11. *Existence* et *Non-existence*, 12. *Nécessité* et *Contingence*.

Telles sont les conceptions matrices et primitives qui font l'essence de notre pensée ; ce sont elles qui réunissent, qui lient par faisceaux la multiplicité des objets isolés, placés par la sensibilité dans l'espace et dans le tems ; ce sont autant de modes particuliers de l'unité fondamentale et systématique à laquelle toutes nos connaissances doivent se réduire. Sans elles il n'y aurait pas pour nous de pensée possible. Elles ne peuvent nous venir des objets qu'elles coordonnent, lient, classent et désignent ; car la première de toutes nos expériences les présuppose aussi bien que la dernière, et ne peut avoir lieu que par elles. Ce sont donc les lois subjectives et *à priori* de notre entendement ; ce sont, tout aussi bien que l'espace et le tems, les formes de notre cognition [1].

[1] Je ne sais pas ce que je penserai demain, ni dans tous les instans suivans de ma vie, car je ne sais quels objets me seront donnés par mes sens ; mais si j'ignore ce *quoi* de ma pensée, je n'en ignore pas le *comment*. Je ne puis prévoir la *matière* (qui m'est donnée du dehors), mais je prévois la *forme* (qui réside d'avance en moi). Tout ce que je penserai sera revêtu des quatre formes de *quantité*, *qualité*, *relation* et *modalité*. Je le concevrai : I. comme *un*, ou *plusieurs*, ou *tout* ; II. comme *réel*, ou *négatif*, ou *limité* ; III. comme *substance* (ou *accident*), ou *cause* (ou *effet*), ou *action* (ou *réaction*) ; IV. enfin comme *possible* (ou *impossible*), ou *existant* (ou *non-existant*), ou *nécessaire* (ou *contingent*). Nul objet conçu par moi ne peut recevoir une autre forme. Remarquons ici en passant que cette théorie fournit une réponse simple et satisfaisante à l'importante question : « comment sont possibles des jugemens synthétiques *à priori* ? » (Voyez la *Remarque* seconde de l'article IX). Cette même question se trouvait déjà résolue dans l'article qui précède celui-ci, par rapport aux propriétés de l'espace et du tems pur, que nous sommes autorisés à attribuer avant toute expérience (c'est-à-dire, *à priori*) aux objets.

Mais remarquons que ces conceptions fondamentales ne sont que des *formes*, lesquelles n'ont de valeur qu'autant qu'elles sont appliquées aux propriétés réelles de l'espace et du tems, et aux objets qui s'y trouvent placés. Hors de là, elles ne sont que des formes vides, insignifiantes par elles-mêmes, sans aucun contenu, et incapables de produire aucune réalité [1].

Le seul emploi légitime des catégories de l'entendement est donc leur application aux objets sensibles et aux formes de la sensiblité. Transportées au-delà des objets perçus et connus par nous, dans les choses telles qu'elles sont en elles-mêmes, leur emploi n'aboutit plus qu'à un jeu intellectuel de conceptions dépourvu de toute base, et qui ne peut donner nulle connaissance des choses en elles-mêmes ; car les choses en elles-mêmes ne se règlent point d'après les lois de notre cognition, mais bien seulement les choses en tant qu'elles se manifestent à notre cognition par la sensibilité, et qu'elles ont revêtu les formes de celle-ci, l'espace et le tems.

---

[1] Le rapport immédiat de sa pensée à un objet sensible est ce que l'homme appelle *réalité* ; ou, si l'on veut, l'accord d'une conception avec une perception correspondante. La pensée seule ne produit que des objets sans réalité, des objets *possibles*, mais non *existans*, des *êtres de raison*.

Cette table des catégories donne lieu à d'importantes considérations, et tout le mécanisme de notre intelligence en procède. Par exemple, on remarque, à la première inspection, une conformité très-sensible entre les catégories de la *quantité* et celles de la *qualité*, comme aussi une opposition très-marquée de celles-ci avec celle de la *relation* et de la *modalité*. Les premières déterminent le *combien* d'un objet, sa grandeur *extensive* ou *intensive*, sa mesure en *nombres* ou en *degrés* [1] : les secondes déterminent le *comment* des objets, se rapportent à leurs modes d'*existence*. C'est ce qui a donné lieu à Kant de diviser sa table des catégories en deux classes,

[1] Grandeur *extensive* est celle qui s'engendre par expansion dans l'espace et dans le tems ; elle se forme progressivement par l'addition des parties ; elle est, par conséquent, susceptible de divisions, et peut se représenter par *nombres*. La grandeur *intensive*, au contraire, est donnée tout à la fois et sans progression ni addition de parties ; elle se représente par les *degrés* du plus ou de moins de réalité ou de privation, comme une lumière *plus forte*, *plus faible* ; un vert *plus foncé*, *moins foncé* ; la réalité de la lumière peut s'affaiblir jusqu'à la privation, etc..... La première de ces deux sortes de grandeur concerne le *quantùm* des objets : la seconde concerne la *gradation* dans les objets. Il ne faut donc pas les confondre, quoique le *plus* et le *moins*, l'*augmentation* et la *diminution* leur soient communs.

et d'appeler celles de la première *mathématiques*, celles de la seconde *dynamiques*. Cette distinction transcendentale sert même de base éloignée et profonde à la distinction que l'auteur, en traitant par la suite de la philosophie des arts, a établi entre le *sublime mathématique* et le *sublime dynamique*.

Ces conceptions fondamentales se combinant entr'elles, produisent des conceptions *dérivées*, qui sont de même *à priori* et subjectives. Ainsi de la catégorie *substance*, adjointe à celle de *causalité*, dérive la conception catégorique de *force* ; de celle-ci jointe aux catégories d'*unité* et de *réciprocité d'action*, dérive la conception de *force unique* agissante dans toute la matière, etc... De ces combinaisons résultent, comme on le peut voir, toutes les conceptions universelles qui ne sont pas explicitement exprimées dans la table des catégories simples.

Une autre sorte de conceptions dérivées est encore celle qui résulte de la liaison des catégories avec les formes pures de la sensibilité, l'espace et le tems : *naissance*, *commencement*, par exemple, n'est autre chose que la double catégorie de *non-existence* et d'*existence*, placée dans un ordre temporaire de succession.

Il faut bien remarquer que les conceptions pures de l'entendement, pour être susceptibles de s'appliquer aux objets sensibles, doivent elles-mêmes s'allier d'abord à la faculté sensible de notre cognition, aux formes pures de l'espace et du tems. Celui-ci, en particulier, comme forme du sens interne, se trouve l'intermédiaire entre les conceptions et les objets de l'espace : c'est dans le tems que se fait leur alliance réciproque. Une conception pure, appliquée à la forme pure de la sensibilité, devient un *schéma*, ou type primitif. C'est le premier degré de *sensibilisation* de la pensée, si l'on veut me passer ce terme.

On peut déduire au long les rapports suivans des catégories au tems pur. Mon plan m'interdit un trop grand détail; mais un peu d'attention fera sentir la justesse de ces rapports :

Quantité se rapporte à la *progression* dans le tems.

Qualité, à ce qui est, ou n'est pas, dans le tems, à son *contenu*.

Relation, à l'*ordre* dans le tems; ensemble, ou avant, ou après.

Modalité, aux *conditions* et au lieu dans le tems : *existence*, par exemple, est ce qui a lieu dans un certain tems déterminé; *nécessité* est ce qui a lieu dans tous les instans du tems.

Le *schématisme* est donc, en général, l'acte résultant dans notre cognition de l'application des formes de l'entendement pur à celles de la sensibilité pure. Quand quelque chose d'individuel est donné dans cet acte, il en résulte une *image* ; cette image, rapportée à une sensation, forme un *objet*.

C'est de la sorte et par un tel schématisme, que les mathématiques pures naissent dans l'esprit de l'homme. Chaque axiôme, ou proposition mathématique n'est que l'application d'une ou de plusieurs de nos conceptions pures aux formes *à priori* de l'espace et du tems [1].

De ce qui a été dit dans cet article et dans le précédent, il résulte que nous avons deux représentations de chaque objet sensible. L'une est l'*intuition*, la vue de l'objet tel qu'il apparaît à notre sensibilité, revêtu de la forme de l'espace, ou de celle du tems. L'autre est la *conception* de ce même objet, l'ensemble de ses rapports, manières d'être, etc. ... tel que l'entendement le conçoit et le constitue. La première de ces représentations de l'objet appartient, comme on le voit, à la sensibilité ; la seconde, à l'entendement, et elles diffèrent entr'elles fort essen-

[1] Voyez la *Remarque* à la fin de cet article.

tiellement. Par exemple, la conception d'un objet avec la conception d'un autre objet absolument semblable, et doués tous deux des mêmes rapports de quantité, de qualité, de relation et de modalité, ne forment point deux conceptions différentes, mais une seule et même conception; tandis que l'intuition du premier objet avec l'intuition du second, sont deux intuitions tout-à-fait distinctes. La conception d'une goutte d'eau est absolument la même conception que celle d'une autre goutte d'eau de pareille grosseur, etc... Mais l'intuition de l'une occupe dans l'espace un autre lieu que l'intuition de l'autre ; ou si elles occupent le même lieu, c'est dans deux portions différentes du tems. Les intuitions, même identiques, demeurent donc toujours distinctes et impénétrables, tandis que les conceptions adéquates se pénètrent et se confondent en une seule conception.

Par cette considération, et par plusieurs autres, il importe au plus haut degré, dans le système de nos connaissances, de rapporter avec exactitude chaque représentation à la faculté particulière à qui elle appartient. L'opération primitive de l'entendement dans cette fonction est appelée par *Kant*, la *réflexion transcendentale;* et la faute commise à cet égard, *amphibolie* de la réflexion.

C'est par une semblable *amphibolie* que *Leibnitz* a été conduit sur la voie de son idéalisme et de ses monades, attribuant nos intuitions à l'entendement ; et c'est par l'*amphibolie* opposée, que *Locke* a été conduit à son réalisme empirique, attribuant nos conceptions à la sensibilité. *Leibnitz* a intellectualisé les sensations, et *Locke* a sensualisé les conceptions[1].

---

[1] La question agitée si long-tems, et abandonnée ensuite par désespoir, de la divisibilité ou non-divisibilité de la matière à l'infini, ne tirait toute sa difficulté que d'une double amphibolie de cette sorte ; les uns voulaient appliquer tout le jeu de l'entendement à la matière comme objet de notre sensibilité ; les autres prenaient pour un objet de notre sensibilité la conception de matière ; ils confondaient en attribuant l'intuition à l'entendement, et la conception à la sensibilité. Celui qui opère sur la matière en tant qu'objet *senti* et *perçu*, doit toujours, en résultat, trouver un premier élément qui soit quelque chose d'étendu et de perceptible, qui occupe un lieu dans l'espace, car on ne peut supposer à la sensibilité aucun objet imperceptible ; d'où le système des atômes matériels, et la *philosophie corpusculaire* d'*Épicure*. Celui, au contraire, qui opère sur la matière en tant qu'objet *pensé* et *conçu*, doit apercevoir une division toujours possible de l'état de matière jusqu'à l'état de *pensée*, puisque c'est sur une pensée qu'il opère : or comme entre ces deux états, l'esprit ne voit pas de mode de transition, il y met l'infini ; d'où le système des monades. Le tort de l'un et de l'autre, c'est de confondre la matière en tant que représentation de

Il est encore d'autres *amphibolies* à éviter dans l'exercice de notre cognition ; elles consistent en un faux rapport des objets à telle catégorie de l'entendement qui ne peut pas leur convenir.

C'est aussi par la réflexion transcendentale que l'entendement examine et décide auxquelles de nos catégories il convient de rapporter des objets donnés à la sensibilité.

Pour remplir cette fonction envers les quatre classes des catégories, la réflexion transcendentale est pourvue de quatre formes, ou quatre conceptions primitives, qui correspondent à ces quatre classes.

1. Pour déterminer si l'entendement est fondé à concevoir les objets comme *un*, ou comme *plusieurs*, ou comme *totalité*, il faut que la réflexion prononce d'abord sur leur ressemblance ou dissemblance. Le mode de réflexion

---

la *sensibilité*, avec la matière en tant que représentation de l'*entendement*. Il y a aussi deux *idées* transcendentales, celle du *simple absolu*, et celle du *réel absolu* qui jouent ici un rôle ; mais il n'en sera traité que dans l'article suivant. La difficulté élevée au sujet du *point*, de la *ligne* et de la *surface* géométrique, dérive de la même *amphibolie*, du même désordre dans la classification de nos représentations. Vouloir, après ces explications transcendentales, retomber dans les vieilles discussions empiriques et transcendentes, ou vouloir s'en référer encore à l'indifférentisme, serait également impardonnable.

transcendentale ou la conception *réflective* pour les jugemens de *Quantité*, est donc : IDENTITÉ et DIVERSITÉ.

2. Pour ceux de *Qualité* : CONFORMITÉ et CONTRARIÉTÉ.

3. Pour ceux de *Relation* (c'est-à-dire, ceux qui prononcent sur la *substance* et sur l'*accident*, sur la *cause* et sur l'*effet*, où il s'agit enfin de savoir si tel attribut est renfermé dans tel objet, ou s'il lui vient du dehors) : INTÉRIORITÉ et EXTÉRIORITÉ.

4. Pour ceux de *Modalité* : MATIERE et FORME.

Ces quatre conceptions réflectives, sont, aussi bien que les douze conceptions catégoriques, fondées dans notre entendement même, et indispensables à son organisation. Elles diffèrent des catégories en ce qu'elles ne contribuent nullement à fixer les rapports et les manières d'être des objets donnés par la sensibilité (ce qui est proprement la fonction des catégories), mais qu'elles ne s'emploient qu'à comparer entre elles les conceptions des objets, à les classer et à leur assigner la place qui leur convient dans le système transcendental de notre cognition. Leur faux emploi (lequel procède d'un défaut de la faculté judiciaire) occasionne les erreurs que nous avons déjà nommé *amphibolies*. Je ne puis les détailler ici davantage :

cette polémique transcendentale nous conduirait trop loin.

Nous avons vu jusqu'ici comment nos impressions sensibles, suscitant en nous le développement de l'espace et du tems pur, revêtent ces formes, et deviennent les objets de nos intuitions, phénomènes, apparences sensibles qui sont toute la matière de nos connaissances : nous avons vu comment, à l'aide de ses formes actives, l'entendement rassemblait, coordonnait ces phénomènes, leur assignait des rapports et des manières d'être. Nous avons vu les objets, à mesure que nous les reconnaissions, s'attacher les uns aux autres, se déterminer et s'influencer réciproquement. Ainsi nous nous sommes élevés jusqu'à la conception d'un mécanisme du monde, d'une *Nature* en général. Ce que nous comprenons sous ce titre n'est que l'ensemble des phénomènes donnés par nos sens, et réglés, liés par notre entendement [1].

Pour édifier cette nature phénoménale, les matériaux ont été fournis par notre sensibilité,

---

[1] Quand nous concevons cet ensemble de nos représentations sous la catégorie de la *pluralité*, nous le nommons *nature* ; quand nous le concevons sous celle d'unité, nous l'appelons *monde*.

et la disposition par notre entendement. C'est-là tout le contenu, tout l'objet de nos connaissances. Ce qui peut exister au-delà, l'état des *choses en soi* nous est totalement inconnu. Nous pensons seulement qu'il y a quelque chose ; que nos représentations phénoménales reposent sur un fonds réel ; c'est un besoin pour nous que de l'imaginer ; et encore cette conception n'est-elle au fond, qu'une application de notre catégorie de *causalité*, de la nécessité qui nous porte à supposer une *cause* par-tout où nous voyons un effet.

« Ainsi (dit un des plus célèbres commentateurs de *Kant*, le mathématicien *Schulze*), la
» législation suprême de la nature repose en
» nous, c'est-à-dire, dans notre entendement ;
» ce n'est pas de la nature elle-même, et à
» l'aide de l'expérience, qu'il convient d'abs-
» traire et de déduire les lois universelles qui
» règlent la nature ; mais c'est au contraire dans
» les conditions primordiales de notre sensibi-
» lité et de notre entendement, qu'il faut aller
» chercher et la possibilité, et la législation de
» la nature. Et quelque répugnance que le sens
» commun et vulgaire y puisse opposer, rien
» n'est plus inébranlable que cette proposition :
» *L'entendement ne tire pas ses lois de la*

» *nature ; c'est lui qui prescrit et donne ses*
» *lois à la nature* ₁. »

₁ Observons cependant qu'on entendrait ceci tout-à-fait à rebours, si l'on se figurait une nature réelle hors de notre entendement, chez qui celui-ci transporterait ses propres lois. Il ne faut pas perdre un moment de vue que nous appelons *nature* l'ensemble de nos représentations, de nos manières de *voir* et de *juger* les choses. C'est donc à cet ensemble de nos *vues* et de nos *jugemens* que notre entendement imprime ses propres lois. Ce n'est qu'en tant qu'elle est un objet *perçu et connu par l'homme*, que celui-ci est le législateur de la nature. Il n'y a rien en effet hors de lui qui lui obéisse et se conforme à ses vues ; rien, hormis ses propres vues, et la nature qu'il se fait. Ainsi nous disons que son œil donne les *couleurs* aux objets, c'est-à-dire, aux objets en tant qu'il les regarde, car les objets ne deviennent pas pour cela colorés en eux-mêmes.

Remarque.

Je vais essayer de donner au lecteur l'idée d'une construction géométrique *à priori*, et de la différence entre un *schéma*, une *image*, et un *objet*.

L'espace pur, absolu, indéterminé, est la forme *à priori* de notre sens extérieur; cet espace indéterminé qui n'est qu'une intuition, devient une conception quand l'entendement en a saisi et déterminé les rapports. Il y reconnaît donc une longueur, une largeur, une profondeur ou hauteur, c'est-à-dire, trois dimensions qui ne forment qu'un seul ensemble, qui ne sont que les propriétés d'une même chose, et voilà l'espace *conçu*. Or dimension de l'espace est évidemment la ligne droite; l'entendement ne peut concevoir cette nature de l'espace d'être étendu vers trois directions, qu'au moyen de trois lignes indicatrices des trois dimensions. La ligne droite est donc donnée immédiatement dans la conception de l'espace pur.

La ligne droite indéfinie étant donnée (je suppose connues la théorie des angles et celle des parallèles), je fixe à volonté sur elle deux points; je laisse immobile la partie de la ligne comprise entre les deux points, laquelle partie je nommerai base, et je fais tourner sur ces mêmes points (d'un même côté de la base) les deux lignes des ailes, jusqu'à ce qu'elles deviennent parallèles sous une inclinaison quelconque. Je les fixe là pour un instant, et considère que les deux angles internes, appuyés à la base, valent ensemble 180 degrés. Si dans cet état de choses, l'une des deux lignes parallèles, afin de parvenir à la construction d'un triangle, s'incline vers l'autre d'un degré, par exemple, (c'est-à-dire, de manière, étant prolongée suffisamment, à faire avec cette autre un angle d'un degré), il est sensible que dans cette rotation, elle quitte d'un degré sa première position en la resserrant, et que par-là elle diminue d'un degré l'angle qu'elle faisait avec la base. La somme des deux angles à la base est donc devenue 180 moins un; mais cet *un* qui manque, se retrouve, ainsi que nous l'avons vu, dans l'angle opposé à la base, lequel est donc toujours (par la construction même de la conception du triangle) *supplément* des deux angles à la base; car on en pourrait dire autant du second degré, du troisième, et ainsi de suite; on en pourrait dire autant si les deux lignes se mouvaient ensemble pour se réunir, et de même de toutes les autres suppositions [1].

Quel triangle cependant a construit là mon entendement ? de quel triangle ai-je démontré que les trois angles valaient 180 degrés ? Est-ce d'un triangle *équilatéral*, *isocèle* ou *scalène* ? *acutangle*, ou *rectangle* ? d'un grand ou d'un petit triangle ? Ce n'est d'aucun en particulier ; c'est d'un triangle absolu, primitif, d'un archétype de tout triangle, qui, procédant de l'entendement, n'a en lui aucune détermination individuelle.—Mais, dira-t-on, il faut bien que vous admettiez que votre triangle est *équilatéral*, ou *isocèle*, grand ou petit, etc. ? — Je ne l'admets nullement. La proposition en serait-elle plus vraie, au cas que j'admisse quelque chose de tout cela ? non. Pourquoi donc admettrais-je dans ma démonstration des termes étrangers, qui n'y ont rien à faire, qui ne la rendent ni plus forte, ni plus précise ? j'ai prouvé la chose du triangle absolu et primitif, et elle sera vraie pour tous les triangles individuels.

Ce triangle archétype et absolu, ce mono-

---

[1] Il est aisé de voir aussi que les différentes démonstrations qu'on donne ordinairement de cette proposition, sont toutes renfermées dans la construction qu'on vient d'exposer, et qu'elles ne sont que différens momens saisis dans cette construction.

gramme engendré par l'entendement pur dans l'espace pur, est un *schéma*.

Si ce *schéma* reçoit une détermination précise, qui le fasse individu, toujours dans l'espace pur, il devient une *image*.

Cette *image* se réalise-t-elle, c'est-à-dire, trouve-t-elle dans la sensibilité extérieure une perception empirique à quoi elle se rapporte, elle devient *objet*.

Il en est de même de toutes les constructions mathématiques; il en est de même de toutes les conceptions de notre entendement, lesquelles sont originairement des *schémas*; puis des *images*; puis des *objets*; de telle sorte que l'*objet* procède de l'*image*, celle-ci du *schéma*, lequel procède de la spontanéité de l'entendement et de ses formes primitives.

On voit aussi, que comme il faut bien que le sens intérieur perçoive la construction d'un tel *schéma* mathématique, le tems est un élément nécessaire à sa formation. Et même dans la formation des *schémas* qui ne doivent point se projeter dans l'espace, comme ceux, par exemple, des conceptions philosophiques, le tems est la seule forme sensible dans laquelle ils se projètent, et ils revêtent les formes du tems : ainsi la *cause* doit être *avant*, et l'*effet après*; la *substance* doit être *perdurable*, l'*accident* commencer dans *un instant* et finir dans *un autre*; l'*action* et la *réaction* avoir lieu *dans un seul et même tems*, etc...

Nous dirons donc, qu'en général le *schéma* est le premier contact d'une forme pure de l'entendement avec la forme pure de la sensibilité, le premier degré de la *sensibilisation* d'une conception pure ; le second est l'état d'*image* ; le troisième celui d'*objet*.

L'empirisme donne la priorité à l'*objet*, lequel produit l'*image*, et *par abstraction*, nous en faisons un type idéal, ou *schéma*. Il n'est pas un mathématicien qui ne sente que cet ordre empirique est tout-à-fait l'inverse de la vérité. Ce qui le prouve encore mieux, c'est qu'il est des *schémas* qui ne peuvent devenir *objets*, ni même *images*. Par exemple, on a évalué que pour qu'une surface fût aussi éclairée par la lumière lunaire qu'elle l'est par la lumière du soleil, il faudrait que deux cent mille pleines lunes, à-peu-près, éclairassent à-la-fois cette surface. Or sur tout l'hémisphère du ciel au-dessus de l'horizon de la surface, il n'y a pas moyen de placer les deux cent mille pleines lunes. Cette construction est donc un simple *schéma*, qui ne peut jamais être conçu comme *image*, et encore moins exister comme *objet*. — L'espace asymptotique est de même un *schéma*, qui ne peut devenir image, ni objet, aussi bien que le cube double d'un autre, le quarré égal au cercle, etc..... Ainsi quand nous avons dit ci-dessus (ART. X, *Remarque prem. Premier point de vue*), que l'état primitif de l'être doué de la cognition est *l'infini*, et que la conscience qu'il a de lui-même est le *point mathématique*, il est évident qu'ici *l'infini* et le *point* sont des *schémas*, ou premières manifestations sensibles l'un de la manière d'être pure, et l'autre de la conscience pure de l'être cognitif.

———

La haute poësie, qui s'intellectualise autant qu'il est donné à l'homme, et qui se dégage le plus possible de la sensualité, produit aussi de tels archétypes dépourvus d'objets réels : elle est schématique par essence ; mais ses conceptions les plus intellectuelles s'appuient toujours légèrement, ne fût-ce que dans l'expression, sur quelqu'*image* individuelle, ce qui constitue particulièrement le *schéma* poëtique. On en trouve de fréquens exemples chez les poëtes grecs, chez quelques italiens, chez *Milton* et *Shakespear*, chez *Corneille*, chez *Klopstock*, *Gœthe*, *Schiller*, etc....... Cette haute poësie qui plane dans la région du *schématisme* est peu goûtée des lecteurs sensualistes : elle doit surtort régner dans les pièces lyriques, et ne peut se montrer dans l'épopée et le drame que par éclairs passagers. Celle qui se tient dans la région des *images*, images d'objets sensibles, mais idéalisées par l'entendement, images puisées dans la nature visible, mais purifiées et élevées au-dessus de toute nature, celle-là, dis-je, est la vraie essence de l'épopée, de l'idylle, aussi bien que du drame. Telle est assez constamment la poësie d'*Homère*, de *Virgile* et de *Racine*. Quant à celle qui se traîne dans la région des objets empiriques et sensibles, elle mérite à peine le nom de poësie : son abus conduit au maniéré, aux jeux de mots, à toute la niaiserie qui caractérise le bel-esprit français, dont la tendance sensuelle devient chaque jour plus marquée.

La *ceinture de Vénus*, la description des *prières* dans l'*Iliade*, les *maux* qui sortent de la boîte de *Pandore*, l'*espérance* qui reste au fond, sont des *schémas* poëtiques ; la manière dont *Sophocle* fait finir *OEdipe* dans sa pièce d'*OEdipe à Colone*, est tout-à-fait *schématique*. Ce beau début d'une ode de *Lebrun* contre l'anarchie révolutionnaire :

« Prends les ailes de la colombe,
» Prends, disois-je à mon ame, et fuis dans les déserts ! »

offre l'exemple d'un *schéma* poëtique qui se rapproche de l'*image*, etc... etc... Ceci peut faire entrevoir combien est mesquin et insuffisant ce principe de l'*imitation de la nature*, qu'on a prétendu assigner aux beaux-arts comme leur *non plus ultrà.* — Mais cette digression, qui pourra trouver place ailleurs, est étrangère à mon but actuel [1].

[1] Elle appartient à la troisième *Critique*, celle du jugement, dans la partie où elle traite des principes du goût et des beaux-arts.

XIV.

Théorie de la RAISON *pure. — Mode de génération des objets intelligibles. — De la loi de l'absolu. — Des idées transcendentales. — Paralogismes, antinomies et idéal de la raison pure. — Des preuves spéculatives de l'existence de Dieu* [1].

La fonction de l'entendement est de lier entre eux les objets, tels qu'ils lui sont offerts par la sensibilité, de les réunir en touts particuliers, en unités systématiques, de leur attribuer la réalité, la causalité, l'existence, etc... C'est à quoi se borne son emploi dans la connaissance que nous nous formons des choses. Mais si l'entendement, en tant que faculté secondaire, est satisfait par cette application de ses catégories aux objets sensibles, il s'en faut bien que l'esprit de l'homme pris en général et comme être cognitif, soit encore satisfait. — 1. Ce n'est pas

---

[1] *Kant* a nommé cette seconde partie de sa logique, *Dialectique transcendentale,* parce qu'elle donne la clé de toutes les illusions de la dialectique ordinaire.

assez pour lui d'avoir produit une *unité*, il veut encore remonter à l'unité qu'il n'a pas produite, à l'unité absolue, simple, qui existe par elle-même. Il dit *un* homme, *un* arbre, *un* fruit; mais ce fruit, par exemple, est un composé de parties. Il a une peau, une pulpe, un noyau, une amande, et chacune de ces parties offre manifestement à son tour une multitude infinie d'autres parties plus petites qui les composent; l'esprit de l'homme doué d'une activité qui va au-delà de ses sens, part, s'élance dans l'abîme de l'infini, qu'il parcourt en un instant, et arrive à cette pensée d'un *élément*, d'une *unité* simple et absolue, qui constitue toutes les unités de son monde réel. De même, après avoir appliqué sa conception de *totalité* à tous les systèmes particuliers d'objets sensibles dans l'espace et dans le tems, à sa maison, à sa ville, à son pays, au globe de la terre, à notre monde solaire, à l'ensemble de tous les autres soleils, il embrasse encore l'infini au-delà, et veut y saisir une totalité absolue et sans limites, un grand tout définitif qui ne permette de supposer rien au-delà, et qu'il nomme *univers*.[1] — 2. Ce n'est pas as-

---

[1] Ainsi s'engendrent en nous ces deux extrêmes de l'infini, l'infiniment petit, et l'infiniment grand. L'*élément* est le résultat de l'*absolu* appliqué à l'*unité*. L'*univers* est le résultat de ce même *absolu* appliqué à la *totalité*.

sez qu'il ait attribué aux objets une *réalité* à eux, il aperçoit en même tems que cette réalité pourrait cesser, sans que la *réalité* fondamentale, le réel en lui-même cessât ; il sent que toutes les réalités conditionnelles ont besoin de poser sur une *réalité inconditionnelle* et *absolue* ; que pour qu'il y ait des êtres passagers réels, il faut qu'il y ait quelque chose de réel en soi. — 5. Ce n'est pas assez qu'il ait assigné à chaque évènement une *cause*, il a besoin de considérer à son tour cette cause comme évènement, et de lui attribuer aussi une cause antécédente : de même à celle-ci, et toujours en remontant, sans jamais s'arrêter, jusqu'à ce qu'il parvienne à s'appuyer sur une cause première et absolue, qu'il se croie fondé à ne regarder que comme cause, sans qu'elle puisse être un effet dérivé d'aucune autre cause. Par exemple, nous ne nous contentons pas de connaître que chaque homme a eu un père, celui-ci le sien, et ainsi de suite en remontant de génération en génération jusqu'au terme le plus reculé de l'histoire et de la tradition ; quand le fil de l'histoire nous échappe, celui de nos spéculations nous tient liés, et nous nous représentons une série indéterminée d'effets et de causes, c'est-à-dire, de fils qui ont chacun leur père, jusqu'à ce qu'enfin nous nous reposions sur l'idéal d'un premier homme, qui soit cause absolue et première de tous les autres, dans lequel la causalité qui a toujours remonté jusqu'à lui, trouve un fonds et un principe.—4. Enfin, ce n'est pas assez pour la cognition de l'homme que d'avoir accordé à des objets donnés une *possibilité*, une *existence* et une *nécessité* convenable aux cas déterminés, il veut parvenir à une *possibilité*, à une *existence* et à une *nécessité* absolues, illimitées, qui servent de base et de condition à tout dérivé [1]. — Et l'homme ne peut pas plus se défendre de ces prosyllogismes, de ces incursions vers l'infini et l'absolu, il ne peut pas plus les interdire à sa raison, qu'il ne peut s'empêcher de percevoir des couleurs quand il a les yeux ouverts au grand jour.

Nous avons donc en nous une faculté active et spontanée qui tend à l'absolu, à l'inconditionnel, au fondamental. Cette faculté de l'absolu est la *Raison* [2]. En tant que nous considérons

---

[1] Le lecteur voudra bien, en lisant ce paragraphe, recourir à la table des *Catégories*, donnée dans l'Article précédent, et qu'il ne faut pas perdre de vue dans celui-ci.

[2] La raison est aussi la faculté de tirer des conclusions, d'où l'exercice de cette faculté est nommé *raisonnement*. Chaque conclusion suppose un absolu posé en thèse. *Tous les corps sont pesans; or l'air est un corps; donc il est pesant.* La validité de la conclusion repose sur ce que *tous* les corps ont cette qualité. La science qui traite de

ses lois primitives avant leur application aux objets, nous la nommerons *raison pure*.

Il est aisé de comprendre, que cette loi de *l'absolu* n'est qu'une dernière manifestation indispensable de la loi fondamentale d'unité systématique, qui fait l'essence de notre cognition. Ce n'est qu'à son moyen que l'ensemble de nos représentations peut être conclu et terminé. La conception absolue d'*univers*, par exemple, est comme le cadre définitif qui fixe et arrête en un tout unique nos conceptions d'*espace*, de *nature*, de *monde*.

L'*intuition* de la sensibilité n'est que la vue, la perception fixe d'un objet ; la *conception* de l'entendement n'est que la détermination, la classification des objets sensibles ; elle se rapporte immédiatement à ces objets, n'a nul autre emploi, nulle autre valeur légitime. Quant à la *conception* de la raison, il n'y a plus même de possibilité d'application à un objet donné par les sens, notre sensibilité ne perçoit rien d'absolu, d'inconditionnel, d'illimité. Nous ne voyons ni l'unité absolue et élémentaire, ni l'univers, ni la cause absolue qui est elle-même sans cause ;

cette fonction de la raison, et des formes du raisonnement, est la *logique générale*, distincte, comme on le voit, de la *logique transcendantale*, dont il est seul ici question.

nous ne pouvons rien percevoir de tout cela ; car, par exemple, si nous pouvions une fois connaître, par la voie légitime de notre cognition, cette cause que notre raison nous représente comme absolue, elle subirait inévitablement la loi de *causalité* ordinaire de notre cognition, elle nous paraîtrait avoir elle-même une cause, et de la sorte elle ne serait plus absolue, du moment qu'elle serait *connue* par nous.

C'est donc la raison pure qui suscite en nous ces conceptions d'êtres intellectuels, lesquelles ne peuvent se réaliser pour nous dans aucun objet sensible et connaissable. C'est elle qui nous construit un monde *intelligible* que nous appliquons comme couronnement, comme encaissement définitif au monde *sensible*.

L'attrait de la réalité palpable qui accompagne dans l'homme la conscience de ses perceptions, l'attache puissamment au monde *sensible*. — La majesté des objets, l'orgueil de s'élever au-dessus de ses sens, une tendance invincible de son esprit enfin l'entraîne vers le monde *intelligible*, où tout est idéalité et illusion pour lui.

La raison pure n'est donc autre chose que cette activité de notre esprit qui attache l'absolu à nos conceptions, et qui par-là les modifie et en tire des conceptions nouvelles. L'entendement, qui applique les catégories aux objets sensibles, nous a livré des conceptions d'intuitions ; la raison nous livre à son tour des conceptions de conceptions.

Ce sont ces conceptions poussées jusqu'à l'absolu, ces conceptions de conceptions que nous nommerons *idées*, ainsi que nous en sommes déjà convenu.

Une *idée* n'étant qu'une catégorie à laquelle est joint le principe de l'absolu, on peut dire que les catégories sont communes à l'entendement et à la raison.

Trois idées sur-tout se manifestent dans l'exercice transcendental de la raison.

I. Celle de l'unité absolue (de l'unité qui n'est en aucune manière divisible), de l'être simple, sans parties, d'où la conception de l'être pensant, de l'ame humaine. — IDÉE PSYCHOLOGIQUE.

II. Celle de la totalité absolue, d'où la conception du grand tout, de l'univers. — IDÉE COSMOLOGIQUE.

III. Celle de la cause et de la réalité absolue, d'où la conception d'une cause première de toutes choses, d'un fonds absolu et réel de toute existence : cause intelligente, *Dieu*, pour les uns ; cause aveugle, simple *mécanisme* pour les autres. — IDÉE THÉOLOGIQUE.

L'application de la première de ces trois *idées* à diverses catégories de l'entendement, occasionne le genre d'illusions que *Kant* a nommé *Paralogismes* de la raison pure.

L'application des secondes occasionne les *Antinomies* de la raison pure.

La troisième donne naissance à l'*Idéal* de la raison pure.

Une des sources transcendentales de nos erreurs, est de confondre nos diverses facultés cognitives, et d'attribuer à l'une ce qui procède de l'autre : d'attribuer au sens externe, par exemple, et par conséquent de rapporter dans l'*espace* ce qui appartient au sens interne ; ou de rapporter à celui-ci ce qui appartient au sens externe ; ou de rapporter à la sensibilité en général les conceptions de l'entendement ; ou enfin à l'entendement les intuitions de la sensibilité. Nous avons nommé ces fausses attributions *amphibolies*.

Ces amphibolies deviennent plus compliquées encore et plus abusives, quand on y mêle les idées de la raison pure. L'idée du *simple absolu*, attribuée au sens externe, dont la forme est l'étendue, produit l'illusion de l'*atôme matériel*, base de la philosophie *corpusculaire* d'*Epicure*. L'idée de *réalité*, celle de *substance* et de *cause absolues* rapportées à ce même sens externe, créateur de toute matière, produisent l'illusion d'un univers étendu, d'une substance et d'une cause première toutes *matérielles*, et fondent ainsi le système du *matérialisme*. Celui du *fatalisme* doit sa naissance à l'application de l'*absolu* aux deux catégories de *causalité* et de *nécessité* ; d'où l'idée d'une *cause absolue* et *absolument nécessaire*. La plupart de ces mêmes conceptions pures et de ces mêmes idées rapportées au sens *interne* (dont la forme est le tems, et dont la représentation générale est celle d'un esprit), produisent les illusions de l'être simple non-étendu, spirituel, de la *monade* de *Leibnitz*, de l'ame humaine, d'un univers tout spirituel, et fondent le *spiritualisme* des platoniciens, de *Mallebranche*, de *Berkeley*, etc. Enfin, appliquées à la fois au sens interne et au sens externe, elles produisent la double illusion d'*esprit* et de *matière*, d'un monde corporel régi par un esprit, et fondent ainsi l'opinion du *dualisme*.

Une autre source aussi féconde de nos erreurs, et qui coïncide avec la première pour les compléter, est l'illusion qui nous fait poser hors de nous, et établir comme choses existantes en elles-mêmes nos propres manières de voir et de concevoir les choses, qui nous fait prendre l'*étendue* et la *durée* pour choses en soi, indépendantes de nous, ou pour propriétés inhérentes des choses en soi : qui nous fait admettre des objets lesquels sont en eux-mêmes *nombres, réalités, substances, causes, action* et *réaction*, etc. et qu'alors nous spéculons suivant les lois de notre entendement sur ce que doivent être, ou ne pas être en soi toutes ces choses. De cette illusion *transcendente* naissent les systèmes diversement nuancés du *réalisme empirique*.

Quand nous tombons dans la même faute par rapport à l'*idée psychologique* de la raison pure, et que la considérant comme une chose réellement existante en soi, nous en faisons, ou une unité simple *matérielle*, ou une unité simple *spirituelle* ; que nous lui attribuons la *personnalité*, la *mortalité*, ou l'*immortalité*[1], l'action sur la matière, ou la soumission à la matière, et ainsi du reste, cette faute est appelée dans la nouvelle philosophie *paralogisme* de la raison pure ; et les combinaisons très-variées de ces paralogismes avec les amphibolies forment une

[1] La raison spéculative démontre l'immortalité de l'ame par cet argument, que ce qui est absolument *simple* ne peut se *dissoudre*, etc.

série d'illusions, de chacune desquelles naît une de ces nombreuses erreurs qui s'établissent soit dans la philosophie, soit dans la haute théorie des sciences naturelles.

Nous avons dit (*Article X, Remarque première*), que l'état fondamental de l'être doué de la faculté de connaître, avant qu'il acquît de connaissance effective, était un état vague, indéfini, qui n'admettait aucune borne; car dès qu'une borne est sentie, il y a heurtement, objet, connaissance. Delà cette tendance à l'infini qui se manifeste chez l'être cognitif, et singulièrement par rapport à l'idée de la *totalité absolue*, du contenant universel de toutes choses. Nous voudrions lui donner l'extension sans bornes qui est l'état primitif de notre pensée ; mais sans bornes il ne nous est pas possible de saisir et de percevoir en effet une chose individuelle, comme objet existant pour nous. Cependant quand au-delà de tous les millions de soleils et de systèmes solaires que nous pouvons concevoir, les eussions-nous mille millions de fois plus multipliés que le sable de la mer, nous essayons de poser une limite, et de dire : « ici » est la borne du grand tout, ici finit l'univers, » nous ne pouvons y donner notre assentiment, et au-delà de cette borne un nouvel infini se découvre encore subitement à notre pensée. Des limites, quelles qu'elles soient à l'*univers*, sont donc trop étroites pour notre raison spéculative, et l'infini est trop vaste pour notre sensibilité.

Même contradiction dans ce qui concerne la durée du monde. Quand nous aurons reculé le passé et l'avenir jusqu'à des limites effrayantes pour l'imagination, il y aura encore à chaque bout une éternité entière à parcourir ; mais dès que nous voulons connaître, nous posons derechef une limite. Cette limite se trouve encore trop étroite pour la pensée ; tandis que l'éternité échappe, comme objet, à notre entendement. Le tems, aussi bien que l'espace, fondés tous deux dans l'essence de notre cognition, doivent participer à sa nature, qui demande l'illimité, l'infini pour *être* ; le limité, le fini pour *connaître*.

L'infini est dans la raison pure, dont les objets ne se perçoivent pas, et qui est la faculté de l'absolu ; le limité est dans la sensibilité qui est la faculté de l'individuel, et qui veut une borne, une limite à quoi elle se heurte. Le rapprochement de ces deux facultés produit dans la cognition humaine ce double besoin de l'infini et du fini.

De cet état de choses contradictoire et nécessaire dans l'être cognitif, résultent, quant à l'idée cosmologique, à la conception rationnelle de l'*univers*, cette quadruple ANTINOMIE :

I.

Thèse. — *Antithèse.*

L'univers a eu un principe et aura une fin quant au tems, comme aussi il a une limite quant à l'espace : il est créé et fini.

L'univers n'a pas eu de principe, et n'aura pas de fin quant au tems, comme aussi il n'a point de limite quant à l'espace : il est éternel et infini.

II.

Thèse. — *Antithèse.*

Toutes les substances de l'univers sont composées de parties simples, et il n'est rien dans l'univers que ces élémens simples et leurs composés.

Aucune substance de l'univers n'est composée de parties simples, et il n'est rien dans l'univers qu'on puisse dire être un élément simple.

III.

Thèse. — *Antithèse.*

Tout ce qui arrive n'est pas déterminé nécessairement par les lois universelles de la nature : il y a une liberté, et des actes produits par elle, et qui sont libres.

Il n'y a point de liberté, et tout ce qui arrive est déterminé nécessairement par les lois universelles de la nature.

IV.

Thèse.	*Antithèse.*
Il existe un être absolument nécessaire, qui est la cause première de toutes choses.	Il n'existe point d'être absolument nécessaire, point de cause première de toutes choses.

Ces quatre *antinomies*, dont il serait trop long de déduire ici les argumentations, offrent chacune pour leur thèse et leur antithèse des preuves d'une force équipollente, et entre lesquelles la raison spéculative n'a nul moyen de se prononcer. L'une ne détruit pas l'autre ; la thèse s'appuie de raisonnemens aussi spécieux que l'antithèse, et suivant qu'on embrasse l'une ou l'autre opinion, on la défend avec une opiniâtreté que l'adversaire ne peut vaincre. Il n'y a de voie pour découvrir la vanité et le vide de ces opinions antithétiques, que la critique transcendentale. Elle montre dans la nature de la cognition, que la thèse et l'antithèse appartiennent également à celle-ci, et ne sont que des produits de ses diverses formes ; que chacun des combattans a également tort, en faisant d'une simple manière de voir ou de concevoir dans l'homme un être hors de l'homme, un être réel, existant en soi, et ayant tel ou tel attribut, qui au fond n'appartient qu'à notre propre organisation cognitive.

Par exemple, l'illusion des quatre antinomies qu'on vient de lire s'évanouit comme un songe devant le réveil, quand on oppose simplement à la première : que le tems et l'espace ne sont que les formes subjectives de notre manière de sentir et de voir ; qu'ils ne peuvent s'appliquer aux objets qu'en tant qu'ils sont vus et perçus par nous ; mais que ces formes purement humaines n'étant nullement celles des choses en soi et indépendamment de l'homme, un *principe*, ou une *fin* de l'univers en lui-même, soit dans le tems, soit dans l'espace, sont des idées tout-à-fait vides de sens.

A la seconde : que *substance*, *tout*, *partie* sont de simples conceptions de notre entendement qui n'ont aucun objet réel et effectif indépendamment de nous, et qui leur corresponde ; que l'étendue enfin, sur quoi se fonde ici l'idée de division et de composition, n'est de même qu'une simple forme de notre cognition.

A la troisième : que la *détermination nécessaire* n'est autre chose que l'idée de l'absolu appliquée à notre conception subjective de *cause* ; que ce que nous prenons pour les lois universelles de la nature, n'est autre chose que les lois de notre entendement, qui règlent notre manière de concevoir les choses, mais non ces choses en elles-mêmes ; d'où il résulte qu'une cause *libre* ne peut être *conçue* par nous, mais peut fort bien *être*, indépendamment de nous.

A la quatrième enfin : que *nécessité* et *cause* sont de pures conceptions de notre entendement, lesquelles n'ont qu'une valeur subjective, c'est-à-dire, relative au système de nos connaissances ; que *cause* et *effet* supposent un tems qui précède et un tems qui suit, tandis que le tems n'est que notre propre manière de voir, une loi de notre cognition, mais nullement une loi des choses en elles-mêmes.

Il est encore bien d'autres antinomies rationnelles qui procèdent toutes de quelqu'idée absolue de la raison pure, appliquée tour-à-tour à l'une et à l'autre des formes de notre cognition. L'idée psychologique, par exemple, étant rapportée à la forme du sens extérieur, devient l'idée d'une ame humaine dans l'espace, et par conséquent matérielle. La même idée rapportée à la forme du sens interne, donne l'idée d'un esprit, c'est-à-dire, d'un être qui existe seulement dans le tems. De même encore l'un se persuade que le grand tout est matière, et n'a d'autres lois que les propriétés de l'espace et du mouvement ; l'autre que ces lois sont celles imprimées par un être spirituel. L'un fait la cause première, la réalité absolue matérielle ; l'autre la fait spirituelle. Dans tout ce jeu illusoire d'amphibolies et d'antinomies compliquées de tant de manières, on ne trouve que l'homme qui se voit et se réfléchit par-tout, qui fait de ses propres vues les objets, la nature et l'univers [1].

Nous avons déjà eu plusieurs fois occasion d'observer que les simples formes, les lois subjectives de notre cognition, qui règlent et déter-

---

[1] Le point de vue dans lequel se place l'homme pour juger, détermine la nature de son jugement : delà vient que les antinomies qu'on vient de lire, et toutes les opinions contradictoires, peuvent s'accorder en ne prétendant point à la vérité absolue, mais se bornant à leur vérité respective et relative. Les astronomes se sont divisés en deux partis, qui ont disputé avec beaucoup d'aigreur sur le mouvement de la lune, et M. de *Mairan* a écrit une très-bonne dissertation sur leur débat ; les uns soutenaient que la lune tournait autour de son axe ; les autres qu'elle ne tournait pas autour de son axe. Les deux partis avaient raison. Si l'on prend pour centre de la rotation le centre de l'orbite lunaire, il est bien certain que la lune ne tourne pas autour de son axe ; si au contraire on prend le centre de la planète pour centre de rotation, il est tout aussi certain que la lune tourne autour de son axe. Ainsi telle assertion peut être vraie des choses en tant que connues par nous, qui ne peut pas l'être des choses elles-mêmes. C'est sur ces antinomies que portait toute la dialectique de *Zénon* d'Elée, qui soutenait tour-à-tour le pour et le contre.

minent toutes nos connaissances, ne pouvaient par elles-mêmes nous en livrer aucunes, qu'elles étaient vides et dépourvues d'objectivité. Il faut qu'une perception, qu'une réalité quelconque leur soit donnée, où elles s'attachent, se développent et se manifestent à nous. La lumière ne serait jamais visible à notre œil sans les objets qui l'arrêtent et la fixent en la réfléchissant, et celle même qui de toutes parts enveloppe le soleil, n'est aperçue par nous qu'à l'endroit où le disque solaire lui sert comme de fond et de support. Ainsi l'espace n'existerait jamais pour nous d'une manière concrète, il ne deviendrait pas un *objet* de notre connaissance, s'il ne s'appliquait à des intuitions données à notre sens externe : la conception pure de *causalité* ne deviendrait jamais une *cause* connue par nous, sans un objet donné auquel nous la rapportons.

Il en est de même de la forme de notre raison pure, de l'*absolu* et des trois idées principales où il se manifeste. Celles ci ne peuvent par leur nature se rapporter (comme les conceptions de l'entendement) à aucun objet sensible ; elles ne peuvent acquérir la réalité de la perception, car rien d'absolu ne peut être donné à notre sensibilité, ainsi que nous l'avons vu plus haut. Les *idées* ne peuvent donc parvenir à l'état d'*objets* qu'en revêtant l'unité fondamentale du sentiment intime, l'individualité qui appartient à l'être cognitif, et qui n'est autre chose que la conscience, l'aperception qu'il a de lui-même. Une idée ainsi individualisée devient un objet transcendental, qui ne correspond à aucun objet donné dans le monde sensible, et se nomme un *idéal* de la raison pure.

L'ame humaine, le monde, la cause première de toutes choses, offrent chacun l'exemple d'un tel *idéal*.

L'ensemble de ces objets idéaux, qui n'ont nul exemplaire possible dans la nature réelle, forme un système d'êtres de raison que nous appellerons le monde *intelligibile*, le monde des illusions transcendentes.

Chaque idée, c'est-à-dire, chaque conception pure armée de l'absolu, devient un *idéal* en s'individualisant : mais quand elles se réunissent toutes, quand par la nature de notre cognition qui tend à tout rassembler, toutes les conceptions positives se concentrent en une, que toutes les réalités se fondent en une réalité, il résulte l'être absolu, l'être des êtres, l'*idéal* par excellence de la raison pure.

Cet *idéal* universel et qui embrasse tout, est à la fois *unité* et *totalité* absolues, *réalité* absolue, *substance* et *cause* absolues, *existence* et *nécessité* absolues [1] ; il remplit l'espace et le tems, il paraît *infini* et *éternel*.

Nous avons vu plus haut [2] comment une amphibolie transcendentale fait de cet *idéal* suprême un être matériel, ou ce qu'on appelle en un mot *la matière* ; et comment une autre amphibolie en fait un *esprit*. Mais quelle que soit celle de ses formes cognitives que l'homme attribue spécialement à cet ensemble de toutes les réalités, l'*idéal* qu'il en conçoit est ce qu'il peut concevoir de plus vaste, de moins approchant d'aucun objet sensible et borné. L'aspect de l'immense océan qui au bout de l'horison se confond avec le ciel, n'est pas plus imposant pour la vue physique, que la pensée de l'être des êtres n'est imposante pour la vue intellectuelle. Cette pensée est le plus haut *idéal* de la raison spéculative, mais cet *idéal* ne nous représente pas encore DIEU.

C'est à la raison pratique qu'il appartient de nous le manifester. En effet l'idée de Dieu est dès l'abord celle d'un être voulant, actif, juste et bon. Or ce n'est que quand l'homme veut et

---

[1] Voyez la table des *Catégories*, page 289.
[2] Page 326.

agit lui-même, qu'il trouve la volonté et l'action ; ce n'est que dans les lois régulatrices de sa volonté et de son activité, qu'il trouve le type du juste et du bon. La raison, en tant qu'elle dirige l'homme pratique, porte dans cette fonction sa forme essentielle de l'absolu ; et c'est d'une *volonté*, d'une *activité*, d'une *justice* et d'une *bonté* absolues que se forme la conception d'une *divinité* [1]. La cognition par elle-même ne peut y arriver ; ces élémens ne sont point les siens. Si l'homme isolé et inactif était simple spectateur de son univers, s'il n'était destiné qu'à connaître et à spéculer, l'idée d'une cause première, d'une substance et d'une réalité absolues se développerait en lui, sans jamais qu'il parvînt à celle d'un Dieu, telle que la conçoit l'homme quand elle lui est suggérée par sa propre faculté d'agir, et par la justice qui en est la règle fondamentale [2].

---

[1] Cette conception de *divinité*, jointe à la catégorie de *pluralité*, a donné naissance à toutes les espèces de *Polythéisme*. Mais cette union n'a lieu que par un paralogisme qui révolte la raison spéculative, laquelle a l'unité synthétique pour loi fondamentale. Aussi le premier pas de la philosophie chez tous les peuples où a régné le polythéisme, a-t-il été de revenir à l'unité d'un Dieu.

[2] C'est pourquoi il a été remarqué, au commencement de cet ouvrage (ARTICLE V, pages 105 et 106), que la

Mais l'homme n'étant qu'un seul individu en qui sont unis intimement le cognitif et l'actif, et en qui ces deux facultés exercent l'une sur l'autre une influence immédiate et continuelle, il en résulte que la raison spéculative peut s'emparer du Dieu de la raison pratique, le rapporter à son *idéal*, lui attribuer les prédicats d'*infini*, d'*éternel*, de *cause* et de *substance* absolues, et ainsi du reste. Cette nouvelle amphibolie ne coûte rien à qui ne met pas en usage la méthode transcendentale, indispensable pour l'éviter.

Quand, de cette sorte, la raison spéculative s'est arrogé la connaissance de Dieu, elle ne tend à rien moins qu'à le démontrer, à prouver son existence, à en faire un objet du savoir humain : telle est sa nature ; telle est la condition de tout objet de notre cognition, qu'il doit être ou réalisé par les sens, s'il est un objet empirique ; ou qu'il soit démontré par l'entendement et la raison, s'il est un objet intellectuel, comme sont les nombres ou les figures de la géométrie. Mais les objets intellectuels des mathématiques pures ont cela de particulier, qu'ils partent de l'entendement pour se projeter en images sensibles dans

question de l'existence de Dieu semblait étrangère à la métaphysique proprement dite, et que la solution en devait appartenir à quelqu'autre partie de la philosophie.

l'espace et dans le tems; au lieu que les objets intelligibles de la raison pure (c'est-à-dire, ceux de la métaphysique) sont dans une impossibilité radicale de se réaliser sensiblement, et tendent, par leur nature absolue et infinie, à s'éloigner diamétralement des sens. Ils ne peuvent donc atteindre à aucune *réalité*, 1.° point à celle des *choses sensibles*, à cette réalité humaine et phénoménale de la nature où atteignent les mathématiques pures, lesquelles sont fondées sur les propriétés de l'*espace* et sur celles du *tems*; ni 2.° à celle des *choses en soi* que l'homme ne peut nullement connaître [1]. — Ces objets métaphysiques restent donc de purs produits des lois subjectives de notre cognition, des êtres de raison, des fantômes dépourvus de toute réalité.

D'après cette simple considération, dont tout lecteur qui aura compris ce qui précède doit sentir l'irréfragable vérité, il est presque superflu de soumettre en détail à la critique les divers argumens que la raison spéculative a employés jusqu'ici pour justifier sa prétention de soumettre Dieu à notre savoir, pour *prouver*, comme disent les métaphysiciens, l'*existence de Dieu*. Cependant nous toucherons en peu de mots les trois

[1] Voyez la seconde *Remarque* de l'*Article* X.

principales de ces soi-disant preuves, auxquelles se réduisent toutes les autres.

I. « L'idée d'un être suprême qui possède tou-
» tes les réalités, et qui soit cause première de
» tout ce qui existe, ne renferme en soi nulle
» contradiction. Une chose dont l'idée n'implique
» pas contradiction, est possible. *Dieu* est donc
» *possible.* Or toutes les réalités devant se trou-
» ver dans l'idée de Dieu, la réalité de l'exis-
» tence lui appartient nécessairement, par où il
» est démontré que Dieu existe. En un mot,
» *l'être réel absolu est possible ; donc il est ;*
» *car s'il n'était pas, il lui manquerait quelque*
» *réalité.* »

Cette preuve d'*existencialité*, appuyée sur la seule conception de l'*être* et sur ce qu'elle renferme nécessairement, se nomme la preuve *ontologique* de l'existence de Dieu. C'est celle de l'école cartésienne [1].

On répond à ceux qui l'emploient, que l'*idée* de l'être *réel absolu* n'est point contradictoire

---

[1] Voyez la III.e et la V.e *Méditation* de *Descartes*, aussi bien que la *Réponse à la seconde objection*, etc. On trouve déjà cet argument dans les écrits d'*Anselme*, archevêque de Cantorbéry, lequel vivait au onzième siècle.

en soi, mais qu'elle ne suffit nullement pour établir qu'il y ait hors de cette idée un objet réel qui lui corresponde : que leur raisonnement prouve bien, à la vérité, que l'attribut d'*existence* convient nécessairement à l'idée de l'être *réel absolu* ; que nous ne pouvons concevoir cet être réel par la pensée, à moins que nous ne le concevions aussi comme existant ; mais qu'il ne prouve rien au-delà. La catégorie d'existence s'adjoint nécessairement à l'*idéal* de la raison pure ; voilà dans le fond tout ce qu'on nous démontre ; on ne démontre aucunement que cet *idéal* ait lieu hors de notre esprit. Pour qu'une preuve ontologique de l'existence de Dieu fût valable, il faudrait qu'elle démontrât que sa non-existence est impossible et contradictoire ; ce qui ne peut se démontrer par cette voie.

II. « Quelque chose existe, ne fût-ce que moi et
» mes sensations. Mais ces sensations me donnent
» connaissance d'une monde où tout ce qui
» existe est accidentel, variable, où tout est
» produit par une *cause*. Aucune existence qui
» se manifeste à moi n'est nécessaire, pas même
» la mienne, ni celle de mes sensations ; car je
» pourrais ne pas exister, il a été un tems où je
» n'étais pas, il en sera un où je ne serai plus ;
» j'en dis autant de toutes les choses acciden-
» telles qui composent le monde, lequel n'étant

» que la somme de toutes ces choses acciden-
» telles, est lui-même accidentel et non-néces-
» saire. Cependant, puisque quelque chose existe,
» il faut bien que quelque chose existe néces-
» sairement [1]. D'ailleurs tout ce qui existe dans
» le monde devant avoir une cause, il faut bien
» que le monde entier en ait une aussi, et qu'en
» remontant toujours de cause en cause, on
» arrive enfin à une cause qui soit première et
» absolue. »

Cette preuve de la nécessité qu'il existe une substance absolue et une cause première, fondée sur la considération du monde où tout est accidentel et produit par une cause, se nomme la preuve *cosmologique* de l'existence de Dieu. Elle a été adoptée par l'école de *Leibnitz* [2].

Elle tombe dès qu'on se place dans le point de vue transcendental, où l'on reconnaît que le

---

[1] « *Dieu* est *la première raison des choses* : car celles
» qui sont bornées, comme tout ce que nous voyons et
» expérimentons, sont contingentes, et n'ont rien en elles
» qui rende leur existence nécessaire..... Il faut donc
» chercher *la raison de l'existence du monde*, qui est
» l'assemblage entier des choses *contingentes* ; et il faut
» la chercher dans *la substance, qui porte la raison de
» son existence avec elle*, et laquelle par conséquent est
» *nécessaire* et éternelle. » LEIBNITZ, dans sa *Théodicée*.
Part. I. 7.

[2] *Leibnitz* la nommait : *Probatio à contingentiâ mundi.*

monde n'est qu'un *phénomène* et point une *réalité en soi* ; qu'*accidence*, *substance*, *causalité*, ne sont que des formes subjectives de notre entendement, des lois de notre manière de juger et de concevoir les objets sensibles ; que la *substance absolue* et la *cause première* ne sont que des produits de notre raison spéculative ; et qu'enfin tout ce jeu de conceptions et d'idées subjectives ne peut absolument rien nous apprendre des choses telles qu'elles sont en elles-mêmes, ni s'appliquer en aucune manière à ces choses.

III. « L'ordre admirable qui règne dans la
» nature, le dessein suivi qui s'y manifeste, la
» proportion, l'harmonie, la variété et la beauté
» des parties et de l'ensemble, annoncent assez
» qu'un ouvrier suprême, qu'une intelligence
» infiniment puissante a combiné les lois, arrangé les ressorts de cette immense machine.
» La marche de l'univers atteste son auteur ; le
» cours régulier des astres, le retour des saisons,
» l'organisation des plantes et des animaux, les
» merveilles du corps humain sur-tout, ne
» permettent pas qu'on méconnaisse un seul
» instant le *Dieu* qui se manifeste dans toute
» la création. »

On a écrit dans toutes les langues bien des paraphrases éloquentes de ce texte. Cette preuve, tirée de la contemplation de l'ordre qui règne dans la nature, et de la nécessité qui en résulte d'un architecte suprême, se nomme la preuve *physico-théologique* de l'existence de Dieu. Elle est la plus populaire, la plus sensible, comme aussi la plus ancienne de toutes. Le psalmiste du livre saint l'a exposée dans un hymne. *Socrate* paraît être le premier qui l'ait introduit dans la philosophie; *Xénophon* et *Sextus-Empiricus* lui en attribuent l'honneur. Notre immortel *Fénélon* a donné la préférence à cette preuve sur les autres, et l'a supérieurement développée dans la première partie de son traité de l'*existence de Dieu* [1]. « Elle

---

[1] « Je ne puis ouvrir les yeux, dit le sage Prélat, » sans admirer l'art qui éclate dans toute la nature. Le » moindre coup-d'œil suffit pour apercevoir la main qui » fait tout. Que les hommes accoutumés à méditer les vé- » rités abstraites, et à remonter aux premiers principes, » connaissent la divinité par son idée (ici *Fénélon* désigne » la preuve *ontologique* de *Descartes*) : c'est un chemin » sûr pour arriver à la source de toute vérité. Mais plus » ce chemin est droit et court, plus il est rude et inac- » cessible au commun des hommes..... Au contraire, ceux » qui sont le moins exercés au raisonnement, et le plus » attachés aux préjugés sensibles, peuvent d'un seul regard » découvrir celui qui se peint dans tous ses ouvrages..... » Toute la nature montre l'art infini de son auteur. C'est » un ordre, un arrangement, une industrie, un dessein » suivi..... Je soutiens que l'univers porte le caractère d'une » cause infiniment puissante et industrieuse. Je soutiens

mérite, dit *Kant*, qu'on la cite avec respect, elle vivifie l'étude de la nature dont elle est née, et dont elle tire sans cesse de nouvelles forces; elle est consolante, elle échauffe et élève l'esprit, elle donne un plan et un but à l'ensemble de nos connaissances. »

Mais quand la raison spéculative s'énorgueillit de cette preuve, quand elle la donne comme établissant par elle-même une certitude apodictique de l'existence de Dieu, il est alors du devoir d'une philosophie transcendentale de dévoiler le néant de cette prétention; il importe, ainsi que nous l'expliquerons plus bas, de ne pas laisser à la métaphysique cette illusion.

En effet, quand on considère comment le phénomène total, assemblage de tous les phénomènes particuliers, comment, dis-je, la nature naît et se forme pour nous; quand on réfléchit que ses lois ne sont que nos propres lois cognitives, que l'espace est notre propre manière de voir; enfin que toute la force de cette preuve, son *nervus probandi*, consiste, comme pour les deux précédentes, dans la conception d'une *cause* que l'on applique à cette nature, aux phénomènes qui nous apparaissent dans cet espace, on voit

» que le hasard, c'est-à-dire, le concours aveugle et for-
» tuit des causes nécessaires et privées de raison, ne peut
» avoir formé ce tout. » (Ire *Partie*).

que cette preuve ne nous fournit qu'un résultat subjectif, un résultat purement humain et phénoménal, qui ne peut être d'aucune valeur relativement à la réalité des choses en elles-mêmes.

Il n'est donc aucune preuve spéculative qui puisse nous assurer de l'existence d'un être suprême, ni résister à la coupelle d'une critique transcendentale. Dieu ne peut devenir un objet de notre cognition, un objet connu et démontré par l'homme [1]. Dès-lors qu'on transforme l'*idéal* de la raison pure en un être placé hors de cette raison, et que nous pouvons concevoir et connaître, dès-lors il subit indispensablement les diverses formes de notre cognition ; nous nous le représentons dans l'*espace* et dans le *tems*, nous disons qu'il est présent *par-tout*, qu'il réside dans le *ciel*, qu'il est *infini*, *éternel*, qu'il est *un*, qu'il est *substance*, qu'il est *cause* [2], etc.., et

[1] Je ne puis *connaître* des choses que la manière dont elles m'apparaissent, nullement ce qu'elles sont *en soi*. Les choses qui m'apparaissent sont donc *connues* par moi, seulement comme apparences ; celles qui ne m'apparaissent pas ne me sont donc *connues* d'aucune façon, ni comme apparences, ni comme choses *en soi*. Or l'*ame*, l'*univers*, *Dieu* ne m'apparaissent pas ; la *science* que j'ai d'eux est donc nulle.

[2] L'*existence* est une catégorie de l'entendement humain. Cette *forme* de la pensée, vide par elle-même, ne peut signi-

nous ne pouvons nous empêcher de tomber à son égard dans un anthropomorphisme plus ou moins raffiné, selon que notre degré de culture nous a rendu plus intellectuels, ou nous a laissé plus près de la sensualité. Mais c'est une ridicule prétention que de vouloir faire de ces formes subjectives de la cognition humaine les lois des êtres en eux-mêmes. Autant vaudrait-il dire que Dieu est *rouge* ou *bleu*, que de dire qu'il est *par-tout* et *éternel*. Qu'est-ce que nos conceptions de l'espace et du tems ont à démêler avec sa vraie manière d'être? Et que répondre au naturaliste qui vous objectera, que Dieu étant *par-tout*, occupant ainsi l'espace, a donc les trois dimensions, qu'il est donc étendu, divisible: que le *ciel* est une vaine représentation du lieu des astres, lesquels sont dans l'espace tout comme notre globe, et pour qui, à son tour, notre terre doit être aussi le ciel? Toutes ces représentations sont symboliques, et édifiantes pour l'homme

fier quelque chose qu'autant qu'elle est employée à modeler une *matière* prise dans l'espace ou dans le tems; il faut qu'elle se *schématise*, qu'elle s'attache à quelque chose de sensible. Delà vient que nous ne pouvons avoir une vraie représentation de Dieu, et que nous ne sommes pas même fondés à lui attribuer l'*existence*, telle que nous la concevons. — C'est sur cette assertion que *Fichte* a été déclaré *athée* par les théologiens de Dresde.

ordinaire ; mais la science doit les réduire à leur juste valeur ; et si un géomètre s'était avisé de vouloir soumettre Dieu au calcul, ou de le prouver par une figure géométrique, une philosophie transcendentale de la géométrie devrait exposer comment Dieu ne peut être prouvé par le géomètre. Nous avons exposé la même chose quant à la métaphysique, qui se croyait en possession de cette preuve.

Outre l'intérêt de la science qui ne peut dissimuler la non-valeur et l'illusion du raisonnement métaphysique, j'ai dit qu'il importait encore de ne pas s'en rapporter aux subtilités de la dialectique, non plus qu'aux vues sensibles, pour prouver l'existence d'un être suprême. En effet, nous avons vu que les trois preuves de cette existence, toutes trois purs produits des lois subjectives de la raison spéculative, disparaissaient devant une analyse plus approfondie de cette même raison. L'athée qui veut se servir des mêmes armes que le déïste, c'est-à-dire, du jeu de nos conceptions et de nos idées (ce qu'on appelle le *raisonnement*), trouvera toujours des preuves spécieuses à opposer à des preuves spécieuses ; il aura toujours ainsi demi-gain de cause, et séduira bien des esprits. Tant qu'on voudra savoir et prouver Dieu, tant qu'on fera Dieu le résultat d'un argument, son existence restera problématique, elle ne sera qu'une créature illusoire de l'esprit; et un autre fantôme la pourra toujours combattre d'égal à égal. Que répliquera-t-on à l'athée, qui refutant la preuve donnée pour la plus persuasive et la plus populaire, celle tirée de l'ordre et de l'harmonie de l'univers, dirait : « Cet ordre apparent est le résultat de quelques lois appartenantes à la matière, telles que l'attraction et la répulsion. Il n'est pas si certain et si admirable, qu'il n'en résulte souvent les plus grands désordres dans le monde physique et moral. Une bonne partie de notre globe languit sous une glace mortelle, tandis qu'une autre, par sa température brûlante, est insupportable à ses habitans. Pourquoi la variété des saisons, qui nuit à tous les corps organisés? pourquoi pas un éternel printems, ou un éternel été? Pourquoi des tempêtes, des tremblemens de terre, des crimes, des révolutions, des guerres? D'ailleurs, accordons que l'ordre le plus magnifique règne dans notre monde actuel : depuis quand y règne-t-il de notre connaissance? depuis un petit nombre de siècles, depuis un instant : qui sait s'il y régnera toujours? Les eaux de la mer et des sources se dessécheront peut-être un jour; et se *terrifieront* sur notre globe. Plus alors de végétation ni d'organisation quelconque. Un plus grand désordre peut se présenter dans les corps célestes ; jetés hors de leurs orbites actuelles, rapprochés, confondus par une aberration qui nous est insensible, mais que l'attraction agissant sans relâche doit produire constamment ; lancés violemment les uns contre les autres, brisés, comprimés, ils écraseront leurs habitans, et la multitude des êtres retombera dans un chaos, qui durera peut-être des millions de fois plus que n'a duré l'ordre prétendu dont vous vous applaudissez. Si ce n'est pas là précisément le mode de désordre qu'a l'univers à redouter, il en est mille autres à prévoir ; les maux passés, les maux présens, les maux à venir déposent également contre l'harmonie que vous admirez dans les choses ; et le faiseur d'idylles théologiques ne me prouve autre chose, sinon que sa vue est bornée, et qu'il est content de son état ».

A tout cela il n'y a de réponse possible que dans une philosophie transcendentale, qui ôte aux vues et aux conceptions de l'homme la puissance de rien décider sur des objets placés hors du cercle de ses perceptions, et qui prouve que l'espace avec tous les phénomènes qui y ont lieu, n'ont aucune réalité *en soi*, de laquelle on puisse conclure quoi que ce soit, affirmativement ou négativement. Si donc nous avons fait voir qu'il n'est, pour le savoir humain et pour la spéculation, aucune preuve possible de l'existence de Dieu, nous avons fait voir en même-tems que sa non-existence ne pouvait davantage être prouvée. Bien plus : la théorie précédente de notre *cognition* démontre que nous ne pouvons *savoir* Dieu, dire qu'il *existe* de la manière dont nous concevons l'*existence* : mais nous n'avons rien trouvé en nous qui répugne à la réalité par excellence de cet être des êtres, vers lequel un besoin sans cesse renaissant nous entraîne. Tout ce que nous avons établi, c'est que *notre raisonnement et nos spéculations ne peuvent prouver Dieu*, mais non que Dieu n'est pas, indépendamment de nos spéculations. Au contraire, en démontrant à l'athée et au matérialiste la vanité de ses preuves contre Dieu, nous lui avons tout enlevé ; il n'a plus de recours, plus de retranchement ; tandis que nous verrons les preuves spéculatives de l'existence de Dieu, recevoir une importance nouvelle (importance qu'elles ne peuvent avoir par elles-mêmes) de la démonstration puisée dans la pratique, et que nous exposerons ci-après. Quant à la raison spéculative, dont seule il est question jusqu'à présent, son être *réel absolu* demeure en lui-même un pur *idéal*, sans rapport démontré à aucun objet effectif, mais un *idéal* qui au moins ne renferme en lui nulle contradiction, et ne fait pas conclure le néant de son objet : au lieu qu'il est évidemment démontré que l'objet du matérialisme est une pure illusion, qu'il est le produit de la plus grossière *amphibolie*, renforcée du plus grossier *paralogisme*.

XV.

X V.

Récapitulation, et résultats de la critique de la cognition.

L'HOMME est doué d'une faculté de connaître : cette faculté s'exerce suivant certains modes, suivant certaines lois fondées dans sa nature. Les impressions sensibles qui lui son données ne deviennent pas seules, et par elles-mêmes, des connaissances pour l'homme : il faut, pour le devenir, que ces impressions subissent les modifications, qu'elles reçoivent l'empreinte des lois, et de sa sensibilité, et de son entendement. Ainsi l'air ébranlé n'est pas un son, les particules qui s'échappent d'une rose ne sont pas une odeur ; il faut pour que l'une et l'autre de ces choses devienne son et odeur, qu'elles aient été modifiées par l'ouïe et par l'odorat de l'homme, qu'elles aient subi la forme de ces organes, opération où se manifeste d'un côté la *réceptivité* du sujet, et de l'autre son activité, ou *spontanéité*. Une connaissance est donc toujours le résultat d'une impression donnée, ou objective, et d'une modification subjective. L'une est la *matière* ou l'étoffe, l'autre est la *forme* de la connaissance, laquelle renferme de cette sorte des élémens objectifs et des élémens subjectifs. La *critique de la cognition* est la recherche de ces élémens subjectifs, ou des formes que nous imprimons aux objets.

Les lois et les formes de notre cognition devenant par-là celles mêmes de nos connaissances, il en résulte que ces lois et ces formes devront nous sembler être les lois et les formes nécessaires de tous les objets connus par nous ; d'où la certitude apodictique d'un certain nombre d'axiomes et de principes fondamentaux dans les sciences naturelles, la certitude des mathématiques pures, et tous les jugemens synthétiques *à priori* [1] qui ne sont que l'expression de ces lois et de ces formes, appliquées aux objets.

Ces lois et ces formes sont : pour notre cognition en général, et pour tout ce qui peut nous affecter d'une manière quelconque, l'*unité fondamentale* et *systématique*, qui est celle de notre conscience intime ; pour toutes les impressions autres que celles occasionnées par nos propres pensées et affections, l'*espace* [2] ; pour

---

[1] Ceux des lecteurs que ce point d'une haute importance intéressera, se rappelleront ce qui a été dit dans la *Remarque* seconde de l'*Article* IX.

[2] On peut sans contredit regarder comme autant d'attri-

celles occasionnées par nos propres affections, le *temps* ; pour l'agrégation régulière et l'enchaînement des objets les uns aux autres dans l'espace et dans le tems, les conceptions d'*unité*, *totalité*, *réalité*, *négation*, *substance*, *cause*, *possibilité*, *existence*, et les autres appelées catégories, aussi bien que celles d'*identité*, *conformité*, et autres conceptions réflectives. A leur moyen, les objets nous apparaissent comme *cohérens*, *unis*, *étendus*, *successifs*, liés entre eux comme *nombres*, ou comme *substances* et *accidens*, *causes* et *effets*, etc. Ainsi se forment et les objets, et leur organisation ; ainsi nous apparaît cette somme d'objets liés entre eux, que nous appelons *nature*, ou *monde sensible*.

Pour terminer cette nature, pour lier les séries de l'étendue et de la durée dans les liens de l'unité fondamentale, tendance générale de notre cognition, nous avons encore une loi de l'*absolu*, qui fixe l'*unité* et la *totalité* absolue, l'*alpha* et l'*oméga* de notre cognition. L'*être simple*, le *grand tout*, la *cause première* sont les trois *idées* principales de l'*absolu*. Leur individualisation forme un *idéal* : celui de la première est l'*ame humaine*, celui de la seconde l'*univers*,

butions particulières de notre sens *externe*, la forme des cinq organes sensibles, dont la table a été donnée, *pag.* 126 *et* 127.

et celui de la troisième *Dieu* [1]. Ici naît une classe d'objets supersensibles, qui ne peuvent tomber sous nos sens, ni par conséquent être soumis aux lois des objets sensibles, par rapport auxquels l'emploi des catégories de l'entendement devient de la sorte illégitime, et qui constituent à l'autre extrémité de notre cognition un *monde intelligible*, qui n'a de réalité que celle de nos propres idées.

On pourrait donc projeter le tableau suivant des formes pures *à priori* de nos facultés cognitives, en y ajoutant même, comme accessoires, celles des organes extérieurs.

---

[1] Quand l'*idéal* de la raison pratique s'y joint, ainsi qu'il a été dit à la fin de l'*Article* précédent.

COGNITION.

Dont la forme générale est l'UNITÉ synthétique.

ORGANES extérieurs.

Vue.   Ouïe.   Odorat.   Goût.   Tact.

Dont les formes sont :

Colorisation.   Résonnance.   Odoration.   Saporation.   Tangibilité.

SENSIBILITÉ externe et interne, *dont les formes sont :*

L'espace.   Le tems.

ENTENDEMENT, *dont les formes sont les* catégories de :

Quantité.	Qualité.	Relation.	Modalité.
Unité,	Réalité,	Substance	Possibilité
Pluralité,	Privation,	(et accident),	(et impossibilité),
Totalité.	Limitation.	Dépendance	Existence
		(cause et effet),	(et non-exist.),
		Communauté	Nécessité
		(action et réact.)	(et contingence)

Et les conceptions réflectives :

Identité	Conformité	Intériorité	Matière
et diversité.	et contrariété.	et extériorité.	et forme.

RAISON spéculative, *dont la forme générale est l'*ABSOLU, d'où les trois idées transcendentales :

D'être simple   De totalité   De réalité
absolu   absolue   absolue.

Enfin la spontanéité *qui met en jeu toute cette organisation cognitive, et que* Kant *nomme :*

L'IMAGINATIVE transcendentale.

(Voyez tous les divers articles où ces formes *à priori* de notre cognition ont été démontrées en détail).

Voilà quels sont les élémens subjectifs fournis par nous, et qui se mêlent à toutes nos connaissances; voilà le cercle dans lequel tourne notre *savoir*. Tout ce qui a été dit jusqu'ici fixe assez positivement le sens de ce mot, et répond assez clairement à la question indiquée vers la fin de l'*Article premier*, comme étant une de celles qui ont pour l'esprit de l'homme un intérêt indestructible :

« *Que puis-je savoir ?* »

Les objets, tels que nous les *voyons*, sont modifiés par notre faculté de *voir*; les objets, tels que nous les *concevons*, sont modifiés par notre faculté de *concevoir*. Notre expérience, notre savoir sont donc un continuel *anthropomorphisme*[1]. L'HOMME EST LA MESURE DE TOUTES CHOSES. Tel est le sens de l'épigraphe placée à la tête de cet ouvrage, tel est le sens de l'ouvrage lui-même, et *Protagoras* qui l'a dit, et *Platon* qui l'a répété d'après lui, ont sans doute eu dans l'esprit quelque chose d'approchant à notre doctrine transcendentale. Mais aucun philosophe avant *Kant* n'avait encore donné de notre entendement, ou plutôt de nos facultés cognitives, une analyse aussi profonde, aussi exacte et aussi systématique. Il nous a livré comme une carte

[1] Application des formes humaines aux choses.

du domaine cognitif de l'homme, carte où non-seulement les frontières sont tracées de manière à ne plus pouvoir les franchir, mais où tous les détours et les fourvoiemens sont indiqués. Ici le chemin conduit au *naturalisme* ou au *spinozisme*, ici au *dualisme*, là au *matérialisme*, là à l'*idéalisme*. C'est ainsi, et désignant seulement leur généalogie, que *Kant* attaque tous les systèmes métaphysiques. Il ne s'est livré envers aucun à une polémique particulière ; il a été droit à la source dont ils découlent tous. C'est ainsi qu'il a répondu à cette question que le premier il a osé élever, et discuter en observant la méthode scientifique : *Une métaphysique est-elle possible ? Et si elle est possible, comment et jusqu'à quel point l'est-elle ?* — Le résultat de ses recherches n'est pas consolant pour la raison spéculative, qui prétendant soumettre tout à son savoir, voulait élever une tour qui atteignît jusqu'au ciel et d'où elle pût lire dans les secrets divins; il ne lui reste maintenant de matériaux que pour construire une maison modeste où elle habitera avec le simple savoir humain. Mais pour la resserrer dans ces bornes, quel travail de méditation n'a pas été nécessaire ! L'effort le plus hardi de la puissance d'abstraction est, sans doute, celui qui soutient l'esprit planant de la sorte au-dessus de lui-même. On dirait qu'il faut être plus qu'homme pour juger ainsi l'humanité dans l'homme, et distinguer dans l'analyse de nos connaissances ce qu'il y entre d'élémens purement humains.

Les lois que nous reconnaissons dans les objets sensibles (c'est-à-dire, celles que nous y transportons), sont les lois mêmes de notre entendement. Comme nous ne jugeons et ne concevons les objets sensibles que par elles, notre expérience s'y trouvera toujours conforme ; ainsi dans l'expérience sensible se trouve la seule certitude que nous soyons capables d'acquérir. Au contraire, les lois de notre entendement ne pouvant régler que les objets tels qu'ils nous apparaissent (les *phénomènes*), et nullement les choses telles qu'elles sont en soi (les *noumènes*), il en résulte : que nous ne pouvons *savoir* des choses, que la *manière dont elles nous apparaissent* ; nullement *ce qu'elles sont en elles-mêmes :* que les spéculations, les systèmes sur des objets qui ne peuvent être perçus par nos sens, sont entièrement chimériques, et reposent sur la prétention ridicule de faire de nos formes subjectives les lois réelles des choses : au contraire, que c'est au génie à fixer d'avance et *à priori* les lois universelles des objets sensibles ; que dans toutes les sciences qui traitent de ces objets, les principes doivent être fixés *à priori*, et qu'il n'y a que les têtes systématiques qui sachent y mettre à profit la réalité de l'expérience [1].

« Quoi, pourrait-on objecter ici, vous donnez
» comme un résultat de votre philosophie nou-
» velle, qu'il faut s'en tenir à l'étude des objets
» sensibles, et qu'il n'y a de certitude pour
» l'homme que dans l'expérience ? Il y a long-
» tems que nous en étions arrivés là, sans passer
» par toutes les arduosités de votre transcen-
» dentalisme. »

Il est vrai : mais vous n'en devriez recevoir qu'avec plus de déférence une doctrine, qui vient vous prouver solidement que vous avez raison dans le parti que vous avez pris.

Je dirai plus ; c'est que vous n'avez pris ce parti que par désespoir et par impuissance de

[1] Ceux qui ont décrié en général les *systèmes* spéculatifs, n'avaient pas cette pierre de touche pour en discerner de deux sortes, pour reconnaître quand les systèmes doivent être interdits, quand ils doivent être admis. La vanité des systèmes, sur les objets supersensibles, avait fait tomber tous les systèmes en discrédit; la confusion était devenue si grande, que l'*esprit systématique* était honni et repoussé des sciences humaines, dont il est l'ame et le principe constitutif. Les gens superficiels croyaient avoir tout dit contre une opinion, quand ils avaient dit : *c'est un système*. Et tout notre savoir est système !

faire mieux ; que votre opinion n'étant point fondée, reste vague et vacillante ; qu'enfin vous pourriez encore devenir les dupes d'un charlatan habile. Vous ne courez plus ces risques avec le transcendentalisme. Plus de vague, plus d'incertitude dans votre opinion ; plus de tems ni d'efforts perdus à l'attaquer ni à la défendre.

Il est bien différent de se figurer avec le vulgaire, que les étoiles fixes sont à une distance incommensurable de la terre, ou de savoir, par exemple, avec l'astronome, qu'elles échappent à la portée de la *parallaxe annuelle* ; il connaît cette portée, et ne pourra plus être induit en erreur par un faux calculateur qui voudrait lui persuader que les étoiles sont à une distance moindre, tandis qu'on fera croire là-dessus tout ce qu'on voudra à celui qui n'est point astronome. *Herschel*, sur le point de découvrir un angle parallactique à l'étoile *Arcturus*, est tout autrement sûr de son fait, que celui qui se contente à cet égard d'une opinion vague et d'un ouï-dire [1].

---

[1] *Kant* dit à la fin de son livre, à propos des *misologues*, ou ennemis de la méthode scientifique : « Ils posent en » principe que le simple bon sens, dépourvu de science » et de spéculation, est plus en état que celle-ci de ré- » soudre les hautes questions de la métaphysique ; autant

Voici donc, quant à la spéculation, les principaux résultats de la *Critique de la raison pure*.

De nous avoir enseigné ce qu'il y a de *subjectif* dans nos connaissances;

D'avoir fixé l'énoncé des premiers problèmes du savoir humain, mieux qu'il ne l'avait encore été;

D'avoir introduit une grande précision de pensées et d'expressions dans l'analyse de nos facultés intellectuelles;

D'avoir coupé court à toutes les fausses philosophies, à toutes les subtilités de la dialectique de l'école, comme à toute fade logomachie du sensualisme, tant prôné dans le monde par les beaux-esprits;

D'avoir donné une nouvelle direction à l'esprit philosophique, en le détachant des choses pour le ramener sur lui-même, l'inviter à s'étudier et à s'examiner à fond; ce qui inspire en général à

» vaudrait dire que la simple vue est suffisante pour dé-
» terminer la distance ainsi que la grosseur de la lune,
» et qu'on n'a pas besoin pour cela de toutes les façons
» qu'y fait le mathématicien. C'est un étrange principe,
» que celui qui prescrit le mépris de tous les principes
» comme la meilleure méthode d'étendre ses connaissances ».

l'homme un certain détachement des sens, et lui imprime une tendance plus haute et plus pure [1] ;

D'avoir posé une base profonde et sûre pour la théorie des arts ;

D'avoir conduit sur la voie d'une vraie théorie des sciences naturelles ;

D'avoir mis les mathématiques pures à l'abri de toute attaque du sophisme ; de leur avoir garanti leurs objets ; d'avoir démontré leur possibilité et donné la raison de leur certitude apodictique, en faisant voir, suivant la pensée de *Platon*, de *Descartes*, de *Newton*, de *Leibnitz*, que la géométrie reposait *à priori* dans l'esprit de l'homme ;

D'avoir établi d'une manière nouvelle et exacte la distinction entre la *sensibilité*, l'*entendement* et la *raison* ; distinction qui prévient à jamais la confusion parmi les divers objets de ces facultés, et qui tire une ligne de démarcation invariable entre le domaine des diverses sciences qui

---

[1] Le procédé de *Kant* a cela de commun avec celui de *Descartes*, qu'il a établi un tribunal auquel lui-même ressort ; il a excité chacun à chercher la philosophie en lui-même ; il a posé l'idée d'une *critique* spéculative en général, laquelle est au-dessus du même système critique de *Kant*.

s'y rapportent : les *mathématiques pures* étant fondées sur les lois *à priori* de la *sensibilité* (les propriétés de l'*espace* et du *tems*), les principes des *sciences naturelles* sur les lois *à priori* de l'*entendement* (les *catégories*), et la *métaphysique* sur les lois *à priori* de la *raison* (les *idées*.).

Mais le résultat le plus important pour l'homme (qui demande sur-tout une règle à ses actions), pour la philosophie pratique (qui est plus amour de la sagesse qu'amour de la science), c'est d'avoir circonscrit le domaine où la spéculation peut *connaître*, *savoir* et *prouver* ; de lui avoir enlevé tout droit de prononcer sur les objets qui ne sont pas ceux d'une expérience sensible; par conséquent d'avoir placé irrévocablement hors du champ de la spéculation et hors de toutes les atteintes du raisonnement, les lois régulatrices de notre vouloir, la question de notre libre arbitre, de l'immortalité de l'ame, de l'existence de Dieu. Si donc je trouve quelqu'autre fondement sur lequel s'établissent toutes ces choses, si je trouve en moi une autre source d'assentiment pour elles, je m'y abandonnerai avec confiance ; je rirai des vains argumens de la spéculation, qui ne pourront plus m'inquiéter, à présent que j'ai découvert leur artifice, leurs limites et leurs droits ; ainsi le géomètre se rit du sophiste, qui lui conteste par de spécieux argumens la réalité du *point*, de la *ligne* et de la *surface*, sans que toute la dialectique de cet adversaire puisse diminuer rien de sa confiance dans le moindre des axiomes géométriques ; je ne me vanterai plus de rien *savoir* sur ces choses d'un si puissant intérêt ; le *savoir* n'étant possible qu'eu égard aux objets qui se manifestent aux sens, et étant illusoire et trompeur eu égard à ceux qui ne sont point sensibles ; je craindrai même de *savoir* quelque chose de mes devoirs, de Dieu, de mon ame, convaincu que s'ils étaient des objets de mon *savoir*, ils seraient en eux-mêmes des illusions, des phénomènes purement humains, des produits de ma manière de voir et de concevoir. Je ne *saurai* donc rien d'eux ; et sur ce qui les regarde j'aurai raison de fuir la *science*. Mais si, par toute autre voie, je me trouve forcé à les reconnaître, j'appellerai dès-lors ma conviction *croyance*, et non *savoir*. Ainsi je *crois* à ma propre existence, qui ne peut m'être prouvée par aucun argument ; ainsi je crois à celle d'autres êtres doués de raison, avec qui je communique. Une *démonstration*, loin d'ajouter à cette *croyance*, ne ferait que l'affaiblir, m'étonner, me rendre incertain. La *démonstration* qui est toute-puissante dans les choses sensibles, qui porte la conviction et la clarté dans tout ce qui est objet possible de l'expérience, répand le doute et l'obscurité sur ce qui est hors du district de l'expérience. Ceci a été établi solidement par la critique de la raison spéculative ; voyons en peu de mots ce que nous découvrira celle de la raison pratique.

XVI.

Théorie de la RAISON *pratique.* — *Sentiment fondamental de la conscience.* — *Libre arbitre.* — *Impératif catégorique.* — *Réunion nécessaire des deux tendances vers le bonheur et vers le devoir.* — *Immortalité de l'ame.* — DIEU.

JE ne puis *connaître, savoir* que ce qui m'est offert par mes sens, ce qui peut occuper un *lieu* dans l'*espace*, ou un *instant* dans le *tems*. Par rapport à tout ce qui m'apparaît comme *étendu* et *successif*, ma pensée et mon raisonnement sont valables : je pourrai me tromper, mais aussi me redresser, et parvenir à la vérité conditionnelle et phénoménale, qui règne pour moi dans le monde sensible. Quant au monde intelligible et idéal que me forge ma raison pure, ce n'est qu'un être de raison, un pur fantôme, et qui ne me livre aucune *connaissance* réelle.

Hors de l'homme, il n'existe donc pour lui que des *phénomènes*, ou apparences. Les choses ne peuvent se manifester à sa *cognition* qu'autant

tant qu'elles subissent les lois de cette cognition, et deviennent par-là des phénomènes. Il ne peut donc parvenir à la connaissance d'aucune chose telle qu'elle est *en soi*, d'aucun *noumène*. Le véritable *objet*, tel qu'il est indépendamment du *sujet*, la réalité fondamentale de la chose, lui échappera toujours. Ainsi notre œil ne verra jamais les corps que *colorés*, quoique nous sachions que les corps ne sont point colorés en eux-mêmes. Et enfin l'homme tombera toujours dans la plus grossière des erreurs, quand il appliquera les lois des objets sensibles, c'est-à-dire, les lois subjectives de sa propre cognition, aux objets supersensibles qui ne peuvent se manifester à sa cognition ; quand il voudra faire de ses manières de voir, les manières d'être des choses *en soi*.

Nous nous garderons donc bien de ces raisonnemens vides et tout-à-fait insignifians : *je prouve qu'il y a un Dieu, parce qu'il faut une* CAUSE *à l'univers.* — *Je prouve qu'il n'y a point de Dieu, parce que pour produire l'univers il suffit de la* MATIÈRE *et du mouvement.* — Ou : *je prouve que l'ame est immortelle, parce qu'elle est* SIMPLE. — *Je prouve qu'elle est mortelle, parce qu'elle n'est qu'un résultat de l'organisation du* CORPS. — Ou : *je prouve que l'homme n'est pas libre, parce que chacun de ses actes* est soumis à la loi de NÉCESSITÉ, à celle de CAUSE et d'EFFET; et ainsi du reste. Tout ce que nous percevons sensiblement, tout phénomène, il est vrai, doit avoir une *cause*, doit être un *effet*, parce que tel est le rapport que nous lui attribuons : mais ce que nous ne pouvons voir, le noumène, l'objet réel en soi, est franc de *causalité*; il n'a pas plus de *cause*, il n'est pas plus *effet*, qu'il n'est *jaune* ou *bleu*, *froid* ou *chaud*, *doux* ou *amer*.

Hors de l'homme donc, hors du sujet connaissant, nulle possibilité de la connaissance d'un objet *en soi*, d'un noumène. Il faut renoncer à tout espoir sur ce point, à toute tentative pour y parvenir.

Mais dans l'homme lui-même se trouve une source de compensation et de lumière : lumière qui ne ressemble point à celle du raisonnement et de la science; lumière d'intime conviction, celle de la vie et de l'être.

L'homme est : il est, d'un être absolu, indépendant de la manière dont il voit, ou dont les autres voient et conçoivent son existence. Il est *en soi*, il est une chose réelle, un *noumène*. — C'est cette propre manière d'être de l'homme *en soi*, que l'homme peut apercevoir immédiatement dans sa *conscience* intime. Il n'y a là nul besoin d'intermédiaire, nul *sens*, nul organe cognitif interposés entre lui et la chose. C'est dans ce point central de son être qu'il est tout à la fois le *sujet* et l'*objet*, le *connaissant* et le *connu* ; sa *conscience* se manifeste à sa *conscience* ; elle est, et elle aperçoit sa manière d'être, sans passer par toute la filière et les formes de la cognition des objets étrangers. La *conscience* intime ; le MOI pur et fondamental est donc le seul des noumènes qu'il soit donné à l'homme d'envisager à nud et sans modification. Et quoi d'étrange ? Ce noumène, cette chose en soi, c'est l'homme lui-même, c'est le centre de la vie et du sentiment de l'homme. Quiconque remonte jusqu'à ce centre, y trouve cette merveille ; cette existence intérieure qui n'est pas la cognition, mais qui est la base de toute cognition et de toute autre existence que nous rapportons au-dehors. Ici l'ignorant est aussi habile que le savant ; plus habile, peut-être, parce qu'il est resté plus près de sa nature primitive, et que son sentiment intime n'a point encore été offusqué par les illusions raffinées de la spéculation théorétique.

Il est en conséquence pour l'homme deux manières de s'envisager lui-même.

I. Ou il s'envisage médiatement et par l'entremise de sa cognition ; il se considère lui-même, à l'aide de sa propre sensibilité et de son entendement, et il devient alors pour lui-même un objet *perçu* et *conçu*, ainsi que tous les autres, un phénomène, un membre quelconque de la nature visible. Son sens *externe* donne l'*étendue* aux perceptions qu'il a de soi-même ; son sens *interne* leur donne la *succession* sans étendue; il acquiert ainsi un *corps* et une *ame*. Son entendement fait de lui une *substance*, une *cause*, un *effet*, etc.... L'homme phénoménal qui en résulte, chacun de ses actes font partie du monde phénoménal, et comme tels apparaissent soumis aux mêmes lois, au même mécanisme de *causalité*, de *nécessité*, etc.... Tel est l'homme *senti*, *conçu*, *connu*, *démontré* par la cognition de l'homme.

II. Ou bien il s'envisage immédiatement et par le sentiment fondamental du *moi*, repliant sa conscience sur sa conscience ; et il s'aperçoit alors tel qu'il est en lui-même, comme *noumène*, comme *objet—sujet*. Ce qui se manifeste en lui dans ce centre intime de son être ; est indépendant de l'*espace* et du *tems*, n'a rien de commun ni avec aucun *lieu*, ni avec aucun *instant* particulier ; n'est plus *substance*, ni *accident*, ni *cause*, ni *effet* ; en un mot il s'y découvre franc de toutes les formes cognitives, c'est-à-dire, de toutes les lois nécessaires de la nature.

Nous avons traité du premier de ces deux points de vue dans les quatre *Articles* précédens; celui-ci sera consacré au second.

Mais peut-être cette conscience immédiate, cette aperception de l'homme intérieur, n'est-elle qu'un nouveau produit de ma raison spéculative qui m'a déjà égaré, un *idéal* forgé par elle, une illusion, un fantôme?

Il me semble pourtant sentir que cette conscience est là indépendamment de toute spéculation; qu'elle est l'être vivant en moi, l'être par excellence. Mais je puis me tromper. Qui m'assurera que ce sentiment intime n'est pas une simple conception fantastique de ma raison pure? qui m'en garantira la réalité *en soi*?

Voici la réponse à ces doutes: voici la garantie demandée.

La destination de mon être n'est pas remplie par la *connaissance* et le *savoir*; je suis encore destiné à *vouloir* et à *agir*: c'est là le complément et le dernier développement de mon être. Je ne suis pas une simple intelligence contemplative; il est de ma nature d'agir, d'influer, de réagir sur tout ce qui m'entoure.

Je suis donc un être *agissant*. Delà un ordre de réalités qui procèdent de moi, qui ont leur source et leur principe en moi. La somme de mes actions, et celle des actes de ma volonté qui déterminent mes actions, forment un système de choses qui sont déterminées, créées par moi. Les objets de ma cognition me sont donnés, ils arrivent à moi sans que je puisse les repousser ; ils subissent, il est vrai, les formes de ma cognition, mais je n'y puis rien changer, je ne puis me créer de nouveaux objets. Au contraire, les actes de mon activité pratique, c'est moi qui les produis, moi qui pourrais les changer si je le voulais ; leur réalité qui procède de moi est donc encore plus effective pour moi, elle est bien plus la mienne que la réalité des choses. Elle part du centre de mon être, et elle est la même que la réalité fondamentale de mon sentiment intime : tandis qu'au contraire la réalité que j'attribue aux choses, part du dehors pour parvenir au centre de mon être, où elle ne parvient que déguisée et modifiée, par le milieu où elle a passé ; elle ne m'offre ainsi qu'une réalité secondaire, dont il m'est permis de douter ; et enfin il ne suffit pas, comme pour l'autre, de moi seul pour la produire, il faut moi et les impressions étrangères que je reçois des choses.

Mes actions sont déterminées par mes volontés, et mes volontés sont les actes immédiats de cette conscience où je me retrouve moi-même, indépendamment des choses. Mes actions et ma volonté qui les dirige, sont donc ce qui m'assure que le sentiment fondamental du *moi* n'est point une illusion; leur réalité est la garantie de sa réalité. J'agis et je veux ; voilà qui est pour moi plus réel que tout ce que je puis connaître et démontrer hors de moi. Si ma vie n'avait d'autre but final que le *savoir* et la contemplation, si je planais immobile sur le monde que j'observe, si enfin je n'étais qu'un miroir de l'univers, uniquement organisé pour recevoir des images à mesure qu'elles se présenteraient, à quelle vérité, à quelle certitude pourrais-je m'attacher, dès que je parviendrais à découvrir que ces images (vraies en tant qu'images) sont fausses, comme objets effectifs ? Mon existence serait un songe et une illusion continuelle : je ne serais susceptible ni de louange, ni de blâme, je n'attirerais ni mon attention, ni celle d'autrui, je serais inaccessible à l'estime et au mépris, comme à tous autres sentimens moraux. Mais j'agis et je veux. Cette faculté de vouloir m'élève au rang d'un être vivant de toute la plénitude de la vie; les actes de ma volition seront des réalités effectives; elle-même est donc la source de la plus haute et de la plus vivante des réalités de mon être.

Préparons-nous donc à descendre, sans crainte des illusions, dans le lieu le plus profond du sanctuaire de notre vie. Armés, comme *Enée*, du rameau d'or de la sibylle, nous écarterons sans peine les fantômes qui veulent nous en interdire l'entrée ; nous ferons taire le raisonnement ambitieux, les prétentions du savoir, dont nous avons découvert le néant par rapport à l'objet dont l'examen nous reste à faire.

Qu'est-ce qui se manifeste d'abord dans ce *moi* intime qui veut et qui agit ? qu'est-ce que je découvre dans ma *volition ?*

J'y découvre que le *moi* intime et sa faculté de vouloir, ne sont en aucune manière soumis aux lois de la faculté de connaître ; que ma volonté, indépendante et spontanée, est un principe actif par lui-même, et qui se détermine par lui-même ; en un mot, je sens immédiatement que je suis LIBRE dans le principe de mon vouloir.

Je suis *libre* ; j'en ai la conscience ; je suis *libre*, parce je puis *vouloir*, et que vouloir, c'est faire un acte de spontanéité.... Enfin, je dis que je suis libre, parce que je suis irréfragablement assuré que je le suis ; comme je dis que je vis, parce que je suis assuré de même que je vis. Je n'ai à faire pour en être certain ni de syllogismes, ni de preuves quelconques. Ce n'est même point un axiome, c'est plus qu'un axiome ; c'est le fondement de toute vérité. Me préserve le ciel de m'engager dans aucun raisonnement pour démontrer cette vérité fondamentale ; car dès-lors que je voudrais lui donner pour appui un raisonnement, cet appui vicieux ne manquerait pas tôt ou tard de crouler sous elle ; et un raisonnement contraire viendrait réduire au néant mon existence et ma liberté.

Ici, dans ce fort inexpugnable, dans ce centre de mon être, je me ris du raisonnement qui n'est que la combinaison régulière des formes subjectives de ma cognition, et qui ne peut m'apprendre autre chose, sinon que j'ai fait un usage régulier des conceptions pures de mon entendement ; mais aucunement ce qu'est une chose *en soi ;* tandis que la conscience intime du moi, me met en contact avec une chose *en soi*, la seule de toutes les choses *en soi* que je puisse appréhender.

On veut me contester la liberté de ma volition, en disant : *que tout ce qui arrive dans la nature étant produit par une cause, chacune de mes volontés est par conséquent déterminée nécessairement aussi par quelque cause.*

Ce raisonnement m'en imposerait, si en effet la *nature* et tout ce qui y *arrive* étaient des choses *en soi*, des *noumènes*, et si les lois et les formes que j'y reconnais étaient les lois et les formes nécessaires des choses : mais je sais que la *nature* et ce qui y *arrive* ne sont que des *phénomènes*, que les lois et les formes que j'y reconnais ne sont que mes propres manières de voir et de concevoir. Ainsi, quant aux actes immédiats du *moi*, comme choses *en soi* :

Ils ne peuvent être les *produits* de rien d'étranger au moi ; car *produit* suppose un tems qui a précédé, où ce qui est *produit* n'était pas encore, et un autre tems successif, où il a commencé d'être. Or, le *tems*, qui est ma manière interne de voir, n'a rien à démêler avec l'ordre des choses en soi ; *succession*, *production*, *causalité*, *nécessité*, sont des lois qui n'ont aucune prise sur cet ordre, et qui ne peuvent nullement y avoir lieu.

Nul sophisme ne peut donc plus m'atteindre, ni me contester mon libre arbitre.

La liberté, la spontanéïté, la détermination propre et arbitraire, tel est l'état en soi de ma volonté, sa manière d'être, son essence.

Chacun se retrouvera dans l'exposé simple de cette vérité, et chacun réciproquement trouvera cette vérité en lui, s'il y descend avec candeur. Il n'est pas besoin que j'accumule ici des exemples, que je retourne ce fait en mille manières. Je n'ajouterais rien à la persuasion de ceux dont le sens intime est resté droit, je ne convaincrais pas ceux qui ont perdu cette rectitude. Ici l'argumentation est nulle ; il faut éprouver, sentir ; et comment expliquer les couleurs à des aveugles, ou à des gens qui se sont mis un bandeau d'éternelles ténèbres sur les yeux ?

Plaignons-les, et nonobstant leurs clameurs, arrêtons cette vérité qui est d'un ordre supérieur à la vérité du raisonnement : *l'homme est libre dans l'exercice de sa volonté.*

Dès-lors, il est responsable de ses volontés et de ses actions : dès-lors il est soumis à l'alternative de l'estime ou du mépris, de la louange ou du blâme, du châtiment ou de la récompense : il devient susceptible de rougir devant lui-même et devant les autres ; la *pudeur*, compagne et garant de toute vertu, est née dans son ame ; enfin la possibilité d'une MORALE se montre avec évidence.

Si l'homme n'avait que des passions, si tous ses motifs étaient des amorces sensuelles, il ne serait sans doute pas libre, et ses volontés et ses actions seraient une série d'actes sensuels, par conséquent de causes et d'effets nécessaires. Mais il a dans l'essence même de sa conscience des règles qui ne font qu'un avec elle ; règles absolues qui ne souffrent pas d'exceptions ; et en tant que ces règles se posent et s'énoncent sous la forme d'une conception *absolue*, elles appartiennent à la raison, qui prend alors la qualification de raison *pratique*.

Si nous continuons l'examen et comme l'interrogatoire de l'homme intérieur, nous trouverons en lui deux tendances distinctes et opposées, qui se disputent la législation de son activité et de sa volonté.

L'une entraîne l'homme vers le BIEN-ÊTRE, l'autre vers le BIEN. L'une lui dit : sois HEUREUX ; l'autre : sois VERTUEUX !

Il ne peut parvenir à étouffer entièrement ni l'une ni l'autre de ces deux voix qui lui crient du fond de son être : il parvient rarement à les mettre d'accord.

Les moralistes de tous les tems, arrêtés par l'antinomie de ces deux principes, et désespérant de les concilier, ont pris diversement parti pour l'un ou pour l'autre exclusivement.

L'*épicurien* a adopté pour principe suprême de la morale *la tendance vers le* BONHEUR. Le *stoïcien*, au contraire, *l'inflexible nécessité du* BIEN *et du* JUSTE.

Tous les systèmes de morale se rapportent à ces deux principaux systèmes. Les uns ont mis le *bonheur* tantôt dans les jouissances sensuelles, tantôt dans celles des sentimens de l'ame, de

la bienfaisance, de l'amitié, etc.... le *bonheur* restant principe et but final, et le reste n'étant considéré que comme *moyen* pour y parvenir.
—— Les autres ont vu dans la nécessité du bien tantôt le point de repos de l'ame, tantôt le perfectionnement de l'homme, tantôt la soumission à une volonté divine, etc....

Une troisième opinion a tâché de réunir les deux tendances, en n'en faisant qu'une, et cherchant à prouver que le *bonheur* se trouve constamment dans l'exercice du bien et du juste; ce qui n'est pas vrai. Ces amis officieux de la vertu lui font tort en la confondant aux yeux du vulgaire avec la félicité. Quand on a prouvé que l'homme vertueux est toujours heureux, il se trouve assez de gens portés à conclure que la vraie vertu est de se procurer le bonheur, de quelque genre qu'il soit. Ce point de vue d'ailleurs est illusoire. Le sentiment d'avoir bien agi est un soutien, une consolation, mais avec lui on peut encore être très-malheureux. Une mère, une épouse, envoyée à l'échafaud par *Robespierre*, et arrachée des bras de ses enfans, n'était certes pas *heureuse*. Un honnête citoyen relégué en Sibérie par un absurde tyran qui lui a préalablement fait fendre les narines, séparé de sa femme, de ses amis, réduit, sur une terre glacée, à la plus horrible misère, ou condamné à l'esclavage des mines, quoi que l'on dise, n'est point heureux. *Ugolin* était-il heureux dans le cachot muré où il vit expirer de faim ses quatre fils, parce que sa conscience n'avait rien à lui reprocher ? Pourquoi donc confondre ainsi deux choses qui n'ont rien de commun, et rabaisser la vertu à l'emploi de pourvoyeuse de nos plaisirs ? Qu'importe qu'on soit heureux, ou non, en lui obéissant ? C'est la dénaturer que d'en faire une courtisane qui nous allèche par des faveurs.

Kant a laissé subsister l'un et l'autre des deux principes, parce que l'un et l'autre sont également dans l'homme ; mais il les a envisagé sous un point de vue nouveau, et les a concilié d'une manière également neuve et satisfaisante.

En les laissant ainsi subsister l'un près de l'autre, il a recherché si l'un des deux avait la primatie et l'emportait sur l'autre ? et en ce cas, auquel des deux appartenait cette primatie ?

Il a trouvé ce que tout homme qui cherche avec candeur trouve empreint au fond de son ame.

Sois heureux, nous dit la voix intérieure, si tu le veux et si tu le peux : tu y tends par toi-même, c'est un besoin de ta nature ; je n'empêche, ni n'ordonne. Il serait absurde à une loi morale d'être ainsi conçue : quand tu auras faim, tu rechercheras la nourriture, et la boisson quand tu auras soif. L'office de la loi morale n'est pas d'encourager un besoin, c'est de le régler ; elle dit : quand tu auras faim, tu ne mangeras pas le pain d'autrui ; quand tu auras soif, tu ne boiras pas son vin.

Recommander la poursuite du bonheur est donc hors des attributions de la raison pratique. Aussi quand l'homme l'a atteint, ne lui dispense-t-elle ni louange ni blâme, pour le *bonheur* en lui-même. La conscience se tait, l'estime et le mépris moral ne s'attachent point à l'habileté, au savoir-faire de qui a su se procurer une jouissance, ou un état heureux.

Mais quand cette même voix intérieure nous dit : *sois juste, fais le bien !* ce n'est plus du même ton. Elle ordonne, elle prescrit sans restriction, sans exception ; elle ne dit plus : *si tu veux, si tu peux* ; elle tranche sans réserve : *il faut : tu dois !* et, ministres de sa puissance, l'estime et le mépris sont là pour veiller à l'exécution de la loi [1]. L'homme pourtant reste libre.

[1] Le type inaltérable du *juste* et du *bon* est *à priori* et pur au fond de nos cœurs. C'est en vain, pour combattre cet axiome de fait, qu'on cite quelques coutumes bizarres de peuples grossiers. Qu'importent que quelques sauvages croient *juste* de secouer un arbre sur lequel ils placent leurs vieillards, et d'égorger ceux qui en tombent ?

La loi est précise, mais ne le contraint pas. *Il faut*, sous peine du mépris : *tu dois*, sous peine de rougir à tes propres yeux. Du reste, agis comme tu le voudras. Si le penchant au *bien-être* te plaît davantage à suivre que le penchant au *bien*, rien dans le monde ne peut t'empêcher de t'y livrer [1].

Mais, en t'y livrant, une voix plus puissante en toi que tout sentiment de plaisir ou de peine, une

---

Dans cette fausse application de l'idée originaire de la justice, on la reconnaît encore. *Helvétius* et d'autres encyclopédistes ont recherché avec soin quelques exemples aussi dégoûtans, et tous fort apocryphes, pour accréditer leur morale. Ces messieurs nous proposaient l'absurdité d'une horde de caraïbes, pour aider à nous civiliser ; ils voulaient faire rétrograder notre espèce. Ils ont encore quelques successeurs : mais il faudra bien qu'un jour le mépris et l'indignation universelle les fasse taire. *Voltaire* n'a jamais donné dans ce ridicule dogmatisme : il condamnait *Helvétius*, il croyait à la *liberté* et à la *justice* absolue. (Revoyez ce qui a déjà été dit à ce sujet, *Article* VII, pag. 159 et suiv.)

[1] Une action grande et généreuse, un sacrifice héroïque prouve la liberté de l'homme, lequel a pu se dérober à l'intérêt et à l'amour de soi. Un crime atroce la prouve aussi, en ce que l'homme a pu se dérober à la loi suprême de sa conscience, à l'humanité qui crie au fond de son cœur. Si l'homme, en faisant le *bien*, n'était pas libre de faire le *mal*, il ne serait pas *bon*, il ne serait pas un être capable de moralité.

voix supérieure à l'homme de la nature, te dit : *Tu ne dois jamais rechercher ton bien-être et ton bonheur aux dépens de la justice et du bien.*

La même voix, prononçant sur la proposition inverse, dit : *Tu dois faire ce qui est juste et bon, même aux dépens de ton bien-être et de ton bonheur.*

Cette voix inflexible et incorruptible n'est plus celle de l'homme de la nature ; c'est celle de l'homme en lui-même, élevé au-dessus de toute nature, indépendant de toute loi extérieure.

Sa liberté consiste dans la puissance pleine et spontanée de se déterminer entre ces deux principes contraires : d'agir et de vouloir en homme *sensuel :* d'agir et de vouloir en homme *rationnel.*

Il résulte de ce qui est dit ci-dessus, et que nul humain ne peut révoquer en doute, que la primatie morale appartient au principe désintéressé du *juste* et du *bien*, lequel commande et impose des limites au principe intéressé du *bien-être* et de l'*amour de soi*.

Celui-ci compose forcément avec le premier. Il n'est permis dans aucun cas de rechercher son propre *bien-être* en violant les règles du *juste* et du *bien :* il est très-permis au contraire, il est digne d'admiration, d'observer les règles de la *justice* en violant celles de son propre *intérêt*, en sacrifiant au devoir son bonheur et son bien-être [1]. Le *bien* et la *justice* ne sauraient composer avec l'intérêt dans aucun cas, tandis que l'amour du bien-être doit dans tous les cas composer avec eux.

Accorde-t-on des louanges comme à un être juste et moral, à l'homme qui a fait sa fortune, qui s'est procuré les douceurs de la vie ? non ; on se contente de dire de lui qu'il a montré de l'habileté, de la prudence, du savoir-faire. Une pareille louange n'est pas fort décisive pour sa moralité. Bien plus, on le blâme, si, pour parvenir à ses fins, il s'est servi de moyens *indignes*.

Ici est sous-entendu : *indignes de la qualité d'être raisonnable, indignes de l'humanité*. Ce sentiment, fondé dans la conscience de l'homme, de sa propre DIGNITÉ, du respect qu'il se doit à soi-même, à tout ce qui constitue en lui l'humanité [2], est un sentiment fondamental sur le-

[1] L'accomplissement du *devoir*, accompagné de plaisir et de satisfaction, se rapporte par analogie au sentiment de l'agréable et du *beau* dans les arts ; l'accomplissement du *devoir* sans autre vue que lui-même, sans égard au plaisir ou à la satisfaction qui doivent l'accompagner, se rapporte au sentiment du *sublime*. C'est ce qu'on ne pourra comprendre entièrement que quand on sera au fait de la nouvelle théorie *critique* du beau et du sublime.

[2] *Humanité* ne s'entend pas ici de cette tendre compassion qui nous intéresse pour notre semblable dans la

quel repose ce qu'il y a de vraiment noble et de droit dans l'homme.

L'homme qui n'a pas étouffé encore au fond de son être ce sentiment sévère de sa dignité morale, apercevra bien immédiatement qu'*être heureux*, n'est pas à quoi il doit tendre exclusivement, mais bien *à se rendre digne du bonheur par sa fidélité au juste et au bien*. Entre *posséder le bonheur sans en être digne*, et *en être digne sans le posséder*, quelle ame vraiment humaine balancera jamais ?

———

L'accomplissement sans réserve de la loi intérieure qui nous montre le *juste* et le *bien* comme règle de nos actions et de nos volontés, est ce que *Kant* appelle le Devoir [1].

peine ; mais de la manière d'être de l'homme en tant que doué de moralité et de raison, de celle qui le distingue du simple animal.

[1] « Devoir, mot sublime (dit ce sage), qui n'offres
» l'idée de rien que ce soit, d'agréable ni de flatteur, et
» qui ne réveilles que celle de soumission ! Malgré cela, tu
» n'es point terrible et menaçant ; tu n'as rien en toi qui
» effraie et qui rebute l'ame. Pour émouvoir la volonté,
» tu n'as d'autre puissance que celle de déployer une loi,
» une loi simple, qui d'elle-même s'établit et s'interprète.
» Tu forces au respect jusqu'à la volonté rebelle dont tu
» ne parviens pas à te faire obéir. Les passions qui tra-

Puisque l'homme est libre dans sa volonté, les lois qui en règlent l'exercice, doivent être fondées dans l'homme même. Chacun porte en soi la législation suprême de sa conduite. La raison pratique, dans chaque être raisonnable, est sa propre législatrice.

Il suit delà tout naturellement que la législation de toute raison individuelle doit être tirée d'elle-même, et non d'aucun objet étranger. Ce ne sera donc pas l'attrait des sensations agréables, ni celui du bien-être, ce ne sera pas la considération du salut et de l'intérêt de l'individu dans l'ordre des choses naturelles, ni celle du salut et de l'intérêt d'un certain nombre d'individus, d'une famille, d'une nation, etc.... Ce ne sera pas même l'intérêt de son propre perfectionnement, pas même l'obéissance à une volonté surnaturelle et révélée ; ce ne sera enfin aucun objet hors d'elle, non plus qu'aucun résultat de ses

» vaillent sourdement contre toi sont muettes et honteuses
» en ta présence. Quelle origine assez digne de toi t'assi-
» gner ? où trouver la racine de ta noble tige ? Ce n'est
» pas dans les penchans sensuels que tu repousses avec
» fierté. Ce ne peut être que dans ce sanctuaire de l'hu-
» manité, où l'homme se trouve élevé au-dessus du
» monde sensible, affranchi du mécanisme de la nature,
» et où réside sa personnalité, sa liberté, son indépen-
» dance ». (*Critique de la raison pratique*, pag. 154).

actes, qui sera le principe fondamental et formel de sa législation. Ce principe devra être tel, qu'il ne dépende ni des circonstances, ni des penchans, et qu'il ne laisse pas lieu à la présupposition d'un autre principe, dont il ne serait que le dérivé.

La raison pratique ne prescrira donc rien qui tende vers un but quelconque hors d'elle. Tout ce qu'elle prescrira, elle le prescrira ainsi, parce que telle est l'essence de la raison, et qu'elle cesserait d'être raison, si elle prescrivait autre chose. Cette vérité peut s'exprimer de la sorte: *La raison doit être son but à elle-même.*

Dès que je suis pénétré de ce principe, tout être doué de raison acquiert à mes yeux une haute importance et le droit irréfragable d'être son propre but à lui-même; toute prétention de l'asservir à mes fins particulières, de le rabaisser à la condition de *moyen*, me paraît ce qu'elle est, c'est-à-dire, la plus absurde des iniquités. L'application du principe a lieu pour toute *personne* douée de raison; elle lui assure l'indépendance, la consistance personnelle, la spontanéïté, sans qui elle serait degradée de l'état d'être raisonnable. — Cette loi d'égalité et d'indépendance rationnelle est consignée dans la formule suivante:

« *Regarde constamment et sans exception*
» *l'être raisonnable comme étant à soi-même*

» *son propre but, et non comme moyen pour*
» *autrui.* »

Cette règle est prohibitive, et passive en quelque sorte ; elle assigne à chaque être raisonnable ses bornes, et détermine la justice et le droit de chacun, à-peu-près de la même manière que le fait *Platon* dans son Traité *du juste et de l'injuste.* Si l'être raisonnable était destiné à vivre et à agir seul, il lui suffirait de ne jamais prescrire à sa raison d'autre but qu'elle-même, de ne jamais agir que conformément à ses propres penchans, en tant qu'ils ne contrediraient point les préceptes de sa raison. Mais destiné à vivre, à agir, et à exercer une certaine influence parmi ses semblables, l'être raisonnable doit avoir activement égard à eux. Il doit leur accorder les mêmes droits, la même législation, la même indépendance qu'à lui, pour atteindre leurs fins individuelles. Le précepte de la raison en ce cas, s'exprimera de cette manière :

« *Agis de telle sorte, que le motif prochain,*
» *ou la maxime de ta volonté, puisse devenir*
» *une règle universelle dans la législation de*
» *tous les êtres raisonnables.* »

Ces deux préceptes absolus, et qui constituent l'essence de toute raison pratique, sont les principes des principes, les principes premiers et fondamentaux d'une législation morale fondée sur la raison. Ces lois, d'une nature si différente de celles des objets de ma cognition, ces attributs immédiats du *moi* primitif se manifestent dans toute la majesté de choses *en soi*, avec une toute-puissance de réalité qui n'appartient à aucun objet spéculatif ou sensible. Elles ne dépendent ni de l'*espace*, ni du *tems* qui ne sont pas requis pour leur application : elles ne sont ni *nombres*, ni *qualités*, ni *substance*, ni *causes*, ni *effets*. C'est cet affranchissement de toutes les lois du monde sensible qui me les fait reconnaître pour des lois d'un ordre supérieur, pour des manifestations du monde *en soi*, réalité des réalités : les termes manquent à l'homme, pour désigner l'ordre supersensible de ces vérités morales. *Liberté*, *devoir*, *justice*, *vertu*, tels sont les points cardinaux sur qui repose mon existence plus que phénoménale, ceux par qui je communique avec la vérité suprême, près de qui toute vérité *démontrée* n'est qu'ombre et néant. *Kant* a nommé ces préceptes, pour l'autorité irrévocable et sans restriction avec laquelle ils s'établissent d'eux-mêmes, l'*impératif catégorique* de la conscience. Dans la soumission à cet *impératif* consiste la *moralité* de l'homme ; et dans le sentiment qu'il s'y est soumis *librement*, consiste sa *dignité*. L'état d'une volonté toujours disposée à s'y conformer, est un état au dessus de celui de l'homme que les penchans et les voluptés du monde sensible entraînent à chaque instant malgré lui. Cet état est celui de la parfaite *moralité*, à laquelle néanmoins l'homme doit tendre sans cesse.

Des deux lois suprêmes qui viennent d'être énoncées, découlent toutes les lois de détail d'une morale rationnelle. Celles-ci s'annoncent avec l'autorité de la source dont elles dérivent ; chacune d'elles est un *impératif*, un *dictamen* de la raison pratique.

C'est encore de ces lois suprêmes que les préceptes secondaires et subordonnés sur qui se fondent quelques édifices particuliers de morale, reçoivent une validité et une pureté nouvelle. Par exemple, celui de l'*amour de soi*, qui pris en lui-même commande indéfiniment la recherche de tout ce qui peut nous affecter agréablement, se trouve modifié par elles de la sorte : *Fais tout ce que t'ordonne l'amour de toi-même, pourvu que tu ne fasses servir de moyens à tes fins nul être raisonnable, et que ton désir puisse devenir une loi générale, valable pour tous les êtres doués de raison.*

Le principe de *perfectionnement* des stoïciens, modifié par la législation suprême de l'impératif catégorique, se présente ainsi : *Recherche ton perfectionnement individuel, mais sans rabaisser pour cette fin aucun autre homme, sans faire servir aucun être raisonnable de moyen à l'accomplissement de tes vues.*

Le précepte (d'ailleurs si beau et si convenable à l'homme) des chrétiens : *Ne fais à ton prochain que ce que tu voudrais qui te fût fait,* s'allie de la sorte au précepte encore supérieur de la raison : *Ne désire pour toi et pour ton prochain, que des objets qui puissent convenir dans la législation universelle de tous les êtres raisonnables.*

Ainsi cette législation suprême de la raison ne rejette aucune des maximes morales fondées dans la nature de l'homme, et qui ne sont que l'expression de ses diverses tendances : seulement elle les rectifie et les sanctionne, en les subordonnant d'une manière absolue à ses préceptes. Ceux-ci demeurent seuls principes, *archies*, règles fondamentales. Les autres sont des ressorts, des moyens succursaux qu'emploie la morale : mais ils supposent toujours et nécessairement les premiers, et reposent tacitement sur eux.

C'est dire assez que cette doctrine a toujours été la base sous-entendue de toutes les doctrines morales, et je vais ainsi au-devant de l'insignifiant reproche qu'on fait quelquefois à la vérité, en disant qu'elle n'est pas *neuve*. Ce n'est pas à valoir pour *nouveauté* qu'elle tend, mais à valoir pour *vérité*. Sans doute que la voix impérative de la conscience n'est pas neuve ; que le devoir, la vertu, le juste, le bien ont de tout tems parlé un langage très-intelligible à tous les cœurs humains. Dans le MENS SIBI CONSCIA RECTI du poëte romain se trouve déjà renfermée toute la morale du philosophe critique. Mais encore est-il bon de réduire cette législation morale de la raison à ses moindres termes et à ses premiers élémens. Il fallait sur-tout (et c'est ce que le philosophe critique a fait le premier avec une rigueur de méthode et de preuves, qui ne laissent nul recours raisonnable à l'opiniâtreté qui ne veut pas être convaincue), il fallait mettre pour jamais la morale à l'abri des atteintes de la spéculation. Il fallait faire voir avec évidence, qu'on ne peut imposer assez de freins à la raison dans le spéculatif, et quand il est question du *savoir* ; car ce savoir ne s'étend pas au-delà des objets sensibles ; qu'on ne peut au contraire se livrer à elle avec assez d'abandon dans la pratique, et quand il est question du *vouloir*, où elle n'a affaire qu'à elle-même, et non aux objets : distinction sentie de tous tems, et sur laquelle est fondée celle si vraie et si naturelle, de *l'esprit* et de *l'ame*, de la *tête* et du *cœur*. Cette antithèse si frappante, qui est saisie par la multitude la plus ignorante, par la simplicité du plus jeune âge, ne signifie autre chose, sinon : que le savoir et la spéculation, c'est-à-dire, l'esprit et la tête, n'ont rien à démêler avec les règles de la vertu et celles de nos actions empreintes dans l'ame et dans le cœur. Il n'y faut qu'une volonté pure, qu'un cœur droit, et que la sensualité et le sophisme n'aient point encore égaré. Tel est, il n'en faut pas douter, le grand sens renfermé dans cette parole divine : « que » le royaume des cieux appartient aux *simples* » *d'esprit.* »

Revenons aux deux tendances contradictoires qui se manifestent dans l'homme moral, et qui prétendent toutes deux à la direction de sa conduite.

L'homme aspire à être *heureux.*

L'homme sent qu'il *doit* être *vertueux.*

Le *bonheur* l'attire d'un côté : le *devoir* lui commande de l'autre.

Nous avons vu que le *bonheur* est subordonné au *devoir*, que celui-ci est inflexible et ne peut dans aucun cas rien relâcher de ses prétentions.

L'homme, au milieu d'eux, et armé de sa liberté, se décide à son gré pour l'un ou pour l'autre : d'un côté est la satisfaction de ses penchans ; de l'autre l'accomplissement des lois impératives de sa conscience.

Là, le *plaisir*, la *jouissance*, la *félicité* l'attendent : ici, l'*estime de soi-même*, et cette parole d'approbation intérieure : *tu fais ce que tu dois*.

Ces deux principes extrêmes se trouvent, pendant le cours de la vie de l'homme et dans le torrent du monde sensible où il est entraîné, presque toujours en opposition, de telle sorte que *faire son devoir et être heureux* sont trop souvent des choses toutes différentes. A quoi se déterminera-t-il ?

Entre le *devoir* et le *bonheur* s'interpose la conscience intime, qui s'élève pour les concilier.

Cette nouvelle voix, aussi forte que celle qui parle pour le *bonheur*, que celle qui commande le *devoir*, car c'est la voix de tout l'être, dit :

« *L'homme n'est* DIGNE *du bonheur, qu'en
» tant qu'il fait son devoir.* »

Digne du bonheur ! cela signifie-t-il que celui qui fait son devoir est toujours et actuellement heureux ? — Non, sans doute. L'homme vertueux est souvent très-infortuné ; l'homme vicieux, immoral et insouciant passe souvent sa vie dans les délices [1]. L'a-t-il *mérité ?* en est-il *digne ?*

[1] Si l'on dit que le *bonheur* est positivement dans l'ac-

non. La conscience ajoute dans sa candeur originaire : *le vice est digne de punition.*

Le *bonheur* attaché à l'accomplissement du devoir, c'est-à-dire, à la *vertu;* la *peine* attachée au *vice.* — Cette loi est inaltérablement empreinte dans la réalité de mon être. Je ne puis être ce que je suis, et ne pas y croire. Cette loi est ma raison pratique elle-même, en tant qu'elle est obligée d'assigner une signification à ses propres affections. Voir la vertu heureuse et le vice non-heureux, voir cela comme un but final d'une irrévocable nécessité, est un besoin invincible de ma raison pratique. Je ne puis exister, comme être doué de volonté et d'action, que dans cette croyance. Cela est, parce que je suis. Cela est, parce que je prononce en moi : *le bonheur appartient à l'homme vertueux*, et qu'il n'y a pas de raisonnement qui puisse détruire ce fait établi par ma conscience.

Cependant cette loi vivante de ma conscience est presque toujours démentie dans le monde sensible et phénoménal qui est dans l'espace et le tems, ce monde où j'habite entre deux instans que j'appelle la naissance et la mort.

Je suis donc contraint d'adopter (parce que

complissemeut du devoir, on confond les choses au lieu de les éclaircir.

je suis *raison*; parce que je suis *être*; parce que l'illusion n'est faite que pour le monde phénoménal; parce que les deux tendances de l'homme réel et *en soi* sont de toute réalité; parce que tout ce qui est en lui a un but; parce qu'enfin, divergentes pendant la vie sensible, sa tendance à la *vertu* et sa tendance au *bonheur* doivent bien converger et se réunir à un but final, et qu'enfin cette manifestation intime doit se vérifier : *le bonheur appartient de droit à l'homme vertueux*), je suis, dis-je, contraint d'adopter :

« Que l'être raisonnable, sortant du monde phé-
» noménal, trouvera dans celui des choses *en*
» *soi* la *vertu* et le *bonheur réunis.* »

C'est-à-dire, pour parler le langage des objets sensibles soumis à la succession dans le tems, que l'être raisonnable est *immortel*, et qu'après cette vie phénoménale il y en aura une autre, où il trouvera le prix de sa *vertu* dans la *félicité*.

Si cela n'était pas, les résultats immédiats de la plus profonde réalité de mon être seraient des mensonges, mon être lui-même serait un mensonge; il serait faux que j'existasse.

Si cela n'était pas, toute mon existence serait une contradiction continuelle, absurde, inexplicable. Je porte en moi ma législation, l'ordre d'être *vertueux*, le besoin de devenir *heureux* : et le bonheur ne deviendrait jamais le prix de la vertu, et le *moi* moral, l'être réel par excellence, serait le seul des êtres à qui il manquerait un but, une finalité raisonnable !

Si cela n'était pas, pourquoi l'homme devrait-il supporter une vie où rien ne correspond au besoin de sa conscience ? une vie où le *bonheur* et la *vertu*, qu'il voit réunis dans son idée, sont si souvent désunis par le fait ? Pourquoi courberait-il sa tête sous la verge de fer d'un hasard et d'une nécessité aveugle ? Le suicide deviendrait pour la moitié du genre humain un recours indispensable.

Mais si cela est, le stoïque a raison quand il dit : *que l'homme de bien aux prises avec l'adversité, est le spectacle le plus digne des Dieux !*

Et pourquoi cela ne serait-il pas ? *Parce que la nature n'est qu'un mécanisme de matière et de mouvement ! — Parce que la pensée n'est qu'un résultat de l'organisation du corps !!...* Pitoyables sophismes ! le matérialisme et ses plats argumens deviennent bien ridicules devant une philosophie transcendentale.

Un état, où la contradiction présente entre la *vertu* et le *bonheur* se trouvera conciliée ; une vie *réelle*, où l'être raisonnable ne sera par conséquent plus soumis aux formes subjectives d'*éten-*

due, de *durée*, de *causalité*, d'*existence*, etc... la certitude d'un tel état et d'une telle vie sont donc le résultat immédiat du sentiment de ma vie, et des sentimens moraux qui sont essentiellement renfermés en lui. Le libre arbitre, la tendance vers ce qui est juste et bon, celle vers la félicité, une vie autre que cette vie sensible, la récompense due au juste, la punition due à l'inique, sont des choses qui me sont immédiatement données ; dès que je descends dans le plus intime de mon être, où je me trouve à la fois *objet-sujet*, et où je n'interpose plus entre *moi* et *moi* tout le jeu et le mécanisme de ma cognition.

Je trouve dans ce sanctuaire de l'être, la nécessité de récompense et de punition, donc la nécessité d'un *juge*.

J'y trouve une voix plus puissante que mes penchans, qui ordonne le *juste* et le *bon*. Ce type du juste et du bon m'est donné. Il y a donc *une justice et une bonté absolue, et en soi*.

La *raison* pratique, celle qui est la réalité des réalités, est invariable, elle est la même chez tous les êtres raisonnables *finis ;* il est donc *une raison suprême, universelle, infinie*, qui se manifeste à tous, qui énonce à tous les mêmes lois [1].

---

[1] Le matérialisme, parce qu'il reconnaît des *corps* dans

Cette

Cette raison suprême, cette justice et cette bonté absolue, ce juge rémunérateur de la vertu, est Dieu.

Dieu m'est donné dans le secret de ma propre vie; il se manifeste en moi par l'impératif de la conscience; il se révèle par la vertu [1]. Sa volonté est la loi de l'ordre moral universel : la raison souveraine ne veut que ce qui est souverainement raisonnable.

Ce n'est plus ici le Dieu de la spéculation, un Dieu qui est *cause*, *substance*, *étendu*, *durable*, c'est le vrai Dieu, que ne pourra plus m'enlever aucune démonstration spéculative [2], la nature, se trouve fondé à admettre une matière fondamentale première, universelle, qui renferme en soi toutes les lois physiques, qui est le fonds commun de tous les corps : et il voudrait contester à celui qui reconnaît des êtres raisonnables, munis de lois qui les portent au juste et au bien, il voudrait, dis-je, lui contester l'admission d'une raison fondamentale, première, universelle, législatrice de l'ordre moral, et dont les raisons individuelles procèdent ! Ce privilège du matérialisme serait singulier. — Mais la philosophie transcendentale en a démontré la nullité, et a donné à ce système son coup de grace.

[1] « Jésus étant interrogé par les pharisiens, quand le règne de Dieu viendrait ? Il leur répondit : Le règne de Dieu ne sera point visible,..... car..... *le règne de Dieu est en vous* ». (S. *Luc*, xvii. 20. 21.)

[2] Aussi, comme il est bien arrêté que la spéculation

qui n'est plus fait à l'image de l'homme, devant qui tout entendement et tout savoir humain se confond, s'anéantit. *Je suis celui qui suis* : gardons-nous d'en penser davantage : nous ferions de lui un Dieu humain, un *Jupiter*, une fétiche[1].

---

ne peut donner l'idée du vrai Dieu, ni rien prononcer sur son existence, il s'ensuit : que quiconque agit contradictoirement à la voix divine de la conscience, laquelle prescrit la justice et la vertu, est par le fait un *athée*, soit qu'il admette ou non dans la théorie l'existence d'un être suprême : que quiconque s'y soumet religieusement, est, par le fait, et indépendamment de ses opinions théorétiques, un *confesseur du vrai Dieu*. Les erreurs de l'esprit ne sont de nulle conséquence, quand le cœur reconnaît la souveraine justice. La spéculation n'a ici aucune voix délibérative ; c'est la pratique qui décide sans appel. Le vrai *déiste*, c'est l'homme de bien : le vrai *athée*, c'est l'homme corrompu, immoral, le scélérat, le roué, l'indifférent, l'égoïste, etc. *C'est à leurs œuvres que vous les reconnaîtrez*, dit le saint livre. L'athéisme du cœur est le seul qui dégrade l'homme ; et selon le psalmiste, c'est *dans son* COEUR *que l'impie a dit : il n'y a point de Dieu !*

[1] Quand on a reconnu la souveraine justice dans l'impératif de la conscience, qui ordonne souverainement le juste, il faut bien se garder de donner cette révélation en proie à l'entendement, d'en faire une *conception*, une *idée* spéculative, et de la soumettre ainsi au jeu de nos formes cognitives. La raison pratique devient, par ce pro-

Cette connaissance simple et immédiate de Dieu par le cœur de l'homme est bien autrement imperturbable, bien plus vivante, bien plus claire que celle à laquelle il prétend s'élever par son esprit. Aussi se trouve-t-elle pure et vive chez tous les hommes [1]. Elle est le fondement tacite de toute religion positive ; elle est l'essence de toute religiosité, laquelle est l'ame des diverses religions dont le positif est le corps.

La certitude *logique*, valable dans le monde phénoménal, disparaît donc et fait place sur cédé le champ du *mysticisme* et de la superstition, comme la raison pure spéculative est le champ du *sophisme* et de l'illusion.

[1] Il est deux états où elle se manifeste le moins ; celui du sauvage le plus brute, qui ne pouvant s'occuper que de satisfaire aux besoins les plus urgens de l'animalité, n'a pu encore donner en lui aucun développement à l'humanité, ni au sens moral ; et en second lieu, l'état quintessencié de culture intellectuelle, où l'homme a tout-à-fait subordonné son cœur à son esprit, et son humanité au mécanisme de la nature. Dans un livre intitulé : *Le bon sens*, et où l'athéisme est ouvertement prêché, on lit ces mots : *Le sauvage voit une montre, et dit que c'est un esprit qui la fait mouvoir ; le déiste voit l'univers, et dit que c'est un esprit qui le fait mouvoir*. On peut rétorquer ainsi cette mal-adroite insinuation : *Le sauvage policé voit qu'un ressort fait mouvoir sa montre ; il voit l'univers qui se meut, et dit que c'est un ressort qui fait mouvoir l'univers.*

tous ces points à la certitude *morale*. Le *savoir* est remplacé par la *croyance*, mode de conviction plus inébranlable que le savoir.

___

De cette croyance, ou, si l'on veut, de cette preuve morale de l'existence de Dieu, les preuves théorétiques de la raison spéculative reçoivent une importance et une sanction qui les rendent respectables au philosophe : tandis que l'adoption de cette même preuve morale achève d'enlever toute consistance aux argumens de la spéculation contre l'existence de Dieu. Par exemple, la preuve *physico-théologique* [1], tirée de l'ordre qui règne dans l'univers visible, et qui ne peut se soutenir par elle-même contre les preuves théorétiques du parti contraire, se fortifie ici de ce double point de vue : que la plus admirable harmonie règne dans les lois de l'*ordre moral :* et que si nous pouvions, ainsi que nous connaissons l'univers *phénoménal*, connaître les choses telles qu'elles sont *en soi*, nous y découvririons, sans doute, un ordre digne de celui qui est la source de toute raison et de toute justice.

___

C'est ainsi que *Kant* répond aux deux dernières

[1] Voyez ci-dessus, Article XIV, pag. 337.

des trois questions que l'homme, dès qu'il commence à penser, ne peut s'empêcher d'élever et d'agiter en lui-même :

« *Que dois-je faire* » ?
« *Qu'osé-je espérer* » ?

Conclusion.

Ce qu'on vient de lire est la faible esquisse d'une philosophie qui honore le pays et le siècle où elle est née, qui honore l'humanité entière. Je n'ai pu qu'en projeter les principaux traits, comme un burin qui n'exprime que les contours et le dessin d'un grand tableau fini et accompli par son auteur. Il m'a fallu négliger les détails qui vivifient, passer sous silence une foule de preuves, d'applications, de développemens, et parties entières qui portent le jour et la liaison dans l'ensemble. J'ai dû me contenter d'indiquer la tendance générale de la nouvelle doctrine.

J'ai eu à combattre plusieurs localités : la difficulté de rendre compréhensibles aux lecteurs français une philosophie si éloignée de celle qu'ils professent presque tous, et qui exige un degré d'abstraction peu familier à ceux qui sont accoutumés à l'empirisme de *Condillac*, aux spéculations journalières de la morale et de la politique appliquées, ou aux légères dissertations du bel-esprit. Sur-tout, j'ai ressenti l'extrême difficulté d'exprimer dans la langue de toutes la plus délicate et la plus pointilleuse, des opinions neuves pour elle, et qui n'y ont pas encore de termes adéquates. Quel langage humain, en effet, peut offrir des expressions convenables à une spéculation transcendentale ? On est contraint d'employer des mots faits d'après les objets de l'ordre sensible, pour exprimer des pensées qui s'élèvent au-dessus de tout ce qui est sensible, qui plane au-dessus de l'homme et de sa cognition. Sans doute aussi que mon expression est bien souvent restée au-dessous de ma pensée, et qu'on aurait de nombreux reproches à me faire sur ce point.

Quelqu'imparfait que soit mon travail, il suffira cependant, j'espère, pour faire sentir à ceux de mes lecteurs à qui l'intérêt de la science et celui d'une sévère moralité n'est pas indifférent, que la science et la moralité ne peuvent se rencontrer sur le chemin que suivent la plupart des philosophes français; que le principe du *sensualisme* pour la métaphysique, et celui de l'*amour de soi* pour la morale, sont incompatibles avec toute saine philosophie ; qu'un seul axiome de la géométrie, que le sentiment de notre liberté, etc..., sont inconciliables avec ces soi-disant principes.

Il est donc indispensable, si l'on veut élever chez nous l'esprit philosophique à la hauteur où il est parvenu de notre tems chez nos voisins; si l'on veut le faire marcher de pair avec les sciences mathématiques et physiques que les savans français ont portées à un si haut degré ; si l'on ne veut pas tourner éternellement dans le cercle des vétilles empiriques, dont on dirait que nous ne pouvons sortir, il est indispensable de recourir à un point de vue transcendental.—Il faut donner une direction nouvelle à l'esprit philosophique, en le ramenant à la réflexion profonde sur soi-même, en l'accoutumant à juger l'existence des choses par l'homme, et non celle de l'homme par les choses.

———

L'homme est. Il se manifeste en lui une double puissance, celle de *connaître* et celle d'*agir* ; le *savoir* et le *vouloir* : d'où les deux facultés principales de son être, la *cognition* et la *volition*.

Trois ordres de choses, et comme trois séries d'objets tout différens jaillissent de cette double faculté.—1. L'ordre des choses *sensibles*, des *phénomènes*, dans lequel réside la réalité humaine et phénoménale. Ici les propriétés fixes et les lois de l'espace et du tems, les catégories qui lient les objets les uns aux autres, tout est donné par l'homme, et se trouve effectif dans les objets, parce que l'homme les voit et les conçoit ainsi, et qu'il ne les connaît qu'en tant qu'il les voit. L'ensemble de ces objets et de ces lois que l'homme rapporte au dehors, forme la *nature*. Sur les lois de la sensibilité de l'homme sont fondées les sciences mathématiques ; sur celles de son entendement sont fondées les sciences naturelles.

II. L'ordre des choses *intelligibles*, des *êtres de raison*, qui ne naît que de la loi de l'absolu, appliquée aux catégories, et aux objets sensibles. Ici ne peut avoir lieu de réalité d'aucune espèce, puisque l'idée et son idéal ne rencontrent nul objet et nulle expérience possible qui leur corresponde. Ils restent donc de purs *êtres de raison*, des chimères. Sur les idées de la raison pure spéculatives sont fondées la métaphysique transcendente, la théologie, etc. ...

Ces deux ordres de choses procèdent de la cognition de l'homme, et constituent ce qu'il appelle son *savoir*.

III. L'ordre des choses en *elles-mêmes*, des *noumènes*, dans lequel réside la réalité *en soi*, la réalité effective et *nouménale*, d'une nature tout-à-fait différente de la réalité humaine. Ici l'espace, le tems, les catégories, les idées ne peuvent plus être d'aucune application ; ici la cognition de l'homme n'a aucune prise, l'homme ne peut connaître les choses telles qu'elles sont en elles-mêmes, les noumènes ne sont point des objets possibles de son *savoir*.

Mais il est une chose *en soi*, un noumène qui se manifeste à l'homme. C'est lui-même ; il s'aperçoit immédiatement par le sentiment intime de sa conscience, en tant qu'être actif ; il aperçoit son être d'une façon toute différente de celle dont il aperçoit les êtres étrangers à lui, sans l'entremise de sa sensibilité, de son entendement, de sa cognition en général, par conséquent sans aucune action des lois de l'espace, du tems, des catégories, ou lois de la nature.

Dans cette conscience pure de son être il se trouve *libre*.

Il y trouve le besoin d'être *heureux* subordonné au commandement d'être *vertueux*, impératif intègre qui ne se subordonne à rien.

Nulle estime de lui-même n'accompagne le sentiment du *bonheur* ; l'estime accompagne toujours l'accomplissement du *devoir* et de la *vertu*.

Bien plus, dans l'impératif de la conscience apparaît cette révélation ineffaçable : que la vertu est seule *digne* du bonheur ; et que le bonheur sans la vertu n'est pas à sa place.

Delà naît le sentiment le plus profond et le plus caractéristique de l'humanité, et qui n'appartient qu'à la vertu : la DIGNITÉ.

Ce sentiment serait une absurdité, tout notre être ne serait qu'une absurdité, le *moi* intime, la réalité des réalités dans le moi serait un jeu cruel d'une aveugle et bisarre destinée, serait un mensonge, une illusion; l'homme n'existerait pas, en un mot, si ce sentiment de *dignité* n'avait un but, et ne devait se réaliser, si la *vertu* ne se retrouvait enfin unie à la *félicité*.

Elle ne l'est pas, pas toujours, pas constamment, pas sûrement dans la vie sensible de l'homme : elle le sera donc dans une autre vie. Cette union de la vertu et de la félicité constituera la *sainteté*.

Il est donc un juge suprême, un législateur de notre conscience, un juste, un bien absolu; il est un DIEU.

Il est un ordre de choses où l'homme ne sera donc plus soumis aux formes des objets sensibles. C'est dire assez que son ame est *immortelle*.

Qu'a-t-il donc à faire dans sa vie présente? à rechercher son bonheur, en tant que les moyens qu'il emploiera pour y parvenir seront toujours subordonnés à l'impératif de sa conscience morale. — Mais sur-tout à se rendre *digne du bonheur* par l'exercice de la *vertu*.

Ainsi *Kant* a mis dans la morale l'*estime de soi* à la place de l'*amour de soi*. Et au contraire des autres moralistes et théologiens qui ont constamment dit à l'homme : « *Il est un* » *Dieu juste qui récompensera ou punira ton* » *ame immortelle, donc il faut que tu observes*

» *ses commandemens et les lois d'une sévère*
» *moralité* ». — Le nouveau sage lui dit : « *Tu*
» *es un être moral, tu portes en toi les comman-*
» *demens et les lois d'une sévère moralité, donc*
» *il est un Dieu juste qui récompensera, ou*
» *punira ton ame immortelle* [1] ». On sent que
dans cette marche inverse l'avantage est tout
du côté de *Kant*, qui sauve d'un coup la morale
et la religiosité des atteintes du raisonnement
et de la spéculation ; et le désavantage du côté
des autres théologiens moralistes, qui sont contraints de se servir d'abord du raisonnement et
de la spéculation pour établir l'existence de Dieu,
que nul raisonnement, que nulle spéculation ne
peut établir solidement.

C'est de la sorte que la philosophie critique
nous dévoile les plus profonds secrets de l'homme
cognitif et *actif*; elle nous montre que l'homme
porte en lui la législation de l'ordre physique et
celle de l'ordre moral, par conséquent tout ce qui
lui est nécessaire pour cette vie et pour l'autre;

---

[1] La doctrine qu'enseigne *Kant*, à l'égard de Dieu, est
déjà renfermée dans ces mots de l'épître de S. *Paul* aux
Romains (I. 18, 19) : « *La colère de Dieu s'étend sur*
» *toute impiété et injustice des hommes..... parceque ce*
» *qui se peut connaître de Dieu, est manifesté en eux* ».

elle nous livre ainsi le plus sublime commentaire de ce mot favori des anciens sages, de cette inscription célèbre gravée sur une des portes du temple d'*Apollon*, CONNAIS-TOI TOI-MÊME. C'est sur cette voie que nous trouvons la *science* et la *sagesse*, l'*idéalité* et la *réalité* de notre vie.

Nous n'avons en effet pour base de nos connaissances, qu'un simple *idéalisme* : comment parvenons-nous à en faire un *réalisme* ? par le développement de cet idéalisme même. Mais d'où nous vient cet idéalisme commun à toutes les raisons individuelles et finies ? Sans doute d'une *raison universelle, infinie, qui se manifeste à toutes les raisons finies.* Mais cela peut-il se démontrer ? Non, heureusement, sans quoi cela ne serait pas vrai, au moins pas vrai *en soi ;* cela ne serait vrai que d'une vérité humaine et phénoménale. Mais quel est donc le moyen de s'en assurer ? Celui qui s'interroge avec candeur, qui médite profondément, qui pénètre jusqu'au point central de son être, à ce lieu de majesté et de calme où les influences des sens ne parviennent point, celui-là trouve cette vérité divine dans celle de sa propre existence. Là est la réalité par essence, la seule que nous puissions, que nous ayons besoin de saisir. Un homme cherchait de tous côtés son anneau ; il l'avait au doigt. Cet homme est l'esprit humain. Nous portons en nous les principes de toute science ; nous tenons Dieu, la liberté, l'immortalité, le bien, et nous ne voyons communément rien de tout cela. Pourquoi ? c'est que nous avons toujours la vue et l'attention hors de nous. Ramenons-la sur nous-mêmes, fixons-nous, étudions-nous. Voilà toute la philosophie. Γνωθι σεαυτον.

APPENDICE. I.

Exposition de l'Empirisme.

(Cette exposition claire et précise est extraite et traduite d'un manuscrit dont je dois la communication à l'amitié de M. le professeur *Reinhold*. Il avait ainsi jeté sur le papier la série de ses principales idées, pour se guider dans un cours de philosophie que lui avait demandé une société de personnes aimables et instruites, rassemblées à à Flotbeck, près de Hambourg, chez M. le conseiller d'état *Voght*).

1. Le fondement de toute *réalité*, c'est-à-dire, de toute idée qui se rapporte immédiatement à un objet réel, est l'*expérience*.

2. L'expérience est *externe* ou *interne*. Dans la première, nous recevons par la *sensation*, les idées réelles des *choses hors de nous*. Dans la seconde, par la *réflexion*, les idées réelles des actes et des passions de notre esprit.

5. Toutes les idées sont, ou tirées immédiatement de l'expérience, ou formées de la combinaison de ces premières, laquelle combinaison s'opère par la *raison* ou par l'*imagination*: c'est-à-dire, qu'elles sont toutes, ou *originaires*, ou *dérivées*.

4. Les idées *originaires* sont toutes *simples*: les *dérivées* toutes *complexes*.

5. Les idées simples ne peuvent rien renfermer qui ne soit donné par leur objet ; elles sont donc *simples*, *pures* et *vraies*. Leur contenu, immédiatement tiré de l'expérience, ne peut encore être dénaturé ni par un faux raisonnement, ni par un jeu arbitraire de l'imagination.

6. Les idées simples sont conséquemment, en dernier résultat, les véritables élémens de nos connaissances. Elles ne peuvent être dérivées d'autres idées plus originaires ; elles ne peuvent être analysées en d'autres idées plus simples. En elles est donc le fondement et le principe de toutes les connaissances de l'homme [1].

7. La philosophie, en tant qu'elle recherche et expose les premiers principes de nos connaissances, ne consiste donc que dans la recherche et l'exposition de nos idées simples. Celles-ci sont vraies et évidentes par elles-mêmes ; et elles ne sont susceptibles, ni n'ont besoin d'aucune

---

[1] On reconnaît ici le maître de *Condillac*, lequel n'a fait d'autre changement à cette doctrine que d'en supprimer la *réflexion*, seul terme moyen qui offrît encore une possibilité de parvenir à quelque chose de meilleur et de plus élevé.

autre

autre preuve ni garantie, que le sentiment immédiat de leur évidence.

8. Il s'ensuit que les idées simples sont les matériaux des principes philosophiques, lesquels doivent être des *axiomes*, c'est-à-dire, des jugemens exprimés en paroles, qui ne souffrent aucune démonstration ultérieure, mais qui servent de base à toutes les démonstrations. Le tableau de nos idées simples, s'il était formé, offrirait le système complet des principes élémentaires de toutes les vérités dérivées.

9. La philosophie est la connaissance des idées simples, ou en elles-mêmes, ou dans les combinaisons régulières qui en sont faites d'après les règles de la logique, et sans mélange d'aucune influence de l'imagination. Dans nos autres connaissances, les idées simples et les règles de la raison se trouvent plus ou moins dénaturées par l'influence arbitraire de l'imagination.

10. La sensation renferme les qualités des choses ou *primaires*, ou *secondaires*. Celles-ci (les secondaires) consistent dans l'impression que les objets font en particulier sur tel ou tel organe de nos sens, comme les *couleurs*, les *sons*, les *odeurs*, les *saveurs*, le *chaud*, le *froid*, etc... Celles-là (les primaires) sont con-

firmées par le témoignage de tous les sens, comme la *solidité*, l'*étendue*, le *mouvement*, etc....

11. Les qualités secondaires ne sont que des *apparences* sensibles; les primaires sont des *réalités* [1].

12. La vérité est toujours *individuelle* dans les idées simples, dont chacune se rapporte immédiatement à l'objet qui l'a fait naître. Elle se

---

[1] Il serait curieux de savoir quel a été le principe qui a de la sorte autorisé *Locke* à appeler certaines qualités *secondaires*, et certaines autres *primaires* ? à déclarer que les unes n'*appartiennent pas* aux objets, et que les autres *leur appartiennent* ? Si *chaque* organe de nos sens est *trompeur*, ils peuvent aussi fort bien l'être *réunis*. *Locke* n'a donc eu ici ni guide, ni fondement certain. Mais *Descartes* avait si évidemment démontré que les *couleurs*, etc. n'appartenaient pas aux objets, qu'il fallait bien en tomber d'accord. Sans cela, il est plus que probable, que jamais *Locke* n'eût pensé à sa distinction.— L'*étendue* est donc une qualité *primaire*, selon *Locke*, et elle appartient aux objets.—Pourquoi ? parce que tous mes sens me le disent. Fort bien. Mais l'abbé de *Condillac* vient ensuite, et dit qu'il n'y a qu'*un seul sens* qui me fasse connaître l'étendue ; c'est le *toucher*, lequel lui paraît aussi suspect, et il dit que l'*étendue pourrait fort bien n'être pas plus réelle que les couleurs*, etc. Voilà donc l'étendue devenue *secondaire* ? Il pourra bien en arriver autant à toutes les qualités *primaires*, que *Locke* a fait *primaires* parce que *tel était son bon plaisir*. Voyez ci-après, dans le troisième *Appendice*, ce que *Maupertuis* pensait à ce sujet.

trouve *généralisée* par la raison qui compare et rassemble en une classe les objets semblables, et par le signe (mot, parole) qui sert à l'exprimer (comme *homme*, *cheval*, *arbre*, etc.). Les idées générales n'ont aucune réalité et ne sont que logiquement vraies.

13. Un exemple frappant de ceci, c'est l'idée générale de *substance*, laquelle n'est dans le fond autre chose que l'ensemble des qualités primaires qui ont été aperçues par la sensation dans un objet, et représentées chacune par une idée simple. Abstraction faite de toutes qualités (qui ne sont réelles que dans l'objet), la *substance* n'est qu'un être logique, un *être de raison*, que l'on admet à tort pour un support, pour un *substrat* de ces qualités, destitué lui-même de toutes qualités; cette idée n'est visiblement qu'une *abstraction* rationnelle.

14. Les qualités de l'ame se manifestent par leurs effets, et par conséquent se saisissent par la réflexion dans l'expérience interne. La sensation ne nous donne pas d'idée de la solidité, ni de l'étendue de l'ame, mais il ne suit pas de là que l'ame ne soit ni solide, ni étendue, c'est-à-dire, *matérielle*. Au contraire, l'analogie nous invite beaucoup plutôt à le croire, puisqu'en effet tous les objets que nous apercevons sont matériels. Il n'est pas plus contradictoire de dire

que Dieu a donné à la matière la vertu de penser, que celle de se mouvoir.

15. L'idée de Dieu et de son existence ne sont tirées immédiatement ni de l'expérience externe, ni de l'interne, mais bien déduites et *conclues* des données de l'expérience, ainsi que des connaissances rationnelles qui en découlent.

16. Il ne peut y avoir d'*idées innées* ; toutes sont acquises, tant par l'expérience immédiate (idées simples), que par sa combinaison (idées complexes).

17. Des idées innées, à la façon de *Leibnitz*, et dont nous n'aurions conscience qu'à l'occasion de nos sensations, seraient donc des idées dont nous n'aurions nulle conscience avant la sensation, qui par conséquent ne représenteraient rien ; or une idée qui ne représente rien, n'est rien.

18. *Aristote* a donc eu raison de comparer l'ame, avant l'expérience, à des tablettes sur lesquelles il n'y a encore rien d'écrit. — Ce qui n'empêche pas de convenir qu'il se trouve dans l'ame avant l'expérience des dispositions, des capacités, des facultés [1].

---

[1] *Leibnitz* ne demandait pas qu'on lui en accordât davantage, mais il voulait faire un usage plus efficace de ces *dispositions, capacités* et *facultés.*

2. *Critique de l'Empirisme.*

1. Presqu'aucune des idées que *Locke* a donné pour *simples*, n'est simple en effet. Telle est, par exemple, l'idée de *force*, que *Locke* tient pour simple, et qui est composée des idées de *substance* et de *cause*.

2. La marque de ce qu'une idée est tirée immédiatement de l'expérience, c'est qu'elle est *simple*, dit *Locke*; et la marque de ce qu'elle est *simple*, c'est qu'elle est tirée immédiatement de l'expérience. L'empiriste ne peut sortir de ce cercle vicieux. De ce qu'on ne peut analyser une idée, on ne peut nullement conclure qu'elle soit simple ; car qui sait si un autre ne parviendra pas à l'analyser, et à effectuer un jour ce que je regarde maintenant comme impossible ?

3. Si aucune *idée générale* n'a de réalité en tant que générale, il n'y a nulle distinction possible entre la science *historique* et la science intellectuelle, ou *philosophique*, entre *connaître par le fait*, et *connaître par le principe*. — Il n'y a nul *système* (c'est-à-dire, nul ensemble complet et fini) possible des principes de nos connaissances. Car qui peut m'assurer qu'on ne découvrira pas encore une foule d'autres idées simples que celles comptées jusqu'à moi ? ou bien que celles tenues jusqu'à moi pour simples

ne seront pas démontrées un jour complexes ? — Je ne puis donc savoir que ce qui est renfermé dans le cercle étroit de mon expérience, et jamais pourquoi cela est ainsi et ne peut être autrement ; jamais s'il n'est pas des vérités qui doivent valoir universellement ; ce qui renverse la possibilité de toute science exacte, des mathématiques pures, celle de toute morale, etc...

APPENDICE II.

(Nous n'avons le sentiment de rien qui soit hors de nous, et nous n'avons conscience que de notre propre sentiment. Cette vérité, qui est une des bases fondamentales de toute saine théorie de la cognition humaine, a été développée avec beaucoup d'esprit par le célèbre *Fichte*, dans un ouvrage intitulé *Destination de l'homme*, et divisé en trois parties, qui portent les inscriptions courtes et énergiques de *Douter*, — *Savoir*, — *Croire*. Peut-être livrera-t-on sous peu une traduction de cet écrit profond et éloquent. — La seconde partie, celle du *Savoir*, a la forme d'un dialogue : ce qu'on va lire en est un fragment, qui convenait à notre sujet. Voyez page 237, où il se rapporte.).

Le philosophe transcendental.

Vous admettez donc pour certain que ces objets que voilà, comme tous ceux que vous apercevez, sont réellement extistans hors de vous.

Le philosophe empiriste.

Sans contredit, je l'admets.

Le ph. tr. Et d'où savez-vous qu'ils sont réellement là.

Le ph. emp. Je les vois lorsque je les regarde,

je les palpe lorsque je les tâte, je les entends lorsqu'ils rendent des sons, ils se manifestent à tous mes sens.

Le ph. tr. Ah ! — Peut-être que vous reviendrez de cette opinion, que vous voyez, palpez, entendez les objets. En attendant je veux parler le même langage que vous, et comme si véritablement vous perceviez des objets par la vue, par le tact, etc. Mais vous conviendrez aussi que vous ne les percevez qu'à l'aide de la vue, du tact, et de vos autres sens extérieurs. Ou bien en serait-il autrement ? auriez-vous quelque moyen de percevoir, autre que les sens ? serait-il pour vous quelqu'objet dont vous ayez connaissance autrement que pour l'avoir perçu par vos sens ?

Le ph. emp. Non, en aucune manière.

Le ph. tr. Ainsi vous admettez des objets percevables, et cela seulement d'après certaines affections, d'après une modification de votre sentiment extérieur. Tout ce que vous savez d'eux, vous ne le savez qu'en tant que vous savez l'affection, la modification donnée à votre vue, à votre tact, à votre ouïe, etc..... En un mot, votre assertion : *il y a des objets hors de moi*, se fonde sur celle-ci : je *vois*, je *sens*, j'*entens*, etc.

Le ph. emp. Oui, telle est mon opinion.

Le ph. tr. Bon. Maintenant, comment savez-vous que vous voyez, que vous sentez, que vous entendez?

Le ph. emp. Plaisante question! je ne vous comprends pas.

Le ph. tr. Je vais tâcher de me rendre plus intelligible. — Est-ce que vous verriez, par exemple, comment vous voyez? toucheriez-vous comment vous touchez? auriez-vous enfin un sens particulier, au-dessus de vos sens extérieurs, qui perçoive ceux-ci et leurs diverses modifications?

Le ph. emp. Point du tout. Je vois, je touche, etc...., je sais cela immédiatement et absolument; je sais de même ce que je vois, et ce que je touche. Je le sais parce que cela est; et par cela même que cela est, il n'est besoin ni de la médiation, ni du canal d'un autre sens. — C'est là précisément ce qui me surprenait dans votre question; elle semblait révoquer en doute cette immédiabilité du sentiment intime.

Le ph. tr. Ce n'était pas là mon projet : je voulais seulement vous amener à vous rendre un compte plus exact de cette immédiabilité, comme vous l'appelez. — Ainsi donc vous avez, dites vous, un sentiment immédiat de ce que vous voyez, de ce que vous touchez?

Le ph. emp. Oui.

Le ph. tr. Je m'explique encore mieux : de

ce que c'est *vous* qui voyez, qui touchez? Vous êtes par conséquent, le voyant dans l'acte de voir, le touchant dans l'acte de toucher; et quand vous avez le sentiment intime, la conscience du *voir*, vous avez la conscience d'une modification de *vous-même*.

Le ph. emp. Sans doute.

Le ph. tr. Vous avez donc une conscience de votre voir, de votre toucher, etc..., et c'est par ce moyen que vous percevez l'objet. Ne vous serait-il pas possible de le percevoir sans cette conscience? Ne pourriez-vous, par exemple, reconnaître un objet par la vue, ou par l'ouïe, sans savoir précisément que vous voyez, ou que vous entendez?

Le ph. emp. Nullement.

Le ph. tr. Ainsi donc la conscience immédiate de vous-même et de vos modifications, est la condition exclusive de toute conscience des objets, de toute connaissance que vous en pouvez prendre. Et vous ne savez *quelque chose*, qu'autant que vous savez, que c'est *vous* qui le savez. Le *quelque chose* ne peut rien renfermer, qui ne soit dans le *vous*.

Le ph. emp. Oui, c'est bien là ma pensée.

Le ph. tr. Cela étant, vous ne savez qu'il existe des objets, que parce que vous les voyez, touchez, entendez, etc. et vous ne savez que vous voyez, touchez, entendez, que parce que vous savez que vous le savez immédiatement ; et ce que vous ne percevez pas immédiatement, vous ne le percevez pas du tout.

Le ph. emp. Je conviens de cela.

Le ph. tr. Dans toute perception, vous ne percevez immédiatement que vous, et votre manière d'être. Ce qui n'est pas compris dans cette perception de vous même, ne sera nullement perçu [1].

Le ph. emp. Vous ne faites que répéter en d'autres termes ce que je vous ai déjà accordé.

Le ph. tr. Je ne me lasserai pas de le répéter de toutes les manières, tant que je pourrai craindre que vous ne l'ayez pas encore bien conçu, que vous ne vous le soyez inculqué imperturbablement. — Pouvez-vous dire : j'ai la conscience intime d'objets extérieurs ?

Le ph. emp. Non, à le prendre à la rigueur, car l'acte de voir, de toucher, au moyen

---

[1] N'est-ce pas en effet une opinion singulière que celle qui établit, qu'un ébranlement, qu'un petit mouvement imprimé à un organe extérieur, mouvement communiqué par des fibres qui le transmettent au cerveau, delà au siège du sentiment, que cet ébranlement, dis-je, ou ce mouvement ressemble à un carré, à un cercle, à un arbre, à une maison, et que ce soit là enfin la source de toutes nos connaissances.

duquel je saisis les choses, n'est pas la conscience même, mais est seulement cela dont j'ai immédiatement conscience. Rigoureusement parlant, je puis seulement dire : j'ai la conscience que JE *vois*, que JE *touche les choses.*

Le ph. tr. Je prends acte de cet aveu; et n'oubliez pas dans la suite ce que maintenant vous reconnaissez avec clarté. *Dans toute perception, vous ne percevez que votre propre manière d'être.* — Mais je veux continuer à parler avec vous le langage ordinaire. Vous voyez, touchez, entendez les choses, dites-vous. Or, *comment*, c'est-à-dire, avec quelles propriétés voyez-vous, ou sentez-vous ces choses ?

Le ph. emp. Je vois cet objet rouge, cet autre bleu; j'éprouve par le tact que celui-ci est poli, celui-là rude, que l'un est froid, l'autre chaud.

Le ph. tr. Ainsi vous savez bien ce que c'est que rouge, bleu, poli, rude, froid, chaud ?

Le ph. emp. Sans doute, que je le sais.

Le ph. tr. Voudriez-vous bien me le décrire ?

Le ph. emp. Cela ne peut se décrire. — Voyez vous-même, dirigez vos regards vers cet objet ; ce que vous percevrez par vos yeux en le regardant, c'est ce que j'appelle rouge. Palpez la superficie de cet autre objet, ce que vous sentirez est ce que j'appelle poli. C'est de cette façon que j'ai acquis ces connaissances, et il n'y en a point d'autre pour les acquérir.

Le ph. tr. Mais du moins n'y a-t-il pas moyen, par analogie et par conclusion, de trouver de nouvelles propriétés différentes de celles qu'a donné la sensation immédiate? Quelqu'un, par exemple, qui connaîtrait le rouge, le verd, le jaune, mais qui n'aurait jamais vu de bleu; qui aurait eu la sensation de l'aigre, du doux, du salé, mais jamais celle de l'amer, ne pourrait-il pas, dis-je, seulement à l'aide de la réflexion, comparaison ou combinaison, parvenir à la connaissance du bleu, ou de l'amer?

Le ph. emp. Non. Ce qui est affaire de sensation, ne peut être que senti et non pensé; c'est une chose absolument immédiate, qui ne peut être un derivé de rien.

Le ph. tr. Cela me semble un peu étrange. Vous vous vantez de connaissances, desquelles vous ne sauriez me dire comment vous les avez acquises. Vous prétendez voir telle chose dans un objet, toucher telle autre chose, ouïr une troisième chose; il faut donc que vous soyez en état de discerner le voir du toucher, et ceux-ci de l'ouïr?

Le ph. emp. Sans doute.

Le ph. tr. Vous prétendez en outre que cet objet est rouge, cet autre bleu, celui-ci poli, celui-là rude, etc.... Il faut donc encore que vous soyez en état de discerner bleu de rouge, poli de rude, etc....?

Le ph. emp. Sans doute.

Le ph. tr. Or, ainsi que vous en êtes convenu tout-à-l'heure, ce n'est point par réflexion, ni par comparaison de ces sensations en vous-même, que vous avez reconnu leur différence ?

Le ph. emp. J'en conviens encore.

Le ph. tr. Peut-être donc avez-vous appris cette distinction de vos propres sensations de bleu et de rouge, de poli et de rude, lesquelles sensations ont lieu *au-dedans de vous-même*, par la comparaison des objets *hors de vous-même*, de leur couleur bleue ou rouge, de leur surface polie ou rude ?

Le ph. emp. Non ; cela est impossible, car la perception de l'objet naît de la perception de ma propre manière d'être et de sentir ; c'est ma sensation qui me fait juger de l'objet ; ce ne peut donc être l'objet qui me fasse juger de ma sensation. Cet ordre ne peut se renverser. Qu'une certaine sensation soit désignée par le signe ou mot arbitraire *rouge*, une autre par *bleu*, c'est ce que je puis apprendre ; mais je ne puis apprendre par aucune voie que ces sensations doivent être différentes, ni comment elles le sont. Leur différence m'est connue immédiatement et absolument, par cela que je me sens moi-même, et que je me sens affecté tout autrement dans l'un et dans l'autre cas. Je ne puis décrire comment elles sont différentes entr'elles, mais elles doivent l'être dans le même rapport que mon sentiment intime diffère de lui-même dans l'une et dans l'autre. Or cette différence du sentiment est une distinction qui nous est immédiatement donnée, qui ne peut être dérivée, ni apprise.

Le ph. tr. Et vous faites cette distinction indépendamment de toute connaissance des objets extérieurs ?

Le ph. emp. Il faut bien que je la fasse indépendamment d'elle, puisque cette connaissance même dépend de cette distinction.

Le ph. tr. Celle-ci vous est donc donnée immédiatement, par sentiment intimite de vous-même ?

Le ph. emp. Pas autrement.

Le ph. tr. Mais, cela étant, vous devriez vous contenter de dire : je me sens affecté de telle et de telle manière, laquelle je nomme rouge, bleu, poli, rude, etc..., vous ne devriez ne placer cette sensation qu'en vous-même, non dans un objet tout-à-fait hors de vous, et ne pas donner pour qualités de cet objet ce qui n'est que votre propre modification. — Ou bien, dites-moi : lorsque vous croyez voir l'objet rouge, le sentir poli, etc. Percevez-vous encore quelque chose de plus, quelque chose d'autre, si non que vous êtes affecté d'une certaine manière ?

Le ph. emp. Non, j'ai déjà reconnu auparavant que je ne percevais que ce que vous dites : j'avoue que ce transport de ce qui a lieu en moi, à quelque chose hors de moi, transport que je ne puis m'abstenir de faire, me semble maintenant très-extraordinaire.——Je sens en moi, non dans l'objet, car je suis moi, et ne suis pas l'objet; je ne sens en conséquence que moi-même, ma propre manière d'être, et non la manière d'être de l'objet. Si j'ai en effet conscience de l'objet, il est clair que cette conscience ne peut être du moins, ni ma sensation, ni ma perception. Je vois tout cela.

Le ph. tr. Vous êtes prompt à conclure. Pesons la chose un peu plus mûrement, quand ce ne serait que pour m'assurer que par la suite la tentation ne vous prendra pas de vous rétracter. ——Y-a-til dans l'objet, comme vous vous le représentez d'ordinaire, encore quelqu'autre chose que sa couleur rouge, sa surface polie, etc., en un mot quelqu'autre chose que les qualités qui vous sont données par la sensation immédiate ?

Le ph. emp. Je crois qu'oui : outre ces qualités, il y a encore la chose à qui ces qualités appartiennent, la substance qui en est le support.

Le

Le ph. tr. Et ce support des qualités, par quel sens le percevez-vous ? le voyez-vous, ou le touchez-vous, ou l'entendez-vous, etc...? Ou bien avez-vous, pour le percevoir, un sens particulier, distinct des cinq autres ?

Le ph. emp. Non, pas cela. Mais je pense que je le vois, que je le touche....

Le ph. tr. De bonne foi ? examinons donc un peu cela de près. Avez-vous le sentiment de votre vue *en général*, ou de telle modification précise de votre vue ?

Le ph. emp. J'ai toujours le sentiment de telle modification précise.

Le ph. tr. Et quelle était cette modification précise de votre vue à l'égard de cet objet-ci ?

Le ph. emp. Celle de la couleur rouge.

Le ph. tr. Ce rouge est donc quelque chose de positif, de simple, un sentiment dans vous; en un mot, une manière d'être de vous-même ?

Le ph. emp. Cela est vrai.

Le ph. tr. Vous devriez en conséquence voir ce rouge comme quelque chose de simple, comme un *point mathématique*, et c'est bien probablement ainsi que vous le voyez. En vous, du moins, où tout le mystère se passe, en vous et en tant que votre affection, il est évident que ce rouge est une simple modification de votre sentiment, que vous ne pouvez vous représenter autrement.

Tome II. 12

que comme un point mathématique. Qu'en pensez-vous ?

Le ph. emp. Vous avez raison.

Le ph. tr. Or cependant, vous étendez ce sentiment, ce rouge simple, sur une large surface, que sans contredit vous ne *voyez* pas, puisque la vue ne vous donne absolument et purement que du *rouge*. D'où vous vient cette surface ?

Le ph. emp. Sans doute, cela est embarrassant. — Je crois cependant en avoir trouvé l'explication. Il est vrai que je ne vois pas la surface, mais je la palpe, en promenant ma main dessus. Ma sensation visuelle reste toujours la même pendant ce toucher ; et voilà comment je parviens à étendre la couleur rouge sur toute la surface.

Le ph. tr. Cela pourrait bien arriver ainsi, si en effet vous palpiez la surface. Mais...., etc.....

(Ici le *Philosophe transcendental* prouve à l'empiriste que les sensations du tact, ou les affections du sentiment à l'occasion du tact, sont simples, c'est-à-dire, sont des *points mathématiques*, tout aussi bien que les autres ; et que par conséquent l'étendue vient de tout ailleurs que d'une sensation. L'auteur expose ensuite ce qui nous jette hors de nous-mêmes pour y établir un *objet extérieur;* c'est que nous portons en nous le principe: *tout ce qui arrive doit avoir une cause.* L'objet n'est que la *cause* que nous supposons malgré nous à notre sensation. Le principe de *causalité* pose les objets, il ne vient donc pas des objets; etc.)

APPENDICE III.

(Quelques-unes des grandes vues qui entrent dans l'ensemble de la doctrine de *Kant*, avaient déjà été saisies par des philosophes depuis *Pythagore* et *Platon*, jusqu'à *Descartes*, *Leibnitz* et *Hume*. On pourrait faire un recueil des *Kantiens* avant *Kant*, même parmi les philosophes français. J'avais commencé ce travail. *Bayle, Mallebranche, Brunet, d'Alembert, Buffon, J. J. Rousseau, d'Escherny, Saint-Martin*, et d'autres plus ou moins connus, y eussent figuré. J'ai cité dans le présent ouvrage quelques aperçus de *Condillac* dans le même sens. Un des morceaux les plus remarquables est la lettre qu'on va lire de *Maupertuis*. Elle est la quatrième d'un volume de *Lettres* que son auteur publia en 1753. On ne peut qu'admirer la sagacité qui y règne. Mais trop de passages, dans les autres écrits de *Maupertuis*, font voir que l'opinion énoncée ici n'a été le fruit que d'une disposition passagère, et qui n'a point laissé de traces profondes dans son esprit. Il pensait et écrivait en Allemagne, où de pareilles idées fermentaient déjà, et où la doctrine de *Leibnitz* avait pu le mettre sur cette excellente voie. *Voltaire* s'est moqué de cette lettre dans son *Akakia*. Il eût été peut-être plus convenable, et sans doute infiniment plus difficile de la réfuter. Mais le ridicule était le mode de réfutation le plus facile à l'auteur d'*Akakia*, comme aussi le plus efficace près des parisiens, pour qui seuls il écrivait).

« *Sur la manière dont nous apercevons.* »

I. « Nos perceptions entrent dans notre ame par les sens, l'odorat, l'ouïe, le goût, le toucher et la vue. Chacun nous fait éprouver des sensations différentes ; et tous nous trompent si nous n'y prenons garde.

Une fleur croît dans mon jardin : il en exhale des parties subtiles qui viennent frapper les nerfs de mon nez, et j'éprouve le sentiment que j'appelle *odeur*. Mais ce sentiment à qui appartient-il ? à mon ame sans doute. Le choc de quelques corps peut bien en être la cause ou l'occasion, mais il est évident que tout le physique de ce phénomène n'a rien de commun avec le sentiment d'odeur, n'a rien qui lui ressemble, ni qui puisse lui ressembler ; car comment une perception ressemblerait-elle à un mouvement ? C'est-là de quoi tous les philosophes conviennent, et de quoi conviendront tous ceux qui y auront pensé.

Je pince la corde d'un luth : elle fait des vibrations qui impriment à l'air un mouvement par lequel il frappe le tympan de mon oreille, et j'éprouve le sentiment du son. Mais qu'est-ce que le mouvement de la corde et de l'air peut avoir de commun avec le sentiment que j'éprouve ?

Je dirai la même chose du fruit je mange : le mouvement de ses parties contre les nerfs de ma bouche ne ressemblent point assurément au sentiment du goût.

Les sens dont nous venons de parler ne nous jettent guère dans l'erreur : ils ne trompent que le vulgaire le moins attentif, qui, sans examen, dit que l'odeur est dans la fleur, le son dans le luth, le goût dans le fruit. Mais si l'on interroge ceux mêmes qui parlent ainsi, on verra que leurs idées ne diffèrent pas beaucoup des nôtres ; et il sera facile de leur apprendre à ne pas confondre ce qui dans ces occasions appartient aux corps extérieurs, et ce qui appartient à nous-mêmes.

Il n'en est pas ainsi des deux autres sens. Ils causent des illusions difficiles à apercevoir : je veux parler du toucher et de la vue. Ceux-ci, si nous n'y prenons garde, et si l'exemple des autres ne nous conduit, peuvent nous jeter dans de grandes erreurs.

Je touche un corps : le sentiment de *dureté* semble déjà lui appartenir plus que les sentimens d'*odeur*, de *son* et de *goût*, aux objets qui les excitaient. Je le retouche encore, je le parcours de la main : j'acquiers un sentiment qui paraît encore plus à lui; c'est le sentiment de *distance* entre ses extrémités, c'est l'*étendue*. Cependant si je réfléchis attentivement sur ce que c'est que la *dureté* et l'*étendue*, je n'y trouve rien qui me fasse croire qu'elles soient d'un autre genre que l'*odeur*, le *son* et le *goût*. J'en acquiers la perception d'une manière semblable, je n'en ai pas une idée plus distincte, et rien ne me porte véritablement à croire que ce sentiment appartienne plus au corps que je touche, qu'à moi-même, ni à croire qu'il ressemble au corps que je touche.

Le cinquième de mes sens paraît cependant confirmer le rapport de celui-ci. Mes yeux me font apercevoir un corps : et quoiqu'ils ne me fassent point juger de sa dureté, ils me font distinguer différentes distances entre ces limites, et me donnent le sentiment d'*étendue*.

Voilà toute la prérogative qu'a l'étendue sur la dureté, le goût, le son, l'odeur ; c'est que la perception que j'en acquiers m'est procurée de deux manières, par deux sens différens. Pour un aveugle, ou pour celui qui manquerait du sens du tact, elle serait précisément dans le même cas que ces autres perceptions.

Cette prérogative que semble avoir la perception de l'étendue lui a cependant donné dans mon esprit une réalité qu'elle transporte aux corps extérieurs, bien plus que ne font toutes les perceptions précédentes. On en a fait la base et le fondement de toutes les autres perceptions. Ce sont toujours des parties étendues qui excitent les sentimens de l'odeur, du son, du goût, de la dureté.

Mais si l'on croit que dans cette prétendue essence des corps, dans l'étendue, il y ait plus de réalité appartenante aux corps mêmes, que dans l'odeur, le son, le goût, la dureté, c'est une illusion. L'étendue, comme ces autres, n'est qu'une perception de mon ame transportée à un objet extérieur, sans qu'il y ait dans l'objet rien qui puisse ressembler à ce que mon ame aperçoit [1].

Les distances qu'on suppose distinguer les différentes parties de l'étendue, n'ont donc pas une autre réalité que les différens sons de la musique, les différences qu'on aperçoit dans les odeurs, dans les saveurs, et dans les différens degrés de dureté.

Ainsi il n'est pas surprenant qu'on tombe dans de si grands embarras, et même dans des contradictions, lorsqu'on veut distinguer ou confondre l'étendue avec l'espace; lorsqu'on veut la pousser à l'infini, ou la décomposer dans ses derniers élémens.

Réfléchissant donc sur ce qu'il n'y a aucune ressemblance, aucun rapport entre nos perceptions et les objets extérieurs, on conviendra que tous ces

[1] Théorie transcendentale de l'espace.

objets ne sont que de simples phénomènes : l'étendue que nous avons prise pour la base de tous ces objets, pour ce qui en concerne l'essence, l'étendue elle-même, ne sera rien de plus qu'un phénomène.

Mais qu'est-ce qui produit ces phénomènes ? comment sont-ils aperçus ? Dire que c'est par des parties corporelles, n'est rien avancer, puisque les corps eux-mêmes ne sont que des phénomènes. Il faut que nos perceptions soient causées par quelques autres êtres, qui aient une force ou une puissance pour les exciter.

Voilà où nous en sommes : nous vivons dans un monde où rien de ce que nous apercevons ne ressemble à ce que nous apercevons. *Des êtres inconnus* [1] excitent dans notre ame tous les sentimens, toutes les perceptions qu'elle éprouve; et sans ressembler à aucune des choses que nous apercevons, nous les représentent toutes.

II. Voilà le premier pas que m'ont fait faire mes réflexions : je vis environné d'objets dont aucun n'est tel que je me le représente : c'est ainsi que, pendant un sommeil profond, l'ame est le jouet de vains songes qui lui représentent mille choses qui au réveil perdent toute leur réalité. Il faut cependant, 1.° ou m'en tenir à cela, qu'il y a dans la nature des êtres imperceptibles à tous

---

[1] Les *choses en soi* de *Kant*.

mes sens, qui ont la puissance de me représenter les objets que j'aperçois [1]; 2.° ou que l'être suprême me les représente, soit en excitant dans mon ame toutes les perceptions que j'ai prises pour des objets, soit en m'empreignant de son essence, qui contient tout ce qui est apercevable[2]; 3.° ou enfin que mon ame, par sa propre nature, contient en soi toutes les perceptions successives qu'elle éprouve indépendamment de tout autre être supposé hors d'elle [3].

Voilà, ce me semble, à quoi se réduisent les trois systèmes sur lesquels on a fait de si gros livres. Pour vous dire ce je pense de chacun, il me semble que :

1.° . . . . . 2.° . . . . . , etc.

(Ce que *Maupertuis* objecte aux deux premières opinions est peu de choses. Ce qu'il objecte à la troisième est moins encore. On en peut juger.)

3.° Enfin réduire tout aux simples perceptions de mon ame; dire que son existence est telle, qu'elle éprouve par elle-même une suite de mo-

---

[1] Hypothèse de *Kant*; hypothèse *transcendente*, qui, pour le dire en passant, ne compromet en rien sa doctrine *transcendentale*. C'est l'*x*, le terme inconnu de notre cognition.

[2] Hypothèse de *Descartes*, *Mallebranche*, *Bardili*.

[3] Hypothèse de *Berkeley*, *Brunet*, *Fichte*.

difications par lesquelles elle attribue l'existence à des êtres qui n'existent point ; rester seul dans l'univers, c'est une idée bien triste.

Si l'on regarde comme une objection contre ce dernier système la difficulté d'assigner la cause de la succession et de l'ordre des perceptions, on peut répondre que cette cause est dans la nature même de l'ame [1]. Mais quand on dirait qu'on n'en sait rien, vous remarquerez qu'en supposant des êtres matériels, ou des êtres invisibles pour exciter les perceptions que nous éprouvons, ou l'intuition de la substance divine ; la cause de la succession et de l'ordre de nos perceptions n'en serait pas mieux connue. Car pourquoi les objets qui les excitent se trouveraient-ils prescrits dans cette suite et dans cet ordre ? ou pourquoi notre ame, en s'appliquant à la substance divine, recevrait-elle telle ou telle perception, plutôt que telle ou telle autre ? etc.... »

[1] Théorie transcendentale du tems.

TABLE.

pag.

DÉDICACE à l'Institut national.   v.

PRÉFACE. Notice biographique et littéraire concernant EMMANUEL KANT.—— Adversaires de sa philosophie.—— Un mot de la culture intellectuelle des Allemans.——Dessein du présent ouvrage,   VII

PREMIÈRE PARTIE.
NOTIONS PRÉLIMINAIRES.

ARTICLE I. IDÉE de la philosophie comme disposition naturelle, et besoin de l'homme.   1

ART. II. Des diverses définitions de la philosophie.——S'il est nécessaire d'en donner une.——Différence essentielle des mathématiques pures et de la philosophie.   25

ART. III. IDÉE et division de la philosophie comme science.   42

ART. IV. De la Métaphysique en particulier.   55

ART. V. Principales opinions en métaphysique. —— D'où elles procèdent. —— EMPIRISME (matérialiste et spiritualiste.)—— RATIONALISME (qui renferme sous lui :

naturalisme, égoïsme, dualisme, idéalisme et réalisme, théosophisme, harmonie préétablie, idées innées de Platon, de Descartes, de Leibnitz.). 69

Art. VI. *Idée d'un point de vue* transcendental *en métaphysique.* 109

Art. VII. *Quelle philosophie règne maintenant en France ? — En particulier quelle métaphysique et quelle morale ? — Période des scholastiques, — des sceptiques, — des cartésiens, — des Encyclopédistes et des beaux-esprits.* 151

Art. VIII. *Insuffisance de l'empirisme et des analyses données jusqu'ici de l'entendement. — Nécessité d'en revenir à la méthode critique et à un point de vue transcendental.* 176

Art. IX. *Différence de la certitude* analogique *et de la certitude* apodictique. *— D'où procède cette dernière ?* 207

Remarque première, *sur les principes constitutifs des sciences.* 219

Remarque seconde, *sur les jugemens* analytiques *et les jugemens* synthétiques, 221

Art. X. *Distinction de deux sortes de connaissances, que l'on confond d'ordinaire sous le nom commun d'*abstractions. 227

	pag.
REMARQUE première, *sur ce qu'on doit appeler l'origine de nos connaissances.*	233
REMARQUE seconde, *sur deux différentes sortes de réalité.*	241

SECONDE PARTIE.

DOCTRINE CRITIQUE.

ART. XI. *Facultés intellectuelles de l'homme; d'où les diverses branches de la philosophie critique.* 251

1. DOCTRINE SPÉCULATIVE.

ART. XII. *Théorie de la* SENSIBILITÉ *pure. — Mode de génération des objets sensibles, de l'espace et du tems.* 263

ART. XIII. *Théorie de l'*ENTENDEMENT *pur. — Mode de génération des lois universelles qui règlent les objets sensibles. — Catégories ou formes de la pensée. — Schématisme. — Réflexion transcendentale. — Nature.* 280

REMARQUE, *sur la construction géométrique à priori, le schéma et l'image.* 303

ART. XIV. *Théorie de la* RAISON *pure. — Mode de génération des objets intelligibles. — De la loi de l'absolu. — Des* idées *transcendentales*. — *Paralogismes, antinomies et idéal de la raison pure.— Des preuves spéculatives de l'existence de Dieu.* 311

Art. XV. *Récapitulation, et résultats de la critique de la cognition.* 347

2. Doctrine Morale.

Art. XVI. *Théorie de la* raison *pratique. — Sentiment fondamental de la conscience.— Libre arbitre.— Impératif catégorique. — Réunion nécessaire des deux tendances vers le bonheur et vers le devoir.—Immortalité de l'ame. —* Dieu. 362

Conclusion. 400
Premier *Appendice.* 409
Second *Appendice.* 417
Troisième *Appendice.* 430

www.ingramcontent.com/pod-product-compliance
Lightning Source LLC
Chambersburg PA
CBHW071723230426
43670CB00008B/1109